描画療法入門

高橋依子・牧瀬英幹 編

誠信書房

は じ め に

　本書は「描画療法入門」とあるように，描画療法を始めたいと思う心理臨床家のための出発点となるように企画した。しかし，単なる手引き書でなく，背景となるパーソナリティ理論と描画療法の実際の事例の双方の解説をベテランや中堅の臨床心理士や医師に依頼して完成した書物である。その結果，すでに描画療法を実践している人たちや，描画療法がなされている臨床現場の同僚，医療関係者や福祉や産業の場で働く人たちにも参考になる内容に仕上がったと思っている。

　企画の発端は牧瀬であり，京都大学とロンドンのラカン派精神分析組織（Centre for Freudian Analysis and Research）にて精神分析，特にラカン派を学び，自ら「描画連想法」と名づけた独自の描画療法を実践していたときに，日本描画テスト・描画療法学会で高橋と知りあい，ともに描画療法について語りあうことが増えていった。そして，日本描画テスト・描画療法学会で認定描画療法士，日本芸術療法学会で芸術療法士の資格が創設され，国家資格としての公認心理師が制度化され，描画療法が少しずつ認知されていくなかで，まとまった形としての描画療法の書物を著したいと思うようになっていった。

　本書では心理療法として描画を用いる方法として「描画療法」という呼称を選んだが，実践されている臨床家によって，「アートセラピー」「芸術療法」「絵画療法」「表現療法」などと呼ばれている。それぞれに理由があってのことである。「描画療法」は28年前に日本描画テスト・描画療法学会を創設したおりに，学会名称の検討のなかで生まれていった概念である。「芸術療法」は，新しく創設する学会がカバーしたいと思う領域としては範囲が広すぎるし，すでに芸術療法学会が存在していた。また，「絵画療法」は，創造される作品が絵画として完成されなければならないというイメージがある。「描画」という言い方であれば，描いていくプロセスも含められるし，できあがったものが立派な絵画の作品でなくてもよいと考えられる。また，新学会としては心理療法だけでなく心理アセスメントも柱にするために，「描画テスト」も学会名称に加えたい。心理テストに描画を用いるときは，「描画テスト」という名称がす

iii

でに一般的になっていた。それなら、「描画療法」のほうが、統一性があってよいのではないかという議論のなかで、「描画療法」と呼んでいこうという結論になった。このような経緯であるので、心理療法のなかで描画を用いるとき、描いていくプロセスも重要であり、またできあがったものが仮に1本のラインであっても描いた人の心の表現として見ていこうという姿勢のもと、本書では「描画療法」という呼称に統一することにした。ただし、単に平面的な視覚芸術の創造だけでなく、対象者に応じて、粘土や折り紙、工作などの立体作品も広く描画療法に含めて考えていくことにした。

　呼称については、執筆者各位はそれぞれ意見をお持ちであったが、本書の記述では「描画療法」でお願いした。

　学会創設以前から、高橋は大学で臨床心理学を教えるとともに、臨床家として心理療法を実践するなかで、カウンセリングやプレイセラピーだけでなく、「描画療法」を行っていた。最初に勤めたのが美術大学であり、美大生が創作活動によって、カタルシスだけでなく、精神的に安定し、洞察が働くことに気づき、描画療法への関心を深めていった。そして30年前に、当時の勤務先より客員研究員としてニューヨーク大学に派遣されたおり、描画テストやロールシャッハ・テストなどの投映法心理テストの資料収集と研究を行うとともに、ニューヨーク大学大学院のアートセラピープログラムの講義を受講し、演習に参加した。さらに、バーモントカレッジの大学院の集中講義も受講して、アートセラピストとの交流を行った。30年前のアメリカでは、すでにアートセラピスト（芸術療法士）の資格ができ、医療、福祉、教育などの場で活躍していた。資格のための教育機関として、課程認定された大学院があり、臨床現場での実習時間も規定された細かいカリキュラムが決められていた。

　その大学院のひとつであり、バーモントカレッジと呼ばれている、ノーウィック大学大学院バーモント校アートセラピー専攻での「アートセラピー序説」の講義では、出版されたばかりのルービンの『芸術療法の理論と技法』が教科書として使われていた。ルービンが1987年に同書で各種のアートセラピーについてまとめていたように、当時すでに、アートセラピーは精神力動的な立場だけでなく、人間学的立場に立つゲシュタルト療法や、認知行動療法によるアプローチにも用いられていた。しかし、ニューヨーク大学大学院のアートセラピーのコースや、『ジャーナル・オブ・アートセラピー』を発刊していた

バーモントカレッジの大学院での理論的な背景はフロイト派だった。そして，高橋は20年前に，ふたたびバーモントカレッジを訪れ，大学院のアートセラピーの単位を取得した。その頃はユング派が台頭し，高橋の恩師であり，当時，バーモントカレッジの大学院で，『ジャーナル・オブ・アートセラピー』を主宰し編集長であったグラディス・アゲールは，30年前には「フロイト派」を自認していたが，20年前には「折衷派」となっていた。

　当時のアメリカでは，アートセラピーが盛んになっていたが，臨床家によって理論的な枠組みが異なり，専門的なジャーナルが3種類もあるという状態であった。しかし描画を心理臨床に用いる点では変わるところはなく，最終的には一つの学会活動に統一されていった。

　本書では，ルービンがまとめたように，各種のアートセラピー・描画療法について述べていきたいと考えた。しかし，わが国の描画療法を概観したときに，その背景となる理論は精神力動的なものが主体であった。そこで，事例をもとに理論的な解説をする第Ⅰ部では，フロイトの精神分析やユングの分析心理学，対象関係論などの精神力動的心理療法によって，個人を対象として描画療法を行っている臨床家に執筆を依頼し，第Ⅱ部では広くわが国の臨床現場で行われている描画療法の実際に触れていただけるような構成とした。

　また，本書は分担執筆とはいうものの，各章の著者と編者が綿密な連絡をとりあって統一を図るようにしたものである。企画から原稿の完成，出版に至るまでお世話になった誠信書房の曽我翔太氏に心から感謝したい。

　2018年6月10日

高橋　依子

目　　次

はじめに　*iii*

序　章　描画療法の発展と意義 ·· *1*
（高橋依子）

1．描画療法の発展と多様化　*1*

2．描画療法の特徴と意義　*5*

3．本書の構成　*8*

第Ⅰ部　描画療法の諸理論と事例

第1章　精神分析的心理療法の枠組みのなかでの描画療法 ··· *12*
（寺沢英理子）

1．精神分析的心理療法における描画の活用とその意義　*12*

2．精神分析的心理療法への描画の導入　*16*

3．事例——20代半ばの男性　*24*

第2章　マーガレット・ナウムブルグとスクリブル法 ······ *32*
（内藤あかね）

1．スクリブル法とマーガレット・ナウムブルグ　*32*

2．スクリブル法を実施する　*37*

3．スクリブル法の適用　*42*

4．結びにかえて　*48*

第3章　クライン派理論を基盤としたアセスメント描画法
──「自由描画法」によるこどものこころの世界の探索 …… 50
（木部則雄）

1．はじめに　50

2．自由描画法の手順　52

3．心的次元に基づいた病態水準　54

4．症例　58

5．まとめ　77

第4章　ラカン派の描画療法──「描画連想法」の理論と実際 … 79
（牧瀬英幹）

1．「描画連想法」の概要と意義　79

2．導入の方法　80

3．進め方　81

4．「描画連想法」からトポロジーの臨床へ　94

第5章　ユング派の描画療法──アクティヴ・イマジネーションの
一形式としての描画 ……………………………………… 98
（老松克博・今井晥弌）

1．概要と意義　98

2．導入の方法　102

3．進め方　107

4．その他の留意点　112

第Ⅱ部　心理臨床場面における描画療法の実際

第6章　学校臨床における描画療法 ……………………………… 116
（市来百合子）

1．学校臨床における描画療法の治療構造　116

2．個別相談場面で描画を用いたアプローチ　119

3．集団（クラス）場面での描画の利用
　　──開発的（予防的）カウンセリングとして　*132*
4．学校臨床における描画療法の留意点　*137*

第7章　がん患者の描画療法 ……………………………………… *144*

（金井菜穂子）

1．がん患者の描画療法とは　*144*
2．導入の方法　*146*
3．進め方　*149*
4．その他の留意点，工夫　*157*
5．おわりに　*161*

第8章　認知症の描画療法 ………………………………………… *162*

（緒方　泉）

1．集団回想描画法の概要と意義　*162*
2．導入の方法　*167*
3．基本的な進行方法　*171*
4．進め方　*176*
5．その他の留意点，工夫　*183*

第9章　合同描画療法
　　──治療チームによる家族グループへの適用を中心に … *186*

（石川　元）

1．個人の描画から特定集団による描画に至るスペクトラム　*186*
2．合同描画　*187*
3．合同描画の実際　*189*
4．おわりに──合同描画による治療は可能か　*211*

文　献　*213*

索　引　*222*

序　章

描画療法の発展と意義

高橋依子

1. 描画療法の発展と多様化

　人はいつの頃から，絵に自分の心を表出するようになったのだろうか。古くは洞窟壁画に願望を込めたといわれる。狩猟の成功を祈って，洞窟の壁の凹凸を利用して，動物などの絵が描かれていった。宗教的，呪術的な意味合いがあったといわれている。祈りとともに，癒しを求めたのではないかと思われる。そのようなショーヴェやアルタミラ，ラスコーの壁画よりも古いものが，最近発掘されたようである。人類は，直立し知能が発達するなかで，自分の思いを込めて絵を描くようになっていったのである。チンパンジーも絵を描くといわれている。それも，個体によって描き方が異なるという。しかしその絵は何かの象徴ではないし，まして内に秘められた心の表現ではない。心のなかの感情や思考を表出するのは「ヒト」だけである。

　時代を経ても人は日常生活で絵を描き続けていたが，現代まで残されているのは，芸術作品だけである。エジプトやメソポタミアなど，世界中で壁画や彫刻が残っている。ギリシャやローマの時代では，絵画に癒しを求めた記録がある。中世ではヨーロッパで宗教画が描かれていた。中世には，さまざまなスタイルの宗教画が描かれたが，様式に硬さがあるものも含めて，人はそこに癒しを求めていた。

　近年，脳の活性化，リハビリテーションとして，作業療法で描画が用いられるようになってきた。そのなかで，絵を癒しのためのものとするとともに，心の表現として捉えるようになっていった。20世紀半ばにアメリカやイギリスでは，「スタジオ派」と呼ばれる描画療法が行われた。描画療法士はスタジオ（アトリエ）を開き，クライエントはそこに自由に出入りしてアートの作品を制作

する。描画療法士は直接介入することはなく，クライエントは自由な表現をすることにより，心の健康を回復していく。描画を創造することが癒しとなると考えられたのである。

その後，心理学の分野で人格理論が確立されていくなかで，描画の捉え方が変化していき，人格理論に基づいて，描画療法がなされるようになっていった。本書の第2章で述べられているように，アメリカでは，まずナウムブルグ（Naumburg, M.）がフロイト（Freud, S.）の精神分析理論に基づいて，アートセラピー（芸術療法・描画療法）を進めていった。ナウムブルグは姉のケイン（Cane, F.）が創始したスクリブル法を臨床に用いることで，対象者が無意識の内容を意識化できるようになり，洞察が可能になると考えた。

フロイトは本人の気づかない無意識の内容が表立った行動に影響を与えると考えて，さまざまの精神的な症状を，本人の気づかない原因を明らかにすることで治療していった。その「無意識」の内容を明らかにするために言語による自由連想法を行ったが，言語で表出されないものが描画に表れると考えて，描画を言語の自由連想法と同様に扱った。すなわち，描かれたものを無意識の内容の表出と考えて，そこから連想していくことで，無意識の意識化を行うようにしていったのである。しかし，フロイトのいう無意識の内容は，究極的には，性の本能であり，性欲動の昇華が芸術となるというのが根底にある理論である（Case & Dalley, 1992）。フロイトは後年，性のみでなく，性の本能を含むより大きな生の欲動と，それに対立するものとしての破壊衝動や攻撃性を含む死の欲動に言及していったが，芸術に関するものは性の欲動であった。

情緒障害児の描画療法を行っていたクレイマー（Kramer, 1958, 1971）は，子どもが大人の描画療法と異なり，描画について語ることは少ないが，絵の創造によって統合的な力が働くと考えた。その結果，症状が解消し，パーソナリティの成長が図られるのが描画療法であると述べたが，その理論的根拠は，昇華であった。

しかし，フロイト以後の臨床家は，無意識の内容を性的なものだけとは考えなかった。

前記のナウムブルグのスクリブル法は，まさにこの方法である。ナウムブルグは描画を無意識から投影された視覚的なイメージとして捉え，それが感情や思考と連動して人格の統合につながると考えた。ナウムブルグはフロイト派とされているが，無意識の内容の解釈は，広く精神力動的な立場に立っていた。

ナウムブルグにかぎらず，後年の多くの心理療法家は，フロイトの精神分析に立脚しながらも，心の内面の問題を広く捉えてクライエントに働きかけるようになっていった。それらは精神分析的心理療法と呼ばれ，詳細は第1章に述べられている。それをさらに広げ，フロイトの理論に対立するものも含めて，心の内容が表立った行動に与えていくという力動論に基づくものを，広く精神力動的心理療法と呼ぶが，精神分析的心理療法と同義で語られることも多い。

　また，本書の第3章で述べられているように，フロイトの人格理論を受け継ぎ，子どものプレイセラピーでの分析を行っていたクライン（Klein, M.）は，エディプス期以前の子どもの行動もすべて無意識の意味があると考えていた。したがって，言語の発達していない子どもでも，プレイと同様に，子どもの描画から意味を見出そうとしていた。エディプス期以後でなければ，子どものプレイにも意味がないと考えていたアンナ・フロイト（Freud, A.）でさえ，描画は言葉で語られない場合の補助手段として重要な意味をもつと考えていた。その後，クラインのスーパーヴィジョンを受けたウィニコット（Winnicott, D. W.）は実存する外的対象と精神内界に形成される内的対象との橋渡しをする移行対象を想定し，子どもの心理療法において，スクィグル法という描画療法を創始した。スクィグルについては，第3章で詳述されているが，初回面接におけるコミュニケーションのツールとして重要であるとウィニコットは述べている。

　本書の第4章では，ラカン派の理論に基づく描画療法が述べられているが，ラカン（Lacan, J.）はフロイトへの回帰を主張しながら，当時の精神分析学会とは袂を分かっていた。しかし，フロイトの系譜による精神分析理論を背景にしていると考えてよいであろう。

　第5章に述べられているユング（Jung, C. G.）は，当初，行動のもとにある無意識の存在を提唱したフロイトに共鳴したが，無意識の内容が性に限定されないと考えて，フロイトから離反していった。そして，無意識の内容は個人的無意識だけでなく，集合的無意識も含まれると考え，描画のなかに，多くの内容が含まれているため，それを意識化することで，創造の可能性が増大すると考えた。そのために，「アクティヴ・イマジネーション（能動的想像法）」を行った。アクティヴ・イマジネーションについては第5章に詳しく述べられているが，無意識との対話を続けていく方法である。ユング派の描画療法士は，絵のなかに表現された象徴を解釈することで，心の内面を洞察できると考えた。ユ

ング派では，描画は夢と同じものであり，そのなかに，上記のように個人的無意識と集合的無意識が表現されると考えたのである。ユングの考え方は当初は受け入れられなかったが，次第にユング派の描画療法士は増えていった。

　20年前のバーモントカレッジの大学院での演習のなかで，フロイト派とユング派の実際の描画療法の差異として，描画後の対話の仕方が違うと解説された。フロイト派においては，自由連想で無意識の内容を解明していくため，絵に描かれた内容から離れていっても，それが無意識を意識化する方法としての連想であり，その方法こそが意味をもつ。しかしユング派は，絵のなかにこそ創造の可能性があると考え，元型の表象である絵から離れないで対話を進めていくのである（高橋, 1999）。ユングは描画を重要視し，描画療法を発展させていった。

　その後の自我心理学においては，クリス（Kris, 1953）が述べたような「自我の統制下の退行」による意図的で積極的な退行が，無意識に存在する創造性を刺激して，優れた芸術作品を生み出すと考えられた。

　このような精神力動的心理療法を批判し，神経症などの症状の原因を探るのではなく，行動そのものの変容をめざした行動療法家も，描画療法を用いていた。ルービン（Rubin, J., 1987）の書物でも，行動論，認知論，発達理論に基づく描画療法が取り上げられており，その章の著者らは知的障害児に描画療法を用いることで，行動の変容が図られただけでなく，描画の変容・発達とともに認知の発達が認められた事例を報告している。現在でも，認知知行動療法のなかで描画を用いている心理臨床家もいる。

　行動療法と精神力動的心理療法との論争がなされているとき，精神力動的心理療法では人間が無意識の力動のなすがままとされ，行動療法では人間の行動が環境からの刺激の結果とされ，両者ともに人間を内外の力に支配される無力な存在と考えていると批判した第三の勢力が台頭してきた。それは人間学的，現象学的アプローチと呼ばれるものであり，代表的なものにロジャース（Rogers, C.）のクライエント中心療法がある。クライエントの成長する力を信頼しクライエントがもつ力を発揮できるよう，クライエントを主体として心理療法を進めていくアプローチである。ロジャースは，共感，無条件の肯定的配慮（無私の暖かさ），真実性（自己一致）の3つが心理療法の効果をもたらすと述べた。しかし，これらはどの心理療法にも共通する重要な態度であり（ガーフィールド：Garfield, 1980），技法ではない。ルービンによれば，アメリカの芸術療

4

法士（描画療法士）は，ロジャースの考え方を重要だと考えているが，それだけでは描画療法の技法としては不十分であるとして用いていない。

　現象学的アプローチのひとつであるゲシュタルト療法は，パールズ（Perls, F.）がゲシュタルト心理学の影響を受けて創始したため，その起源から知覚が重要視され，描画療法と親和性が高いこともあり，ゲシュタルト芸術療法として発展した。ゲシュタルト療法では，人は自分の否定的な面だけでなく，肯定的な全体性に目を向けることが大切であり，ゲシュタルト療法に基づく描画療法では，制作した絵や粘土の作品を自分自身であると考えて，作品を客観的に見て，話しかけたりすることで，自分の「今，ここで（here and now）」の気持ちを表現し，それを通してありのままの自分自身の全体に気づいていくのである。

2. 描画療法の特徴と意義

　このようにさまざまな理論を裏づけとして描画療法は深化，発展してきた。アメリカのアートセラピー学会は，アートセラピーについて，ホームページ上で次のように定義している。

> 「アートセラピーは，精神的な問題に直面する人や自己啓発を求める人たちに，専門的な関わりのなかでアートの創作を治療的に用いる方法である。作品と制作過程を検討することを通して，自己認識を高め，症状やストレスに立ち向かえるようになる。認知能力を強化し，アートの制作で肯定的喜びを味わえる。アートセラピーは，すべての年齢層の人の身体的，精神的，感情的な健康を改善して拡大するために，芸術の創造的な過程を用いる精神衛生の専門領域である。芸術的な自己表現を含む創造過程は，葛藤を解消し，人間関係を発展させ，行動を管理し，ストレスを軽減し，自己感情や気づきを高め，洞察を得るという信念に基づくものである」

　これは，文中のアートセラピーを描画療法に置き換えてもそのまま読むことができる。描画療法はこのように考えることができるが，背景となる理論は，心理学，臨床心理学，精神医学，哲学などからのものであり，描画療法としての独自の理論は確立していない。

実践のなかで，アートセラピーとしての独自の理論を打ち立てようとしたクレイマーの理論も，精神分析の昇華が基盤となっている。

　描画療法について，高橋（1993）は次のような意義を述べている。

(1)　絵を創造して描くこと自体が心の統合という治癒力を有していること
(2)　絵を描くことでこれまで抑圧していた感情を発散し浄化できること（カタルシス）
(3)　無意識のうちに，または意識的に，不快な対象を描くことで，脱感作になること
(4)　言葉と異なり，絵は自分の姿を客観的に表すので，自分が否定していた感情に気づき，パーソナリティの無意識の側面を理解し，自己洞察のきっかけとなること
(5)　描いた人が絵の意味を理解し自分を洞察することで，自分が本来有していて発揮していない成長への潜在能力を開発できること
(6)　描画療法士に見守られて描くことにより，自己の内面が自由に表現されることと，描画後に描画療法士と描いた人が同じ立場に立って完成した絵を鑑賞し，絵の意味を話し合い，イメージを共有することで，2人の人間関係を強めることができること

　そのほか，言語による心理療法との差異として，次のことをあげている。

(7)　絵はいくつかの意味を多義的に表すので多くの情報を伝えられること
(8)　描かれた絵は，全体として意味を把握できること

　しかし，描画療法の特徴を考えるとき，非言語的な心理療法として，言語による心理療法との差異に着目しても，描画療法が心理療法であるかぎり，心理療法共通の要因が重要であることは，特に問題とならないと考えられる。「はじめに」で述べたように，アメリカのアートセラピーの歴史のなかで，描画療法を独自のものと考えていく一派と，心理療法の一技法と位置づける立場との論争もあったが，結局，手法としてはなんら異なることはなかったのである（高橋，1990）。

　別の観点からの描画療法の特徴として，描画療法は集団でも実施可能である

ことがあげられる。しかし，この点でも言語を用いる心理療法にも集団カウンセリングやエンカウンターグループなどがあり，共通要因が働いている。第8章の高齢者の描画療法は集団の場で実施されている。たしかに，ここでは形式は集団であっても，描画は個人個人でなされる。個人の描画に描画療法士が個人的に関わり，交流を深めていく。だが，描画が完成した後は，個人で関わるときと，集団で話し合う方法とがある。

他方，集団心理療法，特に対象者相互が力動的に絡み合っている家族を対象にした家族療法においては，家族成員全員でひとつの描画を完成させていく合同描画療法を用いることができる。これについては第9章に詳しく述べられている。

また，描画療法として描画を毎回用いなくても，カウンセリングや言語による分析的な心理療法のなかで，描画を導入することも可能であり，実際の臨床ではさまざまな場面で描画が用いられる。医療の場であっても，神経症の心理療法としてだけではなく，認知症をもつ高齢者や終末期のがん患者にも描画療法はなされている。

さらに，描画療法は，医療・保健の場だけでなく，福祉，教育，司法・犯罪，産業などの心理臨床の場で利用可能である。たとえば，本書の第6章で述べられているように，学校教育の場面でも描画療法は用いやすい。

高橋（2000）は学校で描画療法を用いる際の留意点として，①心理臨床場面ではラポールの形成が基本であり，特に学校で行う場合は，楽しく伸び伸びと描けるように自由な雰囲気を大切にすること，②個人法で行うことが望ましいが，集団でも実施可能であり，その場合でも，個人的な質問には個別に対応すること，③解釈の過程でさまざまな仮説をもつことは構わないが，過度の解釈を行ってはいけないこと，④児童・生徒が描画で伝えたいことを理解するためには，描画の後に話し合うことが大切である，などをあげている。

現在，多くの場面で描画療法が用いられるようになってきてはいるが，まだ発展の余地があると考えられる。本書は先に述べたように，描画療法のさまざまな理論の違いを知り，実際に心理療法として用いてもらえることを意図した。

3. 本書の構成

　すでに一部は触れているが，本書は以下のような構成となっている。

　第1章は，精神分析的心理療法とは何かということから始まり，精神分析は言語が基本となるが，それを補うものとして描画があり，描画でこそ表現される無意識の側面があることが，まず解説されている。そして，それが分かりやすく表現されている筆者自身の事例とともに，描画療法実施の際の留意点が述べられている。

　第2章はナウムブルグがなぜ描画療法を用いたのか，理由と経緯とともに，ナウムブルグが用いていたスクリブル法について，その方法が詳しく解説されている。そして，筆者自身が行ったナウムブルグのスクリブル法の事例が述べられており，そのなかで，描画療法の対象者，禁忌，留意点も書かれている。

　第3章はクライン派の描画療法であるが，クラインやアンナ・フロイトの理論，ウィニコットのスクィグル法が述べられ，対象関係論の解説がなされるだけでなく，筆者自身の独自の描画療法の事例が2例述べられている。筆者の自由描画法は，精神科の診察場面で母親に面接している傍らで，子どもに自由に描画をさせることによりアセスメントを行うものであり，「精神分析的コンサルテーション」であると筆者は呼んでいる。1例目は子どもの無意識の側面を理解して，クラインのいう早期エディプスコンプレクスを明らかにすることにより，神経症圏の子どもを治癒に導いていった描画療法の事例である。2例目は自閉スペクトラム症の子どもの事例である。筆者はメルツァー（Meltzer, D.）の立場から病態水準を理解していった。

　第4章は精神分析を受け継ぐといわれているラカンの理論に基づいてはいるが，筆者独自の描画連想法について，適用範囲，導入のタイミング，具体的な方法が，事例を通して詳しく述べられている。そして，その描画療法の意義について，ラカン派の精神分析の立場から解説がなされている。描画を「みる」だけでなく「きく」という視点が興味深い。

　第5章はユングの分析心理学についての基本的な理論を解説し，ユングによる描画の意味が語られている。そして，描画療法により自己の統合が図られていく過程を，描画の制作と，完成した描画のなかに含まれる無意識の内容をアクティヴ・イマジネーション（能動的想像法）によって捉えられている様子が，

事例を通して明らかにされている。今日，描画療法を用いているユング派は増加していると思われる。

　このように第Ⅰ部は，現在のわが国での描画療法の根幹を流れる精神力動的な描画療法について，その理論と具体的な事例が述べられているが，それらは主に医療現場や私設クリニックでの個人心理療法としての事例である。

　それに対して第Ⅱ部では，描画と親和性が高いと思われる学校教育の場，医療の場でも特異な分野であるがんの患者への関わり，わが国で描画療法が広く用いられている認知症の高齢者，さらに家族療法としての合同描画療法など，独自の場面での描画療法について解説している。

　第6章は，学校臨床の場での描画療法である。カウンセリング以外の心理療法としては，学校現場で用いやすいのは描画療法であろう。学校では，スクールカウンセラーが描画療法を行うだけでなく，保健室で養護教諭や，別室で担任などが，言語での関わり以外に描画を用いることがある。そのような折に，どのようなことに注意して行うことが大切であるかや，その意義が語られている．そして，筆者自身が開発した，保健室などでも使用できるアートワークシートや，教室で行う集団描画療法についても，具体的な方法が述べられている。

　第7章はがん患者に対する描画療法である。がん患者の場合，病状の進行の程度によって描画療法をどのように用いるかを考えないといけないことや，特に終末期の緩和ケアで留意するべきことなど，独自の視点が必要である。終末期に自己の人生を振り返るとき，患者に寄りそい，描画を通して語られる人生に耳を傾けることが大切である。身体症状も進んでいくため，描画素材も，描画だけでなくコラージュや折り紙も症状に応じて用いられるなど，さまざまな工夫が述べられている。

　第8章は認知症高齢者の描画療法である。わが国の医療・保健分野では，描画は心理療法として実施されているだけでなく，リハビリテーションやレクリエーションという形でなされていることもある。どのような枠組みであれ，描画はその人の心の表現であり，また，感覚を刺激して，認知症の人の生きるエネルギーを育むものである。筆者は集団回想描画療法について，その意義と具体的な実施法，そして長期間にわたる対象者の描画について語っている。

　第9章は合同家族描画療法である。合同描画療法の意義が語られ，それを明

示するために，あるシンポジウムでの模擬家族による家族描画療法が展開されている。毎回の逐語録から，筆者が描画にどのような効果をもたせているかが理解していただけると思う。

　本書は以上のような構成になっており，「はじめに」でも述べたように，描画療法の諸理論の特徴とその具体例から，実際にどのように描画療法を行っていくかを明らかにするとともに，そのなかでのクライエントの成長・変化を捉えることが可能である。多くの読者が本書により描画療法を理解して実施していただけることと，描画療法がなされている臨床現場で周囲の専門家との連携に役立てていただければ幸いである。

第I部

描画療法の諸理論と事例

第1章
精神分析的心理療法の枠組みのなかでの描画療法

寺沢英理子

1. 精神分析的心理療法における描画の活用とその意義

1-1. 精神分析的心理療法とは何か

　筆者は，これまでに二十数年間にわたって描画療法を実践してきたが，扱った事例全体で見ると，描画を使わず言語だけで心理療法を行った事例のほうがずっと多い。筆者が行っている心理療法は精神分析的心理療法の範疇に入るので，描画を用いる場合も，精神分析的心理療法の枠組みのなかで描画療法（描画表現）を導入するという言い方が最もしっくりくる。

　別の言い方をすれば，描画療法を行うといっても，サイコセラピーの流れのなかで描画を取り入れるというイメージである。サイコセラピーのなかで描画を行う期間はクライエントによって当然異なってくるし，導入の時期や導入する技法，言語表現との兼ね合いなども千差万別である。すなわち，筆者が行っている描画療法はオーダーメイドの感覚が強いものである。本章では，このような筆者の実践を土台に，精神分析的心理療法という枠組みのなかで行われる描画療法に焦点をあててみたい。

　精神分析的心理療法について述べる前に，まず，心理療法全体に共通する原則について再確認しておきたい。馬場（1999, p.7）は，「心理療法の一般的な共通する課題というのがあります。それはパーソナリティになんらかの変化をもたらすということです」と記している。また，田中（1996, p.92）は，「心理療法（あるいは精神療法）は，一言でいえば，心理的手段を用いて心理的障害を除去する方法である」と述べている。

　いかなる心理療法であっても，セラピスト（以下，Th.）とクライエント（以下，Cl.）が治療目標に向かって協力する関係がつくられる点は共通している。

12　第Ⅰ部　描画療法の諸理論と事例

ここには，当然のこととして，Cl. との合意の必要性がある。したがって，はじめの何回かの面接で Cl. の動機を高めていく工夫が必須であり，ここは Th. の力量が問われる部分かもしれない。この間にラポールの形成が行われる。このとき，Th. には，暖かさ・誠実さと専門性をもったうえで真摯に Cl. と向き合うという基本姿勢が求められることは共通の認識であろう。

　それでは，精神分析的心理療法とはどのようなものだろうか。アメリカ精神分析学会の『精神分析事典』には，「心理療法は心理的な治療という意味。治療される障害の原因にかかわらず，専門的な訓練を受けた治療者が行うあらゆる方法を心理療法と呼ぶ。〔中略〕精神分析的心理療法は，精神分析の理論と技法を応用したものだが，より簡便化された心理療法のひとつである」(Moore & Fine, 1990／ 邦訳 p.159) と記されている。このように，精神分析的心理療法は標準的な精神分析の変法と捉えられるが，その特徴とはどのようなものだろうか。

　形式的な面から見るなら，精神分析が寝椅子を用いた自由連想法を行う点とは大きく異なっており，対面法で自由に話してもらうのが一般的である。対面法という点は，他の心理療法と似ている。前田 (2014, p.92) は，精神分析を純金とする譬えを用いて「分析的面接での「銅」の混ぜ具合を〔中略〕支持的要因が濃厚な「再教育」に近いもの（A 型）と，かなり転移分析をとりあげてゆく「精神分析」に近いもの（C 型）とがふくめて考えられる」とし，精神分析的心理療法には幅があることを示している。また，面接を成り立たせるものという位置づけで，治療構造を重視している。乾 (2009, pp.15-20) は，精神分析的心理療法のアプローチの特徴として，①心的葛藤の意識化，②治療契約と作業同盟，③転移・抵抗の分析，④中立的・受動的な治療者の態度と方法，⑤対話的自己洞察法と解釈技法をあげている。

　一方，北山は以下のように述べている。

　　「精神分析とは言葉にしにくいものを言葉にする治療として広く知られるようになったのです。〔中略〕言語で明確化されること，文章で整理されることで落ちこぼれていく，あるいは排除されやすい「意味のぶれ」や「ぼやけたところ」は重大であり，そこに興味深いというか情緒的反応を抱くのも私だけではないでしょう。ただ，言葉で事態をすべて掬おうとしても，多くが指の間から滑り落ちて行くのが普通なのです。言葉で森羅万象すべ

てを捉えることができないし，限界のあることは確かなのですが，どこまで言葉になるかについても意見が分かれると思います」(北山, 2013, pp.53-54)

　精神分析は言葉にすることに大きな価値を見出しており，そのことの困難さへの対応のためにさまざまな理論や技法が発展してきたとも考えられる。アンナ・フロイト（Freud, A.）の遊戯療法やウィニコット（Winnicott, D. W.）のスクィグルのような言語以外の治療がその例といえる。北山も，言葉にすることを重視しつつも，ある症例の報告のなかで「私との面接でもサインペンを用意しているので，患者はいつも考えていることとして幾何学的な図形の集合を描いている」（北山, 2009, p.209）と，言語以外の表現が治療にもちこまれていることを記している。

　この症例に関しては，患者が持ってきた小学生の頃に描いた絵や，前 Th. との間で描かれた絵も患者理解や治療経過の振り返りに活用されており，「覆いをつける治療」のひとつとして紹介されている。北山（2009, p.214）は，「言葉とともに絵やヌイグルミなど何か手応えのある媒体を介してやりとりすることは，象徴の発生論から見て基本形だと思う」と述べ，移行対象の発達促進的機能の面からこのことを論じている。しかし，本論では，言語も描画もクライエントの行う表現として考える視点を重視したい。

　北山が「精神分析とは言葉にしにくいものを言葉にする」としたものを「表現しにくいものを表現する」といいかえることは，さほど無理なことではないように思う。Cl. が面接室のなかで自分を表現しようとするとき，少なくとも目の前にいる Th. には伝えようとしているのであり，たしかに二者関係のなかでの表現にはなっているからである。

1-2.　描画療法とは何か

　一方，描画療法は芸術療法のひとつであり，やはり心理療法のなかに含まれる。藤澤（2014, p.88）は，「「芸術療法」には医療寄りのものから芸術寄りのものまで，スペクトラムやバリエーションが存在している」と述べている。さらに，日本芸術療法学会の発表に関しても，芸術療法の実践例に個人心理療法と集団精神療法とが混在している点を指摘している。

　また，精神分析の影響を強く受けたナウムブルグ（Naumburg, M.）は，以下のようにひとつの定義を示している。

「〔私のいう〕芸術療法とは，その治療法の基礎に精神分析的アプローチを採用し，これをもって抑圧・投射・同一視・昇華・圧縮といった防衛機制に迫るものである。〔中略〕精神分析治療では，自由連想を行うよう促され，それをもって自己の思考・感情を言語的に表現することを目標にするが，芸術療法では，自由連想という過程を患者の制作した自発描画に対しても適用する〔のが違いである〕」　　　（Naumburg, 1966/ 邦訳 pp.11-12）

さらに，「象徴的イメージはフロイトのいう精神の「検閲」による抑圧を言語表現よりも容易に回避できる。絵画表現のほうが患者にはなじみが薄いから（水も漏らさぬ検閲にはならないの）である」（Naumburg, 1966/ 邦訳 p.13）と，描画表現のほうが表現の幅が広いと考えている。そして，「芸術療法は言語的治療に対立するものではなく，自発的描画と関連させた言語化を用いるものであって，それだけでなく，患者が自分がまず創造した自発的イメージについて言語的に自由連想をするようになれること，そしてこれが必然的に治療過程を加速することは，すでに証明済みなのである」（p.15）と，描画表現が言語化を促進することについても触れている。

　筆者も，Cl. との心理療法のなかで，似たような体験をすることがある。そして，すべての Cl. に対して言語化を促進するわけではないが，やはり精神分析的心理療法がベースにあるので，言語化を促進する傾向はあると思う。藤澤（2014, p.91）は，「絵を描くという非言語的表現は，失った言語的表現やコミュニケーションを取り戻すための手段のひとつとして考えられていることが分かる」と，医療の世界で発展してきた芸術療法の特徴のひとつを示している。

1-3. 描画すること自体がもつ治癒効果

　さて，ここまでは精神分析的心理療法の枠組みのなかにおける描画療法という視点から論じてきたが，描画すること自体に関しても少し論じたい。伊集院は，以下のように述べている。

　「絵画療法・芸術療法の基本理念として「イメージ・表象機能のもつ自己治癒性」があげられる〔中略〕イメージの自己治癒性とは，ある種，身体における免疫機構と同じような機制が心にも存在しており，精神の核にあるイメージ，とりわけ原初のイメージと呼ばれるものには，われわれの健

康を維持する力が潜在的に内包されていると考えるものである。いくら精神が病んでも，その原初のイメージが枯れ果てず，免疫機構と同じく一部でも健在な部分が残っていれば，精神の回復は可能だと考える」

(伊集院, 2009, p.19)

　これは，私たちが日常的にも臨床場面においても日々目にしたり感じたりしている，描画のもたらす治癒効果を理論的に説明するものであろう。
　描画療法に対する筆者の考え方は，描画することそのものに治癒をもたらす効果があり，さらに描画を心理療法のなかで用いることによって，治療効果がダブルになり相乗効果をもたらすというものである。つまり，Cl. と Th. との安心した関係性のなかで描かれるということに，心理療法としての大きな意味を見出しているのである。Cl. が自発的に描画を行うことを妨げないが，それを描画療法と呼ぶことには抵抗を感じる。Cl. が家で何かを描くことにも意味があるが，それは Th. の目の前で描かれたものとは根本的に区別されるべきだと思う。
　描画療法をこのように捉えたとき，描画表現を用いるという特殊性はありながらも，心理療法としての基本的要素は備わっていることになる。特に，精神分析的心理療法にとって面接を成立させるために重要な治療構造に関しては，描画療法を行う場合にも同様に遵守すべきものである。

2. 精神分析的心理療法への描画の導入

2-1. 導入の条件
　描画療法の導入条件として，寺沢（2010, pp.26-27）は以下の5つをあげている。

(1)　言語化の難しいクライエントへの適応
(2)　クライエントとセラピストの二者間の関係性が不安定な場合への有効性
(3)　言語表現が一見豊かに行われているが，それ自体が洞察への抵抗として機能している場合
(4)　たくさんの言語化の後に話すことがなくなった感覚をクライエントが抱き，描画療法へと進む場合

16　第Ⅰ部　描画療法の諸理論と事例

⑸　描画表現がクライエントの得意な手法であったり，クライエントの人生
　　と関わりが深かったりする場合

　1つめの「言語化の難しいクライエントへの適応」とは，年齢的に言語を十
分に使いこなせない場合，知的な問題が見受けられる場合，俗にいう「言葉を
失う」体験をして自分自身が受け止められる範囲を超えてしまった場合，ある
いは強い抵抗が働いている場合などが考えられる。精神分析的心理療法は精神
分析をベースにしているので，言語による表現が最優先されるのであるが，そ
こに向かう方向性はもちながらも，他の表現方法を援用する可能性には開かれ
ていてよいであろう。3. で提示する事例もここに分類される。多様なクライ
エントが訪れるクリニックなどの臨床場面では，言語表現ができないから引き
受けられないとはならないので，描画表現の活用は工夫のひとつとして重宝さ
れる。
　2つめの「クライエントとセラピストの二者間の関係性が不安定な場合への
有効性」は，Cl. の不安が強いなどの場合で，病理が関係することもある。
Cl. - Th. 関係を維持するためにも，二者間の安定化は重要な初期課題である。
　3つめの「言語表現が一見豊かに行われているが，それ自体が洞察への抵抗
として機能している場合」は，抵抗の一種と考えられる。言語表現を行うとい
う精神分析的心理療法のルールには則りながらも，抵抗を示すという場合であ
る。言葉自体が抵抗の表れとして煙幕のように使われてしまう。
　4つめの「たくさんの言語化の後に話すことがなくなった感覚をクライエン
トが抱き，描画療法へと進む場合」は，ある程度の心の仕事を言語で行った
が，まだその奥に整理すべきあるいは解決すべき何かがあると Cl. が感じてい
る場合である。それは，もっと心の深いところに閉じ込めてしまった自分自身
の気持ちの解放かもしれない。さらに何かをする必要があると Cl. が感じてい
る場合，心を掘る道具の変更が有効に働くことがある。もちろん，狂気が表れ
る可能性もあるので，ここで心理療法を終結するという選択肢もある。しか
し，たとえ狂気が表現されたとしても安全な表現方法を用いるという選択肢も
あるのである。
　5つめの「描画表現がクライエントの得意な手法であったり，クライエント
の人生と関わりが深かったりする場合」については，説明は不要であろう。こ
のような場合，導入が必然的な印象を受けることもある。

2-2. 治療構造とセラピストの役割

（1） 治療の場と時間的な枠

　精神分析的心理療法の枠組みを用いる以上，精神分析的心理療法において重要と位置づけられている治療構造の遵守は基本である。

　まず，Cl. と Th. の2人が安心して居られる空間の確保が必要である。基本的には，Cl. と Th. の2人だけが居る空間ということになるが，ケースによっては Cl. の家族が一緒に居ることもある。しかし，これは精神分析ではありえない形式で，基本形は2人であり，複数の人間が居るという状況は応用編とすべきであろう。

　空間の広さ，静けさ，明るさの程度や，置かれている調度品などは，Th. が采配をふるえることもあるし，そうでない場合もある。それでも，Cl. と Th. が面接を行っている間，外からの邪魔が入らない安全な空間を保つことは，精神分析的心理療法には欠かせないものである。

　描画療法は，一般的に言語面接よりも退行促進的な技法である。サイコセラピーの流れのなかで Cl. が安心して退行できるためには，安全な空間の提供は基本中の基本である。また，この基本があって，Th. も Cl. の退行を抱えられるのである。いつもの部屋，いつもの家具という空間で，（そしていつもの時間に）Th. が待っているということが，サイコセラピー全体を支える基本である。けっして失われることのないこれらの守りがあってこそ，Cl. は安心して，ときに当惑しながらも，自身の退行した表現を行えるのである。

　ときには，Cl. 自身が驚くような病理が表現されてしまうこともあるが，このようなときにおいても，Th. との関係性に加えて，安定した空間が保証されることは，投げ捨てられることはないという安心感を Cl. に与え，サイコセラピーの継続への勇気とモチベーションを Cl. が保ち続けられることに寄与する。

　さらに，一定期間，一定の間隔で一定の時間を面接にあてるという時間的構造の遵守も大切である。期間に関しては，最初から明確に決められないことが普通であろうが，面接の間隔と面接の時間は，アセスメント面接が終わってサイコセラピーを開始するときに決めることになる。この時間的な構造は壊されやすいもののひとつである。したがって，これをしっかり定めておくことによって，逸脱が見えやすくなる。

　時間的な構造が決められているなかで描画療法が導入される場合，表現だけ

18　第Ⅰ部　描画療法の諸理論と事例

が優先されるわけではない状況がつくられる。表現を優先する場合には，時間はゆるやかに決められていて，ある程度表現者が満足するまで時間を保証するというやり方になるだろう。しかし，精神分析的心理療法の枠組みを援用する場合には，治療構造つまり時間枠のほうを優先することが基本と考えられる。Cl. の表現が途中であっても，Th. は時間がきたことを告げ，面接を終了することになる。

　他方，ナウムブルグ（1966/ 邦訳 p.21）は，「芸術療法の面接に必要な時間は患者によって異なる。治療の最初には「50分」という枠で始めても，患者が芸術療法士の前で絵を描くのにもっと時間がかかれば，面接を１時間半まで延長しなければならないこともしばしばあるだろう」と述べている。この点は，筆者の描画療法の定義と比べたとき，実施方法の最も大きな相違点かもしれない。

　時間枠の遵守を優先して描画を中断させた場合，その後の対応はケースバイケースである。次回に，前回の描画や彩色の続きをすることもあるし，新たなことを始めることもある。これは言語での面接の場合と同様である。ただ，少し違うとすれば，面接の最初に Th. が関与するかどうかということであろう。言語面接では Cl. が話し始めるので，前回の続きである場合も，まったく新しい話を展開する場合も，Th. の関与なしで進んでいけるのに対して，描画療法の場合には，前回の続きをするか新しい用紙を用意するかどうかは Th. から尋ねることになる。

（２）　クライエント - セラピスト関係と転移

　Th. がほぼ一定の雰囲気で Cl. の前に居続けるということも，重要な治療構造のひとつであろう。言語面接の場合と同様に，Cl. の表現に心を傾けて連想もしつつ，Cl. の表現の自由を支えることになる。Cl. と Th. との関係性においては，ラポールの形成は不可欠であり，転移も起きてくる。ただし，描画療法を実施しているときの関係性には母子関係が転移されやすいように感じているが，そこには，退行促進的な技法であることが大きく関係しているのであろう。

　描画療法を行う場合，画用紙やペンなどの具体的な「もの」の提供が不可欠である。また，技法によっては，面接と面接の間に，Cl. のために手間暇をかけなければならないこともある。言語療法においても，部屋を整える，記録を

書くといった手間はかかっているのだが，手間暇をかけたことが必ずしも Cl. には明らかでない。描画療法の場合は，道具の準備などの手間が Cl. に可視化されやすいという特徴がある。描画の道具を提供される際には，どうしても Th. に世話を焼かれている感覚がよぎるであろう。精神分析的心理療法において重視される Th. の中立性はやや保ちづらくなる。

　吉野（2001, p.48）は，個人描画療法への導入として「「始めても，描きたくないときは断って構わないし，宿題にしてひとりで描いて持ってくるのでもよい」と相手の意向をかならず確かめる」と述べている。Cl. が Th. 不在の空間で描画することを含めて，吉野は治療に活用しているが，この点は，Th. の居る空間で Cl. が描くということを重視している筆者の定義とは大きく異なる点である。

（3）　セラピストの機能

　北山は，以下のように記している。

> 　「治療的な幻滅論の文脈から言うなら，患者の対象希求性や理想化を引き受けているとやがて時間と共に治療者についての幻滅が起きてくるのです。理想化転移を扱う治療者の一番大事な覚悟は，現実を説明する解釈だけではなく，幻想の受け皿になり，同時に幻滅の相手役として「幻滅させる者」であるという両義的な役割を引き受けて，評価の分かれるところに立たねばならないことです」
> （北山, 2013, pp. 45-46）

　ここから，精神分析あるいは精神分析的心理療法における Th. の機能の一面を知ることができる。

　描画療法を導入する場合には，さらに Th. の機能として，「手間の提供」と「見守りの目」があげられる。そして，描かれたものを2人で見るという構造から，「共視」体験を必然的に伴ってくる。

　「手間の提供」のひとつとしては，前項（2）で述べた道具の準備がある。また，Cl. が描いた作品を保管することもそのひとつであるが，ここには Cl. が作品に投げこんだものを抱える機能がある。「手間の提供」に関して，寺沢（2010, p.29）では，「時間を守るなどの心理療法全般に共通する父性的側面をもつ一方で，手間を惜しまない母性的側面が具体的な作業を通して示され

ている」と考察した。

「見守りの目」は，「絵画療法の初期において，クライエントはセラピストの視線を「見られる目」として体験していることも多い」（寺沢, 2010, p.29）と述べたとおり，見られる目との対比で捉えたい。Th. の眼差しが，描画療法の経過のなかで「見られる目」から「見守りの目」へと変化していくのに並行して，描画療法の進展が見られることが，一般的なように思われる。

2-3. 導入するうえでのその他の留意点

（1） 他者の前で描画するということ

ほとんどの人は，子どもの頃に母親（養育者）の眼差しのもとで楽しく絵を描いていた体験をもっているのではないだろうか。言語表現がまだ十分にできなかった頃，描画による表現は楽しく自由だったであろう。しかし，一部の人を除いて，大人になるにしたがって人は絵を描かなくなる。まして，人前で絵を描くなどということは非常にまれな体験となる。大人は悩みを他者に伝えることはあるが，その際に描画という表現を用いることはほとんどないのである。

多くの Cl. が描画療法によって心を癒していったが，大人が他者の目の前で絵を描くということについては，少し考えておく必要があるかもしれない。Cl. 自身，描画することが自分に役立ちそうだと思っていても，最初は気恥ずかしさという抵抗感をもつことは自然であろう。非常に重篤な状態で入院治療を受けている場合など，特殊な環境のなかでは少し違う現象が見られるが，セラピーに通ってくる Cl. の場合には，十分なラポールが形成されていたとしても，程度の差こそあれ抵抗感は存在する。

しかし，話すことが苦手だったり負担を感じたりしている Cl. においては，描画するということで，楽にそこに居られる感覚をもつこともある。セラピーに行きたくないと思っているわけでもなく，早く帰りたいと思っているわけでもない。Th. との時間を心地よく過ごしたいと思い，通い続けることに意味も見出している。しかし，毎回の時間を言葉だけでつむぐことができないという Cl. にとっては，描画表現に対して抵抗感よりも安心感をもつことがある。話さなくても Th. とともに居られるし，描画表現でも自分のふだんの生活や関心事などを伝えることができるのである。

第 1 章　精神分析的心理療法の枠組みのなかでの描画療法　*21*

Cl. によって，また，ひとりの Cl. のセラピーの経過のなかで，描画することに関しての感覚や意味が変化することは，むしろ自然なことであろう。Th. はこのような変化に敏感であることが求められる。

（2） 同じ技法を繰り返すことの利点

描画療法を導入するとき，使用する描画技法，その組み合わせや提示順序は，Cl. によって変わってくる。しかし，筆者は，可能であれば風景構成法を複数回実施して，描画療法の道標として有意義に活用している。風景構成法にかぎらず，一連の描画療法の過程で，同じ技法を間隔を空けて実施することは，Cl. の状態比較，あるいはサイコセラピーの流れを理解するうえで有効である。

（3） 言語化の促進

描画を行う過程で言語化が促進されることは多くの臨床家が体験してきたことである。飯森は，言語表現と非言語表現の関係について以下のように述べている。

> 「言語はイメージを求めるものである。言葉にならない "あるもの" は言語によって実在化されることを求めている。だからこそ，それが果たせないとき，言語はイメージ表現の形を "借りて" でも，その実在化を図ろうとする。〔中略〕言語とイメージとは相互に補い合うものなのであり，言語はイメージを求め，イメージは言語を求める。言葉によってイメージは生まれ，イメージによって言葉は生き生き呼吸してくる。こうして，実在化と不在化という相反する溝を乗り越えて "あるもの" は表出してくる」
>
> （飯森, 1998, p.78）

ここでは治療の自然な流れとして言語化が進むイメージが述べられているが，治療技法自体にも言語化を促進する要因を内在させているものがある。描いたものについて，描画セッションのなかでは Th. と Cl. がまったく言語的なやりとりをしなかった場合でも，サイコセラピーの大きな流れのなかで何かが語られ始めることがしばしばある。飯森の指摘するように，言語とイメージは互いに求めあっているのだろう。

寺沢と伊集院が1994年からの一連の研究のなかで開発した「並列型誘発線法およびワルテッグ誘発線法を用いた再構成法」（当初はワルテッグあるいはワルテッグテクニークと呼んでいたが，1999年からワルテッグ誘発線法と呼んでいる）は，言語化促進的技法に分類してよいであろう。寺沢・伊集院（1995）では，ワルテッグテストと誘発線法の誘発線の違いに着目し，治療効果における相互補完性に重点をおいた内容としたが，寺沢・伊集院（1996, p.55）では，「ワルテッグおよびSP誘発線法を実施した段階で，8つのモチーフにそれぞれ小タイトルをつけるよう促すと，non-verbal な表現から verbal な表現へ橋渡しが求められることから，言語化への準備が段階的に整うものと考えられた」と，言語化促進機能について記した。

　8つの小片のそれぞれにタイトルをつけ，再構成実施後にさらにタイトルをつけるという形で，繰り返しタイトルをつけることにも言語化促進の要素はあるが，作品の再構成という技法がそもそも意味を求める作業となっている。Cl. によってはタイトルを求めない場合もあるし，タイトルをつけられない場合もある。それでも，再構成の段階で意味に焦点があたることから，Cl. の内界では言葉が浮かび言語的世界が活性化していくのである。

　技法を用いる Th. によって言語化促進の程度は変化するだろうが，このように，技法そのものに言語化への指向性が内在しているものは他にも存在する。1回1回の面接においては言語化がすべてではないが，精神分析的心理療法の枠組みのなかで行われる描画療法を考える場合，言語化促進は重要なテーマのひとつである。

（4）　描かれた作品の扱い

　描画療法では描画作品をつくることになるが，必ずしも作品の完成が目的ではない。むしろ，絵が未完成のまま終わらねばならない不全感や葛藤が，心理療法の進展に大きな役割を果たすことがある。そこには，言語面接においてみられる葛藤や治療者に向けられる攻撃性と同様のものが引き出される構図がある。描かれたものは「作品」というよりも「クライエントの心」として扱う必要がある。

　描かれたものをクライエントの心とするならば，そこがむき出しにされたままのとき，Cl. の心は落ち着かないであろう。また，描かれたものの上に何かが直接触れたりしたら，Cl. の心が痛むかもしれない。このように考えて，描

画されたものの保管には気を遣っている。描かれたものに同じ大きさの紙でカバーをかけることは，Cl. の心をそっと包むことであり，大切な護りである。自分の描画にカバーをかけてもらうとき，多くの Cl. はホッとする体験をしている。むき出しのまま心が置かれているのは，Cl. にとっても心が痛むものである。

　また，Cl. 自身が意識しないまま病的な表現がなされることもある。このような場合にも，その表現にカバーがかけられることは，心を収める意味で重要なことである。特に外来での面接の場合，心を閉じて帰っていただかなければならない。この一工夫で，Cl. の心の安全を守ることに大きく寄与できるのである。もちろん，他の治療構造の支えがあるうえでのことである。

　最後に，自分自身にも言い聞かせていることであるが，心理療法への描画の導入は Cl. にとって役に立つという見立てがあってこそ進めるべきであり，Th. の側の都合で導入してはならない，ということを改めて強調しておきたい。描画してもらうことは難しいことではないが，けっして簡単なことでもない。Th. が未熟で面接中の沈黙に耐えられないから，という理由での描画の導入はもってのほかである。

　ここまでに述べたことを図1-1にまとめておく。

3. 事例──20代半ばの男性

　本章の締めくくりに，言葉ではなく絵画を表現手段として使うことの意味を端的に示してくれた事例を紹介したい。

　［主訴］

　論文が書けない（Cl. は「頭のなかにあるものと，文章になったものとが違う。そのことがいやで書けない。自分の文章を自分で読むのは嫌悪すら感じる」と語った）。

　［来室経緯］

　精神科医からの紹介（schizoid personality disorder〈mild〉）

　［見立てと方針］

　強迫傾向，集中困難などが前景に出ている。文章表現に苦しんでいることから，それ以外の表現に期待し描画療法の導入も試みることにする。

24　第Ⅰ部　描画療法の諸理論と事例

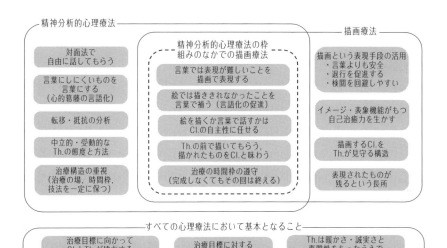

図1-1 「精神分析的心理療法の枠組みのなかでの描画療法」とは？

[面接経過]

　言葉によるアセスメントを3回実施し，次回に描画を体験する予定とした。4回目はアセスメントの最終回と描画療法の1回目という意味合いを兼ねるものと位置づけ，風景構成法を実施した。

　#4（**描画1-1**）では，説明しながら描くCl.の様子から，表現への不全感があるような印象であった。付加物として，中央の家，小さな木を2本，雲，太陽の描きなおし（大きすぎたと少し斜め右上に描きなおす），川の上がわに道・鳥・魚・石・犬，右の木にリスを加えた。遠近感を含めた全体のバランスを整えていくようでもあった。

　#5～#8（**描画1-2～1-5**）では，ワルテッグ誘発線法および並列型誘発線法を用いた再構成法を実施した。#6（**描画1-3**）では，切り離したモチーフをあれこれ並べてみる過程で，「あみだ」や「すごろく」のイメージから「すごろく」をつくっていった。そして，子どもの頃につくったことがあると，子ども時代の回想が語られた。#7（**描画1-4**）では，「こちらのほうが，図形そのものが何かに見えるので，それに逆らって考える感じ」と，引き出されるものをコントロールしようとする姿勢が感じられた。また，論文の序文を少し書いたと見せてくれた。さらに，面接に来る際に，いろいろな経路で電車

描画 1 - 1

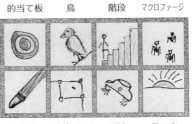

的当て板　鳥　階段　マクロファージ

万年筆　野球グラウンド　UFO　日の出

描画 1 - 2

描画 1 - 3

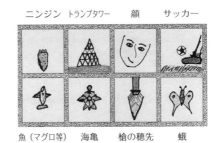

ニンジン　トランプタワー　顔　サッカー

魚（マグロ等）　海亀　槍の穂先　蛾

描画 1 - 4

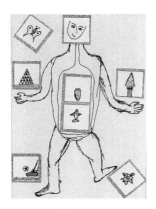

描画 1 - 5

描画 1 - 6

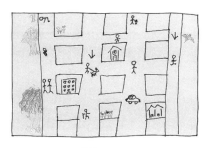

描画 1-7

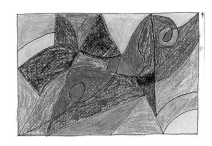

描画 1-8

描画 1-9

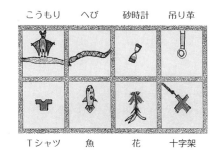

描画 1-10

を乗り換えてみるという話から，遊びの要素が垣間見られた。#8（描画1-5）では，描画表現としてはややいびつな印象があるが，人間の両面性（攻撃性と遊びなど）の話を展開した。

　#9（描画1-6）で行った色彩分割を#11でも希望したため，交互色彩分割法を実施した（描画1-8）。途中，1本の長い線で全体の印象を変えたいと，何度か挑戦していた。彩色の残りは，次回にもちこすことにした。

　#13（描画1-9）では，鉛筆を希望し庭の様子を描いた。Cl. のエネルギーが下がっている印象があり，筆圧も弱い。そのようななかで，祖母や母が育てている菜園をイメージできたことに，エネルギーの供給のようなものを感じた。この風景が浮かんだことが大事なようだということが共有された。実際には，#14（描画1-10）では，「前回の絵はこれでいい」と彩色などは施さず，

第 1 章　精神分析的心理療法の枠組みのなかでの描画療法　　27

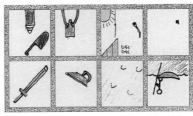

描画 1-11

描画 1-12

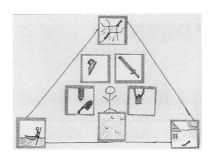

描画 1-13

描画 1-14

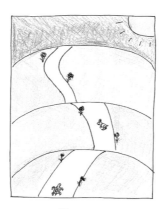

描画 1-15

描画 1-16

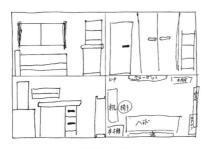

描画 1-17

描画 1-18

描画 1-19

　日付とタイトルを記入して,「8つのあれをしたい」とふたたび並列型誘発線法を実施した。ここでは,コウモリの足の発想を喜んでいた。論文は進んでいると報告された。

　#16(描画1-12)ではワルテッグ誘発線法を実施した。「今日は思いつかないものも多い」と,はじめて上段右端の誘発線の描画を諦めた。#17(描画1-13)では,前回描けなかった誘発線に対して,ひし形をつなぐイメージはあったと,再構成法時に描き,すべてのモチーフを再構成に使用した。「次回は田舎の絵を描きたい」と言って終わった。#18(描画1-14)では2回目の風景構成法を実施した。彩色は次回にもちこしとなった。

　#21(描画1-16)では「道の絵を描きたい。ずっと考えていたので」と描き,「道の表現には満足した」と語った。#22(描画1-17)では,論文が進んでいることが報告された。また,「今日は自分の部屋を描きたい」と定規の使用を希望した。画用紙を4つに分けて3つには側面からの描画を,残りの1つには俯瞰図を描いた。#23(描画1-18)では「顔に見えるのをやりたい」と並列型誘発線法を実施した。#24(描画1-19)では,「この間のはいいかな〜」と再構成は行わず,「分割をやりたい」と実施し,「あまり考えずに分けられた!」と未完成ではあったが,「続きは次回」と満足そうであった。

　#26では,論文提出の報告があった。「完全に表現できなくでも,表現してみることが大切だと思った」と語った。そして,論文は書けたが,もうしばら

く今までのペースで続けたいと面接の
継続を確認した。
　#27では，年明けということもあ
り，「絵を見てみたい」とCl. が希望
し，これまでの描画を鑑賞した。「学
校ではいつも時間がたりなかったが，
ここで，2回に分けてやれたことはよ
かった」と感想を述べた。さらに，

描画1-20

「いろいろ，まとまらないことが多いが，絵を描くことはとにかく手を動か
す。あまり考えずに，という点も役に立った」とCl. なりの描画療法の効果を
語った。#28（描図1-20）では「田舎の絵を描きたい。1回で描かなくでもいい
かな」と，3回目の風景構成法を実施した。2回目の風景構成法実施の際に諦
めた「川を交差させて2本描きたかった」という構図をほどよい形で描画のな
かに取り入れ，「川の分岐点」というタイトルをつけた。
　#30では，口頭試問も終わり卒業が決まったことが報告された。そして，卒
業後の進路について具体的な計画を話そうとしながらも，実際に行動に起こそ
うとすると体調が悪くなると語った。論文，卒業，仕事とひとつひとつ進めて
いくという自分のペースを大事にしていくことを確認した。そして，改めて絵
を描いたことについて尋ねると，「卒論も書けないくらいアウトプットができ
なくなっていたが，その回路がつながったと思う。それと，いろいろ外に出て
も周りを見るようになった，景色とか……」と，自身の体験を言語化した。そ
の後も，庭の絵や交差点の絵など，Cl. のその時々に必要な，あるいは，その
ときの状況を表すような描画表現を挟みながらサイコセラピーを続け，職業選
択も果たしていった。

[考察]
　Aは，強迫傾向もあるが基本的にはシゾイド傾向をもっていた。このことに
よって，論文が書けない，つまり文章表現がスムーズにできなくなったのであ
ろう。#16から#17にかけての2週に分けて再度続けることができるという体
験は，Aに時間を区切るあるいは作業を区切るという行為を行いやすくさせた
ように思う。区切ることによって，また別の継続の可能性が生まれるという体
験は，Aの強迫傾向をゆるめる方向に作用したのであろう。
　また，描画体験が7回目を迎える頃から，技法をA自身が選択し提案するよ

うになったことも，大きな変化である。文章表現できないという，ある意味，主体的な関わりに不自由を感じていたAは，描画技法の選択という形でまずは主体性を取り戻していった。描画という表現手段であっても，Aはときどき画用紙とは別の紙を求め，鉛筆で下書きする場面が見られた。しかし，描画であれば，その程度の工夫でAは時間内に自己表現を行えたのである。描画表現にも文法がまったく存在しないわけではないが，多少の歪みや観察不足があったとしても，Aはそれらを許容することができた。たとえ時間内に描き終わらなくても大丈夫という感覚をもてたことは，Aにとって大きな意味があったと考えられる。こうして，Aは強迫をゆるめて自己表現することが可能となり，それが文章表現へも波及していった。そして，A自身がこのことをある種の感動を伴いながら，「アウトプットができなくなっていたが，その回路がつながったと思う」と見事な言語表現で Th. に伝えたのである。

> 第2章
> # マーガレット・ナウムブルグと
> # スクリブル法
>
> 内藤あかね

1. スクリブル法とマーガレット・ナウムブルグ

1-1. はじめに

本章では，描画法の代表的な技法のひとつであるスクリブル法（scribble technique）と，その考案者であるアメリカにおけるアートセラピーの先駆者マーガレット・ナウムブルグ（Margaret Naumburg 1890-1983）の治療観を紹介する。

scribble の意味を *The Cambridge English Dictionary*（Web 版）で引くと，動詞形で "to write or draw something quickly or carelessly"，つまり「〜を走り書きする，なぐり描きする」と定義されている。名詞形だと「走り書き，なぐり描き」の意味である。2歳の子どもがクレパスを手にして，床やテーブルにぐるぐると描き散らすさまを想像してみるとよい。そんなめちゃくちゃな絵が，どうして心理療法に活用できるのだろう。

日本では，1973年に精神科医の中井久夫によって，「なぐりがき法」としてはじめて日本に紹介されたナウムブルグのスクリブル法であるが，今ではひとつの描画法として日本の心理臨床のさまざまな現場に浸透している。その適用と実践方法を本章では扱うが，その前に筆者としては，ナウムブルグがどういう人物であってどのような治療観をもっていたかを紹介したい。なぜなら，ナウムブルグの治療観は個人の創造性や自律性，自発性を大切にし，個人がアートを介して葛藤や問題と向き合って解決し，自らを解放していくことを援助するという，現代のアメリカアートセラピーにも共通する価値観をすでにはらんでおり，スクリブル法もそのような文脈から編み出された技法だからである。今日，アクティブ・ラーニングという学びのスタイルが日本の児童教育界に導

32　第Ⅰ部　描画療法の諸理論と事例

入されはじめ，子どもが主体的に学びアウトプットすることの重要性がとりざたされているが，教育者でもあったナウムブルグは1世紀も前に子どもの主体性と自発性を伸ばすための学校を自ら創立し，その手段として芸術教育を積極的に採り入れたのである。それは精神分析がアメリカにもたらされた時期であり，その影響を大いに受けたナウムブルグ自身の足跡をしばしたどることで，アートや描画の可能性を考えてみたい。

1-2. マーガレット・ナウムブルグの生涯

ナウムブルグは，1890年にニューヨーク市に生まれたユダヤ系アメリカ人。父はドイツから来て成功した衣類製造業者で母はアメリカ生まれという裕福な家庭に育つ（Altman, 2009）。学校教育による抑圧に反発を感じていたナウムブルグは家庭でも母親と不仲で，虚無感を抱き，あえて何も言わない，何もしないといった態度をとっていたようである（University of Pennsylvania, 2000）。

バーナード大学で哲学者であり教育者でもあるデューイ（Dewey, J.）に学び，この経験は後のナウムブルグの教育者としての活動に影響を与えることになる。その後イギリスに渡るが，渡英前にはモンテッソーリ（Montessori, M.）に関する記事を雑誌で読み，ウィーン出身の精神科医ブリル（Brill, A.A.）が書いたフロイト（Freud, S.）と精神分析に関する論文を読んだりしていたという（University of Pennsylvania, 2000）。その後の児童教育と精神分析への傾倒はこの時期に端を発しているようである。ロンドン・スクール・オブ・エコノミクスに在籍するが，その間ダルクローズ音楽教育法（今でいうところのリトミック）を習ったり（Altman, 2009），ローマを訪れ児童教育をモンテッソーリに学んだりして帰国。

1913年，ニューヨークにモンテッソーリ・スクールを開校し，その学校を離れると1914年には先進的な教育を施すウェルデン・スクール（Walden School）をマンハッタンに設立した。デューイの影響を受けたナウムブルグは，ウェルデン・スクールにおいて，「個人の変容」を教育の原則とし，創造的表現と自発的学習を奨励して，アート教育に力を注いだ。ロンドンから帰国したナウムブルグは，グリニッチヴィレッジのボヘミアン・コミュニティーに居を構え，1916年に結婚することになる作家で批評家のフランク（Frank, W.）と生活し（1924年に離婚），芸術家サークルと親交をもった。

彼女の革新的な生き方は，精神分析やユング心理学を学び，自ら分析を受ける体験につながり，ウェルデン・スクールの教育に反映させるだけでなく，1930年代以降，心理療法家，アートセラピストとして活動する道筋をつくった。ナウムブルグは精神病棟に入院している子どもや青年の治療に携わり，その一部を *Studies of the "Free" Expression of Behavior Problem Children as a Means of Diagnosis and Therapy* (1947) などの書物に著した。同時に，成人のクライエントも個人開業の形で診ていた。

　1950年代には，アメリカでアートセラピーが認知されてくる。ナウムブルグはそのなかの重鎮と目されるようになったが，意見の相違と高齢のため，後に全米アートセラピー協会（the American Art Therapy Association: AATA）を組織していくアートセラピストたちの活動には加わらなかった。しかし，1970年の AATA 第1回大会では，「名誉永世会員」称号を授与され，その功績を認められた。晩年はニューヨーク大学で教鞭をとり，80歳代になるまでアートセラピストの養成に携わった（Cane et al., 1983）。

　ナウムブルグは，キャリアの集大成ともいえる著作 *Dynamically-oriented Art Therapy* を1966年に出版している。筆者は1998年に，中井久夫の監修のもと，同書を『力動指向的芸術療法』という邦題で翻訳した。この古典的書物を読むと，ナウムブルグが1910年代からいかなる考えと情熱をもってアートセラピーを開発・実践したのかが想像されてくる。そして，その思想と理論の根幹はまったく古びていないと感じる。クライエントは描画を介して，無意識から立ちのぼるものを意識化し，治療者とコミュニケーションをとりながらイメージと向き合い，問題を解決して治癒する契機を見出す。今日描画療法を学ぶ人々にも，機会があれば読んでいただきたい名著である。

1-3. スクリブルとスクリブル法

　描画療法としてのスクリブル法について述べる前に，まず，この技法の成り立ちを紹介する。もともとは普通の遊びであったと推測されるスクリブルを技法化して美術教育に採り入れたのは，ナウムブルグの姉ケイン（Cane, F.）である。ケインはナウムブルグにとって母親がわりのような人だったようで（University of Pennsylvania, 2000），心理療法家のマインドをもった美術教師であり，ナウムブルグの創始したウェルデン・スクールでも仕事をした。伊東留美は，ケインの思想を以下のようにまとめている。

「彼女は，ウェルデン学校で教えながら，ニューヨーク大学で14年間才能のある児童にも絵画を教えていました。身体の動きに合わせたなぐり描きや音楽のリズムとからだの動きを線画で表現する方法などを斬新に取り込み，子どもの想像力を生かした教育を実践していました。

彼女の著書である "The Artist in Each of Us" (1951) の中で，創造的プロセスが子どもの人格統合を促進することを論じています。彼女の考えは，芸術の原理となる調和やバランス感覚を誰もがもっており，創造的であるというものでした。その考えに基づき，芸術活動は人格統合に有効に働きかけ，「感情」，「動き」そして「思考」がバランスよく連動することを助ける活動であると論じています。彼女は，体の内側から起こる動きをそのまま線で表すことにより，子どもの感情表現がよりダイレクトに現れることを指摘し，そうした活動を奨励しました」 (伊東, 2016, p.52)

スクリブルは，現代の日本で，小学校低学年向けの教科書にも採用されている。NHK E テレの未就学児向けの美術教育番組では，「ぐっちゃぐちゃーから出てきた絵，出てきた絵，面白い！」という歌とともに，子どもが母親とスクリブルをする様子を放送している。まず，ぐちゃぐちゃとランダムなひと続きの線を描く。そこから何かの形が見つかるかどうか探し，見つけた形をもとにしたり手がかりにしたりして絵を描くと，面白い作品が仕上がる，というのである。

ここまでポピュラーになったスクリブルであるが，もともとはケインの思考と経験に基づいて開発された子どもの技法であり，子どもが絵を描くときにとらわれなく自由に描ける工夫というだけでなく，内的なものをよりダイレクトに表現することによって人格の統合を促進するところまで視野に入れていることを，描画療法の実践者としては知っておきたいところである。

ケインが著書 The Art in Each of Us (Cane, 1951, p.56) のなかで，スクリブルについて述べていることを以下に要約する。

(1) スクリブルは「自由に流れるひと続きの線」を使った遊びのようなものである。

(2) スクリブルは事前の計画なく描かれ，チョークを紙面に走らせる簡単な腕の動きによる産物である。

(3) スクリブルをするときに目を閉じたり利き手と反対の手で描いたりしても
　　よい。その意図は，意識的に描くことから離れて無意識的なリズムのあ
　　る線を描くことにある。
(4) スクリブルには筆跡同様，描き手の状態や性質が反映する。

　ケインは同書にてスクリブルを描いた後のステップについても述べている。

(5) スクリブルを描いた後，子どもは静かに座って，描線を少し離してよく
　　見るよう求められる。
(6) しばらく線を見た子どもは空の雲が何かの形に見えるように，線のなか
　　に何かの絵が見えてくる。明確なパターンを発見したら，線を強調して
　　見つけたものをはっきりとさせるようにする。
(7) この第2段階（描線のなかに絵を探す段階）は，イマジネーションの攪
　　拌である。この攪拌を通して，子どもの気がついていない，意味も分か
　　らないかもしれない材料が無意識から起き上がってくるのである。

　ケインは自説の裏づけとして，レオナルド・ダ・ヴィンチの「手稿」にある
一節をあげている。

　　　「君がさまざまなしみやいろいろな石の混入で汚れた壁を眺める場合，も
　　しある情景を思い浮かべさえすれば，そこにさまざまな形の山々や河川や
　　巌石や樹木や平原や大渓谷や丘陵に飾られた各種の風景に似たものを見る
　　ことができるだろう。さらにさまざまな戦闘や人物の迅速な行動，奇妙な
　　顔やその他無限の物象を認めうるにちがいないが，それらをば君は完全か
　　つ見事な形態に還元することができよう。そして，この種の石混じりの壁
　　の上には，その響の中に君の想像するかぎりのあらゆる名前や単語が見出
　　される鐘の音のようなことがおこるのである」

　　　　　　　　　　　　　　　　　　　　（レオナルド・ダ・ヴィンチ, 1954, p.213）

　レオナルドは，汚れた壁のしみや混じった石を見て想像力を働かせる方法を
「才能を増進し覚醒させて各種の趣向を思いつかせる一方法」と述べている
(p.213)。ケインは，「レオナルドがしみついた壁を使うのと筆者がスクリブル

を使用することは似ていて，新しい発明に精神を喚起させるのだ」（Cane, 1951, p.57）といい，両者とも連想を通して突き動かす力を証明していると述べている。

2. スクリブル法を実施する

2-1. ナウムブルグとスクリブル法

　姉のケインとともにウェルデン・スクールで美術を教えたナウムブルグは，ケインの考えを熟知していたであろう。ケインはスクリブルを子どもの全人的教育の一環として創造性賦活のために用いたが，ナウムブルグはどのような理由でスクリブル法をアートセラピーに生かしたのであろうか。

　ナウムブルグの主著『力動指向的芸術療法』を読むと，現代の精神医学や心理療法をもってしてもクライエント（以下，Cl.）の葛藤を扱うことが難しい事例が３つ紹介されている。そのいずれにも，虐待，戦争体験，近親者の死など，外傷的なエピソードをもつ人の制御しようのない抑うつ的な気分が描写されている。どの Cl. も，生活や生き方を変えたいと思いながら，身体や気分の不調から停滞した生活を送っている。Cl. は治療を望んでいるにもかかわらず，パーソナル・ヒストリーを振り返ったり，本当の気持ちを語ったりすることを求められる過程では，心理的苦痛のため，抵抗を示している様子が窺われる。

　そうした，意識的に問題の核心に触れることが難しい場合，あえて何も考えないようにして絵を描けば，意識に上ってこない葛藤や感情が描画に投影されて，カタルシスを得られるかもしれない。セラピスト（以下，Th.）とコミュニケーションをとりながら葛藤を意識化して洞察を得られれば，葛藤は解消するかもしれない。ナウムブルグは，精神分析で用いる自由連想という技法を取り上げ，意識的に考えず，思いつくままに言葉を口にするよりも，絵を描いたほうが意識の検閲を受けにくく，無意識の内容を顕在化させやすいという。古典的な精神分析では分析家が Cl. の言葉の連なりに解釈を与えていくが，アートセラピーにおいては，絵に「投影」されたイメージを Th. が読み解いたり，Cl. とともに理解したりすることができると考えたのである。スクリブル法は，こうしたナウムブルグの治療観に基づいて使用され始めた。

第2章　マーガレット・ナウムブルグとスクリブル法　　*37*

2-2. スクリブル法の手順

　それでは，彼女が提唱したスクリブル法とはどんなものだろうか。Th. が Cl. に指示する手順を以下にまとめる（Naumburg, 1966/ 邦訳 p.32）。

(1)　大きな紙とパステルかポスターカラーを用意する。

(2)　Cl. に軽く体操して体の緊張をほぐしてもらうように言う。

(3)　パステルないし絵筆を紙にずっとつけたままにして，意識的に計画を立てることなく，流れるようなひと続きの線を即興で描くよう促す。

(4)　スクリブルのパターンを眺めるように誘い，それらが物（人，動物，風景）を暗示していないか，そうでなくても構図や模様に見えないか尋ねる。

(5)　最初の正位置から何もヒントが思い浮かばない場合は，紙を回して他の３方向からも見るよう促す。

(6)　暗示されたイメージを加筆して明確にしたり，修正したりするよう求める。

(7)　描画の過程で Cl. を急かさない。（筆者注：時間制限は設けられていない）

　ナウムブルグが描画療法にスクリブル法を採り入れた理由は，Cl. が「自発的絵画表現を解放しやすくする」（邦訳 p.32）ための方法のひとつだからである。意図的にモチーフを決めて描いていくのではなく，ランダムに描いた線に偶然見える形やイメージをモチーフにするので，「おのずと＝自発的に」出てきた表現になり，したがってそこには無意識が投影されやすい，というのがナウムブルグの考え方である。むろん，自発的表現といっても，そこに意識がまったく及ばないわけではない。たとえば，形を探す間に思いついたイメージを採用しなかったり，描画の段階で発展させなかったりするという過程では，かなり意識的に考えて取捨選択をすることもありうる。それでも「１本の木」や「人」などテーマを決められた状況下で描くのに比べて，スクリブル法では Cl. は意識的に考える比重が軽いのである。

　手順（１）で大きな紙と柔らかい素材であるポスターカラーの使用を勧め，手順（２）で体をほぐすことを求めることも，より無意識の自発的表現を促すための工夫である。ただし実際には，スクリブル法を臨床現場で活用しようとすると，大きな紙や絵具を用意することは物理的に困難なことがある。その場

合，入手できる材料で行うことになるだろうが，Th. は Cl. の描画が「体で描かれる」ことを保証できるような雰囲気づくりや工夫をすべきであろう。体をほぐすという手順にしても，面接室の広さや Cl. の心身の状態によっては，体操のようなことは実施できないことがある。しかし，多くの場合，手足をぶらぶらと振る，首を回す程度のことならば実践可能だし，Th. 自身が大きな動きで描線を描いてみせるなど，「体を使う」手本を示すことで，Cl. にどう描くかを伝えている。要は，手順（3）につながるように，なるべく意識的にコントロールした描き方をせず，自由にスクリブルするという本質的な意図をTh. が理解して Cl. を描画に誘うことが大切である。

　手順（4）の仕上がった線を見て，何か形やイメージを見つける過程では，Cl. に何がどこに見えるのかを示してもらうとよい。形が見つからない，思いつくものがない様子のときは，気になる箇所を探すとか，色を塗りたいところを見つけてもらってもよい。ここでは，線に刺激を受けて発現する内容は，Cl. の心にあるものがイメージとして投影されたものと見なすので，具体物でなくても構わないのである。ここでの Th. の仕事は，Cl. が連想する過程をサポートすることなので，手順（5）にあるように，一方向からでなく紙を回していろいろな方向から絵を見るよう促したり，何を見つけたか言語化できる場合は尋ねたりして，連想した内容を明確化する手伝いをするとよい。

　線を描き終え，形やイメージを探したら，それらのうちのひとつないし複数を描線の上に描いてみるよう Cl. に促す。手順（6）が示唆しているのは，形やイメージを絵にする際に，描線を無視したり，加筆したり，はみ出したりしてもよいということを保証して，Cl. がイメージを膨らませて展開するのを助けるということである。時間がかかる Cl. もいるだろうが，時間枠を守りつつも Cl. のイメージの流れを妨げないという配慮が Th. には必要であろう。

2-3.　スクリブル法に使う画材について

　ナウムブルグのオリジナルに沿ったスクリブル法の実施には，大きな紙を広げたり体を動かしたりできる程度の治療スペースと，ポスターカラー・絵具（と水道へのアクセス）という画材の準備が必要になる。ところが，実際の心理臨床現場では，面接室が狭いなどといった理由でそうした環境を整えられないことが多い。

　「なぐりがき法」としてスクリブル法を日本に紹介した中井は，精神科外来

の診察室で，Ａ４やＡ５サイズの紙を患者に渡し，黒マーカーで線を描いてもらい，クレパスで着彩を促していた。筆者がアメリカでアートセラピーのトレーニングを受けている間も，ある精神科の入院病棟では，スクリブルの描線をハードパステルで描き，着彩も同じハードパステルやクレヨンで行う仕方を採用していた。ナウムブルグの『力動指向的芸術療法』内の事例でも，パステルだけで描かれたと思われる Cl. のスクリブル画が掲載されているので，画材にかんしては臨機応変に対応してもよいと考えられる。要は，「自発的」で「意識的に計画しない」線を描くという課題の狙いをよく理解したうえで，画材を変更すればよいのである。

　用紙のサイズについては，アメリカのアートセラピーでは，四つ切サイズに近い紙がふつう使われている。体を使って描くにはその程度の大きさが必要という認識であろう。準備運動で体をほぐし，紙をテーブルに広げたり，画板に紙をつけイーゼルに立てかけたりして描く。腕を大きく動かして描くほど，描き手は描線をコントロールしにくいと考えられる。そのため，日本においても，制限のない環境では四つ切サイズの紙の使用が望ましい。ただし，治療スペースが狭い，大きな作品の管理は難しいといった問題が生じる環境では，より小さな紙を使用してよいだろう。さらにつけ加えれば，大きな紙を前にすると尻込みをする Cl. も少なくないので，紙を用意するときに大小取り揃えておいたほうがよいというのは，描画課題全般について共通にいえることである。

2-4. 描線について

　ランダムで流れるようなひと続きの線を描くといっても，たとえ Th. が手本を見せたとしても，誰もがそのように描けるものではない。筆者は描画療法を学ぶ大学生にスクリブル法を実習してもらうことを何年も続けている。健常な人が多いと推測される学生クラスなので，「描けません」と言う人はいないが，「流れる」というよりはジグザグに近い角ばった線を描く人もいるし，空間がなくなるほど線を描き続け，イメージを見つけにくいほど用紙が線で埋まる人もいる。ひと続きと言われていても，短い線になる場合もある。リズムよくさっと描ける人もあれば，硬い線を時間をかけて描く人もいる。

　Th. は Cl. が描線をどのくらいの時間でどのように描くかをよく観察することが大切である。そして，面接を継続的に行う場合，繰り返しスクリブル課題を Cl. に描いてもらえるようなら，継時的変化を見ていくとよい。ランダムに

線を描くには，ある程度の心のゆとりを必要とする。筆者はランダムとはいいがたいパターンの線を繰り返し描いた成人男性と複数出会っているが，いずれも統合失調症の寛解期で，はっきりとした陰性症状はなくとも，言葉でのやりとりには話題の広がりが乏しく，対人活動はかなりの負荷がかかる状態であった。イメージ探しをして描画することはできても，そのイメージについて尋ねると，具体的な答え以上の発展がないところも共通していた。だからといって，統合失調症の人のスクリブル画はこういう線になると，筆者は言いたいのではない。この症状だからこういう線という見方をするのではなく，Cl. の描線と描かれる過程を見ての印象と Cl. の様子とをあわせて継時的に追っていくことで，言葉や表面からは変化の認めにくい Cl. 像を把握する一助になりうるということである。

2-5. イメージ探しと描画について

先に述べたように，スクリブル上に Cl. が見出したイメージは，Cl. が自発的に投影した無意識の内容だと見なす。Cl. がイメージを複数見つけたときは，そのなかのひとつかいくつかを選んで，イメージを発展させてもらうのが標準的な方法である。ナウムブルグの『力動指向的芸術療法』にも，各事例にスクリブル画から抽出されたイメージを発展させた描画が掲載されている。イメージは具体的なときもあれば抽象的なときもあるし，色塗りや線の強調などによって表される場合もある。Th. は Cl. がどんなイメージを投影し，何を発見したかを見るだけでなく，Cl. にはどの場所にどのようなイメージを見出したか指で示してもらい，描画の段階でスクリブルの線をどのように生かすか，どのように踏み越えるかをも観察するべきである。

このときに Th. は投影法のロールシャッハ法的な見方を援用してもよいが，ロールシャッハ法は決められた枠組み（図版）に対する反応を見る技法であって，スクリブル法はランダムに描かれた描線への自発的（spontaneous）な反応であることに留意しなければならない。さらに，Th. は Cl. の見出したイメージとその発展やそれらに伴う感情について，言語的に返していくプロセスを大事にしなければならない。言語的に返すといっても，Cl. の言葉に同意したり支持をするにとどめる場合もあれば，イメージを拡充できるように促す場合，Th. 自身の感想や解釈を伝える場合もあるので，ケースバイケースで対応できる能力が求められよう。

3. スクリブル法の適用

スクリブル法の適用にかんしては，描画療法一般の適用と禁忌に準ずるというのが筆者の考えである。子どもから高齢者まで容易に導入できるが，抵抗の強い人には無理に強いることのないようにしたい。「絵は苦手だから」とか，「疲れるからしたくない」とか，描きたがらない人には無理強いしてはいけない。

特に精神病圏ないしそれに近い状態にある人には注意が必要である。統合失調症患者に多くスクリブル法を適用した中井（1984 [1971]）は，3年間の観察中，スクリブル法に乗った事例に再入院例がなく，乗らなかった事例にしばしば再入院，再発例が見られたことを報告している。その理由として，「病者自身の側で再発性を決定するものが，不確定な未来を表象的に予見しつつ進むために重要な「前意識」の豊かさ如何であることによるであろう」（p.29）という考えを述べている。

私たちは不確定な未来に向かって生きているのだが，ちょっとしたきっかけで意識にのぼってくるような領域（＝前意識）にあるイメージが豊かな人ほど，未来に起こることについて想像したり当たりをつけたりしながら進んでいけるが，その前意識がイメージの観点から見て豊かでないとか，障害によってイメージが想起されにくい状態にある人にとっては，スクリブル法は得体の知れない，難しい課題になりうるといえよう。中井（1984 [1971]）は同じ論文で，「治療者にとっても，患者の心的動揺の察知，再発の危険性増大の予見が描画，とくに投影的描画によって容易となる」（pp.29-30），「危機接近の標徴は夢と同じく絵画にも，行動や言語表現上よりも先行して出現するのが通常」（p.30）と述べており，スクリブル法は繰り返し適用することによって縦断的に観察しやすいとしている。

では，ここで筆者が長年にわたって治療に携わり，一時的に描画療法を採り入れた事例を部分的に紹介する。事例は本稿の主旨に触らない部分を一部改変してある。

3-1. 事例——A（20代男性，強迫性障害）

Aは大学1年の半ばで失調し，授業に通うことができなくなった。1年半

の休学の後，父親が留年を継続するかどうか大学側に相談して学生相談室につながり，相談室からの紹介で病院を受診。大学を辞めて自宅で療養をすることになる。大学相談室からの紹介で筆者が外来相談室にてカウンセリングを継続することになった。

　Aに最初に心理的危機が訪れたのはB県にある高校2年在学時で，対人関係上のトラブルや勉学の行き詰まりをきっかけに心理的危機に陥り，不登校になった。おとなしく真面目で，勉強もスポーツも努力して続けてきた優等生だったという。このときに精神病症状かと思われるエピソードもあったようだが，小児科を受診し，小康状態になったところで親族のいるC県に家族で引っ越した。転校した先の高校でも同級生につけ回され恐怖を感じたことをきっかけに不登校になり，精神科クリニックを受診したり，カウンセリングを受けたりしながら高校を卒業する。もともと進学校の出身で勉学の基礎はできていたので，失調しているにもかかわらず大学を受験し合格した。しかし，入学後，通学して講義を受け，サークル活動で仲間づきあいをすることは荷が重く，登校できなくなったという。

　大学を辞めた頃のAの状態は，言葉もなかなか出ず，声も細く，口数は非常に少なく，動作もゆっくりとしていた。面接中，表情は優しいが変化が少なく，穏やかだが固まっているように感じさせる独特の雰囲気であった。統合失調症を疑わせたが，幻覚・妄想などの明確な陽性症状はなく，主治医は同じ動作を繰り返して診察室に入室する，大腿部を繰り返しさするなど，行動面に表れた異常を根拠に強迫性障害と診断した。薬物療法を開始して状態が安定してきたAは，遠方から2週間に1度のペースでのカウンセリングに同意した。本人は積極的に望んだわけではなかったが，両親はAの来談を希望し，筆者も心理療法の必要性を感じていたので，〈お話の練習のつもりでいらしたら？〉と誘い，Aもうなずいた。

　カウンセリング開始当初は会話だけで行った。Aが自発的に話すというより，Th.が尋ねたことにAが答えるという会話で，Aは何かを話し始めるまでに大腿部をさすりながら「えーっと，えーっと」と1分以上言っていて，迷っているように見える時間がとても長かった。内容も事実に即したことを話すだけで，本人の感情や考えが自発的に語られることは少なかった。Th.はAの独特な硬さと心理的防衛をゆるめ柔軟にするために描画療法が役立つかもしれないと思い，〈絵を描いてみませんか？〉と誘った。こうした判断をした根

拠には，A が明るくはっきりした色調の服を着てくることと，面接で A が好きな J-POP 歌手の CD を借りていることが話題にのぼり，音楽つまりアートに開かれているらしいと筆者が感じていたこともある。A は少し困惑した表情を浮かべたが「はい」と描画の誘いに同意した。

　A の言葉にならない，意識されない領域に触れていくために，Th. である筆者が最初に行ったのが，スクリブル法である。スクリブル法にしたのは，A の場合，手や腕を動かしたり線を描くときのリズムを感じられたりしたら治療的であろうという狙いがあったからである。さらに，アート制作への導入技法としてふさわしいからという判断もあった。画材は白画用紙，黒マーカー，水彩クレヨンを使用した。A の活動性や自発性の低さを考えると，身体運動をより多く要する大きな紙で描画を促すのは難しいので，A4 のコンパクトなサイズの画用紙を選んだ。着彩用の画材も仕上がりがきれいで，手についたりしない水彩クレヨンあたりが無難と判断した。

　スクリブルはこんな感じのものということを示すために，まず Th. が言葉での教示をし，描線を描いて示した。A もゆっくりとではあるがしっかりと紙全体に一綴りの線を描いた。次に形やイメージを探すよう教示し，絵を回していろいろな方向から探すことも求めた。ここで，Th. は先に描いた自身の描線をもとに実例を示し，〈ここに鳥が見える〉と指で線をなぞって示した。A も紙を回しながら形を探し，場所を指で示しながら「魚」と言う。Th. が絵にしてみるように誘って，例として自分の描線に黄色で鳥を描いた。A もグレーのクレヨンを取って一尾の魚を描いた。描線を活かしており，新たな線の描き加えや描線の踏み越えはない。クレヨンの塗り方は圧が弱めで，うろこを示すような線が描かれ，鱗は塗ってあった。

　対面に座っていた Th. は描き終わった段階で絵を手に取って見て，「できましたね」と声をかけ，A のほうに向けてから〈どんな絵でしょうね〉と尋ねた。A は「魚です」とだけ答えた。筆者には一瞬魚がピラニアのように見えたが，A には言わなかった。そして，他にも何か見えるかどうか尋ねた。すると「ヨット」と言うので，それも描いてみるよう促した（**描画 2-1**）。Th. は A の描画過程を見ながら自分の描線に鳥の他に猫も見つけていたので，〈鳥と（線が）被るんですけど猫のほうが好きだからね〉と言って猫の顔も描いた。A は自分の絵について新たに話すことがなさそうだったので，Th. は自分の作品（**描画 2-2**）を A に見せて〈どうでしょう？〉と尋ねると「ヒヨコ

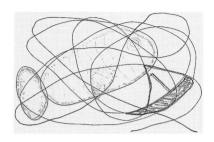

描画 2 - 1

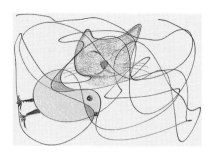

描画 2 - 2 （Th. 作）

描画 2 - 3

と猫」と答えた。スクリブル法を行う場合，通常 Th. は自分で描線を描いたり，イメージを探して着彩したりはしないのが基本である。Th. は意図的に自ら描画することで，創造的な雰囲気をつくり，Cl. との意識レベル，無意識レベルでの交流を増やそうとしたのである。Th. は自分の描画にヒヨコと猫が描かれたことに内心驚いた。どちらも自分にとってはかわいらしいモチーフであっても，猫はヒヨコをおそう存在でもあるからだ。Cl. は Th. の絵に対してそのような反応を言葉では示さなかったし，Th. も自分の印象を語らなかった。

　それから 1 カ月半後に再度スクリブル法を行った（その間に別の描画法を実施しているがここでは紹介しない）。今度は Th. が例示することなく，口頭で教示をした。そのときの A の作品が描画 2 - 3 である。描線の途中で詰まったような箇所があり，前回よりも勢いが感じられないが，紙全体を使っている。イメージを探すのに時間がかかったが，描線を 180 度回転させたときに「鳥の顔」を見つけ，着彩後は「オウムです」と言った。今回は描線の大部分に鳥の形を見出し，ギザギザの部分をクチバシを描くのに生かし，前回は見られなかったことだが，もとの描線にはない線を加えて塗りつぶし黒目を描いている。〈どんなオウムでしょう？〉と尋ねたが，いやーと考えただけで返事は無かった。Th. には目のぎょろっとしたところが印象的だった。

　その 1 カ月半後に 3 回目のスクリブル法を行った。そのときの絵が**描画**

第 2 章　マーガレット・ナウムブルグとスクリブル法　　*45*

描画2-4

2-4である。この回も紙全体を使って描線を描いたが，ところどころ力が少しかかりすぎている箇所が散見される。イメージ探しには時間がかかり，紙を回してもとの描線を逆さにしたときに，「ひとつ見つかりました」と言う。Th.はそれが何かは聞かずに着彩を勧め，Aは水彩クレヨンで色を塗った。描画中，Th.のほうからは何か分からなかったが，完成後に見せてもらい〈これはゾウですか？〉と聞くと，Aはそうだと言う。〈どんなゾウでしょうね？〉と聞くと「元気なゾウ」とだけ答える。鼻が前に長く伸びていて，口の赤い1本線が目立つ。

　この頃のAは，個性という面を割り引いても，面接時に見せるゆっくりとした間合いの話し方や振る舞い方，緊張緩和のためか体をさする動作，か弱い発声の仕方から見て，けっして病気は軽くないと思わせる状態であった。1日に10時間以上寝ないと体力的にもたないようでもあった。しかし，家庭においては，社会に出る準備としてなのか父親が自身で取り組んでいる資格試験の勉強をAにも勧めており，その影響でAは資格取得のための勉強や外国語の勉強をしていた。Th.にはこれらのことを本人が自発的にしているようには聞こえず，勉強自体は本人に任せてよいと思った。Th.にはAの就労はまだまだ先のことのように見受けられた。

　スクリブル法に関しては，描線に勢いは足りなくてもしっかりとしているし，イメージも時間はかかっても探すことができており，線を活かした描画も行えているという点で，Aは土台から大きく崩れているわけではないと感じさせるものがあった。スクリブルに投影されたイメージは「魚とヨット」「オウム」「元気なゾウ」といずれも生き物を含んでいて，動きも感じられ，この先泳いだり航海したり，言葉を覚えてコミュニケーションしたり，のしのしと歩き回れればいいなという希望のもてるものであった。しかし，イメージを見つけるまでの時間のかかり方や，描画をしているときの様子や表情を見ると，本人の気持ちを大切にして描画療法を進めないといけないとTh.は思った。何よりもTh.が直感的に魚をピラニアかなと感じたり，オウムの目が気になったりしたこと，ゾウは穏やかで賢く力がある一方で，いったん攻撃性が喚起さ

れると狂暴になる一面もある動物であることが気になったのである。もちろんこのような直感は直感にすぎず，Cl. に伝えることは治療的に有用と判断しないかぎり控える。Th. は A 本人の思うペースを尊重して治療にあたりたいと考えた。

図 2-1

　Th. はこの後，A に他の媒体でもアートを制作してもらってはどうかと考え，粘土制作を 2 回行った。画材には白色石塑粘土と絵具を使った。1 回目はカップをつくったが，2 回目のときに，A は 1 本の骨をつくり赤く塗って，「犬が（餌として）くわえているような骨」と言った（図 2-1）。この骨だけを見たら，そこまで感じなかったかもしれないが，一連のスクリブル画や他の作品から Th. の感じていた A の心の奥に秘めた怒りや荒々しさといったイメージが，この粘土作品からは特に強烈に見て取れた。身をそがれむき出しになった骨からは，A の言葉にならない痛々しい絶望的な気持ちも感じられたし，この状態で社会に出ることは性急だと感じさせられた。

　このような表現を積極的に進めていくことで，A を治療していくという選択肢が描画療法にはある。たとえば，ナウムブルグが『力動指向的芸術療法』に提示した事例は，Cl. の病態水準が異なるとはいえ，スクリブル法や自由画を介して Cl. の防衛を突破し，Cl. が抑圧していた葛藤に直面化させている。しかし，本事例の場合，Th. はこの時点で描画療法を進めることが安全かどうか分からないと考えた。Th. は A の作品に大変なインパクトを覚えたが，A は表面上変わりなく，硬く穏やかな表情のままだった。

　次回，A は親族の勧めで一緒に絵を描いたというエピソードを話してくれた。Th. が絵を描くことについて A に尋ねると，「しんどいです」と，あまり好きではないと言った。この話を聞いて，言葉や他の表現方法を介してのコミュニケーションを行うほうが，A には治療的ではないかと判断し，描画療法を中断して，言語中心の面接に戻した。

　A には自分がしたいと思うことをするように助言した。A はその後，資格試験の勉強をやめ，好きなテニスや歌のレッスンを受けるようになり，引きこもり支援施設に通うなどして，少しずつ回復していった。特にボーカル・ト

レーナーに指導を受けながら歌をうたい，歌詞を大切にしながら音楽を聴き，その体験やその過程で生じた気持ちを面接で語るという一連の流れは，滞り気味の感情の働きを活性化させ，安全な形での人間関係の構築や自己表現を促すことに役立った。なかでも注目されるのは，日常の出来事や好きな音楽の話の合間にときどき内面的な話，すなわち対人関係上のトラブルにまつわる怒りや不満，両親への思いなどを，感情を込めて交えるようになった点である。時間はかかっても，着実に A は単に回復するだけでなく人格的に統合されてきていると思われた。

3-2. 本事例に見られるスクリブル法の役割

この事例においては，スクリブル法のいくつかの側面が機能したと考えられるが，これから描画療法を学ぼうという人には，特に以下の点を押さえていただきたい。

(1) Cl. を描画療法へ導入し，創造性と表現を喚起する側面
(2) スクリブル画を継時的に見ることによるアセスメント的側面
(3) Cl.–Th. 間の力動に影響を及ぼす側面

このうち説明を加える必要があるのは（3）であろう。描画法は無意識から視覚的なイメージとして投影された描画を扱うが，そのイメージは Cl. と Th. との間で生じていることを投影しているかもしれない。そして，投影されたイメージを Cl. がどのように感じ，受け止めるか，Th. はそのイメージと Cl. の反応をどのように感じ捉え，どのように読み解いて，どのように Cl. に返していくか，というダイナミックなやりとりが行われる。この事例は成人事例ではあるが，Cl. の限定的な言語反応を考慮して，イメージを介した言語的やりとりは最小限にし，無意識の働きとイメージの流れを追うという治療スタイルをとっている。Cl. の言語化能力に応じて介入やコミュニケーションのとり方が変わるのは，描画療法も言語療法も同じである。

4. 結びにかえて

筆者は過去にナウムブルグの主著を翻訳したことのある縁で，今回スクリブ

ル法を紹介したのだが，筆者が現在スクリブル法を最もよく使う場面は，描画療法を学ぶ大学生向けの講義である。学生からの感想を聞くと，スクリブル法の実習は，技法を学ぶ機会になるだけではなく，描画療法は Cl. と Th. と描画の間でのダイナミックなプロセスから成り立っているということを実感する体験になりやすいように思う。筆者の考える描画療法の醍醐味とは，Cl. が思いもよらぬイメージが出現したのを自身で見て，感じて，語るのを，治療者も見て，感じて，語りながら，2人の間に現れたものを発展させていくプロセスにある。スクリブル画はそのプロセスを引き起こすメディアだと思って，技法を習得していくとよいだろう。

　ナウムブルグは，このプロセスにおいて Cl. が言語化することや Th. が解釈することを重視した。アメリカのアートセラピストにはそのことに否定的な人も多い。本章にあげた事例でも，筆者はあまりアートを介して言語を引き出すことはしていないが，その一方でスクリブル法のプロセスそのものがもつ力や描画の生かし方の一例を示したつもりである。

　筆者は経験的には心理療法に描画や造形を採り入れることで，Cl. の表現志向性が高まり，言語化が進むと考えている。ひいては自分で探索し，自分の感情や考えにフィットすると感じた言葉で話せるようになる。そのとき Cl. は，心が解放され，自分自身に力を感じ，自己を受け入れやすく感じるようだ。これは，ナウムブルグが先進的教育やアートセラピーを通して子どもやクライエントに求めた望ましい人格的変容に通じる現象ではなかろうか。

第3章

クライン派理論を基盤としたアセスメント描画法
―― 「自由描画法」によるこどものこころの世界の探索

木部則雄

1. はじめに

　自由描画法とは，こどもや保護者との精神科，心理臨床の面接でのやりとり
をクライン派の精神分析的な知見を基礎にして自然発生的に木部によって創案
されたものであり，こどものこころの世界を理解する有効な描画法である。当
初は，アセスメントツールとしての役割が大きかったが，現在では継続的な診
療にも用いるようになってきている（木部, 2017）。

　こどもの描画を治療で利用することの重要性は，児童分析の確立に寄与した
3名の分析家――クライン（Klein, M.），アンナ・フロイト（Freud, A.），ウィ
ニコット（Winnicott, D. W.）――によって指摘されている。当初，こどもの
プレイに象徴的な意味を見出さなかったアンナ・フロイト（1922-1935）でさ
え，「私がこどもを分析する際に，夢や空想以外で大いに利用する補助手段は
こどもの描画である。私が治療した3症例では，しばらくの間，ほとんど描画
だけでこどもとの交流が行われた」と記している。こどもの一挙一動にまでも
無意識的な意味を見出したクラインにとって，描画は分析の格好の素材であっ
たことを改めて指摘する必要はない。その確固たる証拠として，クライン
（1961）の絶筆となった1940年代のリチャードとの詳細な治療記録である『児
童分析の記録』のなかに添付されている描画は，彼の心的世界と分析の展開を
如実に語っている。ウィニコット（1971）は児童精神科医として精神分析理論
を小児科臨床に応用し，相互に線を描きあうことで描画を完成させる「スクィ
グル・ゲーム」を確立した。

　ウィニコットは，スクィグルの集大成としてまとめた『子どもの治療相談面
接』の序文で，スクィグルについての見解を記載している。これらはまとめる

50　第Ⅰ部　描画療法の諸理論と事例

と，①スクィグルの技法と目的，②初回面接の意義，③セラピスト（以下，Th.）の資質と基礎，④スクィグルの適応，の4つに大別でき，次のように要約できる。

1-1.　スクィグルの技法と目的

　スクィグルは，精神分析の児童精神医学への応用である。これはこどもとのコンタクト，コミュニケーションを円滑に行うための手段であり，ときに1，2回の面接だけで症状の消失が認められ，時間や経費ともに経済的な面でも意味がある。精神分析の概念が基本原則であるが，治療構造はより自由で柔軟性に富む。記録を読むと，ウィニコットの応答からはときに内的世界，あるいは現実の家族のことへと自由に飛びまわっている治療態度が一目瞭然である。また，ウィニコットはすべての症例で夢に関して尋ねていることも興味深い。多くの夢は初診するこどもたちの期待や恐れを暗示し，症例のなかには，スクィグルそのものよりも夢の理解が重要なものもあるように思われる。

1-2.　初回面接の意義

　ウィニコットは初回面接を十分に活用することで，多くの症例の問題を解決できることを経験した。また，初診前のこどもたちがまだ会ったことのないウィニコットの夢を見ることを度々経験し，こどものTh.に対する想像を重視した。ウィニコットはこどもがあらかじめ抱いていた先入観に合わせ，こどもの主観的な世界の一部である主観的対象の役割を果たすことが，スクィグルの技法の重要な鍵であると考えた。しかし，このTh.の主観的対象としての役割は，Th.が分離した存在として認識されるにつれて消失するために，初回か，2，3回目の面接の間しか持続しない。また，このために解釈は控えなければならないことも記している。

1-3.　Th.の資質と基礎

　ウィニコットはTh.の資質として，個人固有の同一性を失うことなく患者に同一化する能力，患者の葛藤を受け入れそれが解決されるのを待つことができる能力，患者の挑発に乗って仕返しをしないことなどの一般的な治療態度をあげている。また，こどもの情緒発達の理論とこどもの環境的要素との関係性について理解していることが必要であると付記している。

1-4. 適応

スクィグルにかぎらず精神分析的面接を避けるべき症例は，適切な環境側の供給が見出せない異常な家庭や社会状況に置かれているこどもであるとして，ウィニコットは環境の重要性を指摘している。

本技法はスクィグルとは関連なく創案されたが，ウィニコットのこれらの指摘は重要であり，すべての描画技法にあてはまることである。本技法のスクィグルとの相違点は，Th. 側に画才が必要でなく，ウィニコットのような緻密な理解を瞬時に要求されないことである。ウィニコットの『子どもの治療相談面接』には，症例の理解に関する道筋の詳細は記述されていないが，ここには名人技とも思える高度な精神分析的思考があり，この技法を自由に使いこなすことは難しい。

2. 自由描画法の手順

ここでは保護者とこどもをペアとして考え，まず Th. は保護者に現病歴，生育歴，家族歴などを尋ねながら，その詳細を明らかにする。こどもは自分に関連した会話に，意識的・無意識的な注意を払っているために，Th. はそのこどもの反応に注目する。つまり，Th. の耳は保護者の言動に傾け，目はこどもの非言語的な行動に向ける。このコンサルテーションの態度を「関与しながらの観察」というサリヴァン（Sullivan, H. S.）の用語を借用して説明すると，Th. は主にこどもの非言語的表現を観察し，保護者の意識とこどもの無意識に関与しながらコンサルテーションを行う，ということである（図3-1）。

面接の設定としては時間を予約する必要もなく，精神科医の一般外来診察の枠組みでさえ行うことが可能である。診察時間も任意であり，ある一定のこどもの心的内容が明確になったところで終了する。面接室は大人に使用している通常の面接室あるいは医師の診察室を使用し，準備するものは画用紙，色鉛筆，数個の小さなぬいぐるみ程度の玩具で十分である。面接は基本的に保護者とこども同席で行う。こどもの不安を明確にする作業であるために，いわゆる「プレイルーム」は広すぎたり，玩具などが多すぎたりしてこどもの気が散りやすくなり適さない。場合によっては，ミニカー，家族人形，動物セットなどの小さな玩具を用意しておくと便利なこともある。

対象児の年齢は描画による表現ができる4歳以上が適当である。また，筆者

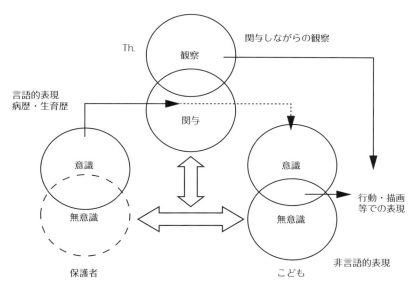

図 3-1　こどもの精神分析的コンサルテーションの構造

は医療機関の診察時でもこどもとのコミュニケーションを重視して，白衣を着用していない。こどもの病状などに関する予備情報は必須ではなく，あくまでも先入観なしに，観察し考えることが重要である。

2-1. 基本的手順

（1）挨拶に続いて，両者の行動・関係性の観察後，まず保護者から話を聴くことを両者に伝え，こどもには自由に絵を描くようにとだけ穏やかに指示する。初回面接時のこどもの多くは緊張しており，自由に発言したり，遊んだりすることはできない。Th. と距離を置くことで，こどもの警戒心が解かれ自由に心的世界を表出しやすい設定をつくる。また，多くのこどもは来院の経緯を承知しているが，ここで保護者が病歴を語ることにより自分の病状に焦点があてられる。

（2）Th. は保護者の会話内容とこどもの描画の進展，内容につねに注意を払う。ときに，保護者の発言を中断させて，こどもに描画についての説明を求めることもある。描画の介在によって，初めてこどもとの会話が可能になり，こどものより明確な心的世界を顕にすることができる。Th. の関心と理解はこ

どもの知ることへの渇望（認識愛的本能）を刺激することになり，こどもはよりいっそう自分の心的世界への関心を深める。保護者からの情報が十分であると判断した場合やこどもの心的世界の表現が保護者に衝撃的であると思われた場合には，保護者に退室を依頼する。

（3）　ここで表現される描画は，多くの場合保護者の話す本人の病歴に関係した世界である。Th. はこの描画によってこども自身がどのように自分の症状を考えているかを思慮する。さらに，Th. は描画の世界を理解するために積極的に質問や明確化を試みる。

（4）　次に，この描画の世界をエディプスコンプレクス，早期エディプス状況の概念に基づいて理解する。探索的な解釈を試みることにより，こどもの心的世界を精神分析的に展開させることが重要である。この際，解釈に対する反応を重視する。これはクライン派の基本技法である〈不安 – 解釈 – 反応〉という形式に従っている。そして，ここでの反応と対象関係の布置に関する評価が病態水準を規定する指標になる。

（5）　診察回数は一度だけのこともあれば，数回に及ぶこともある。こどもの病態水準が神経症以下に属すると判断されたり，プレイの制止が認められたりするようであれば，定期的な精神分析的心理療法に移行する。

　一部の発達障害児，被虐待児を含め，初回コンサルテーションでは絵を描くことができないこどももいる。本章では描画に焦点をあてているが，実際の臨床場面ではこどもの表情，態度などの非言語的な表現も重視しながら，総合的に心的内容，病態水準を考えている。描画そのものだけでこどもの精神状態を把握することは困難なことであり，ほとんど意味のないことであることに留意してほしい。

　総じて，保護者同室の自由描画の技法は，スクィグルに濃縮された精神分析体験，こどもに関する複雑な発達理論，画才などは必要でないという点で，より汎用できる可能性がある。

3.　心的次元に基づいた病態水準

　こどもの病態水準の把握はこどもの精神病という概念が曖昧であるために，一般的には困難であるとされている。クライン（1946）は死の本能から派生す

る自我の絶滅不安を精神病的不安とし，それが外界に投影されることによって迫害的不安として体験されることが精神病不安であると記述した。後年，これは投影同一化に基づく統合失調症の機序理論として発展した。さらに，クラインはこの不安への対処法として，象徴形成が精神病的不安から脱却する有効な手段であることを論じている。

こどもの自閉症，精神病に関する臨床研究はビック（Bick, E.），メルツァー（Meltzer, D.）に継承され，附着同一化，心的次元論へと展開した。メルツァーは次元性の概念を心的機能に適応し，心的次元論を自閉症に関する共著『自閉症への探究』（Meltzer et al., 1975）のなかでまとめた。ここでは自閉症児の発達経過を論じ，心的次元論をもとに「こころ」の発達をまとめていきたい。心的次元論は図3-2のように図示される。心的次元論ではクラインの統合失調症のモデルだけでなく，投影という防衛の作動しない一次元性，二次元性の世界が仮定されており，こどもの精神病状態への理解が広がることになった。

メルツァーは一次元性から記述しているが，筆者は読者にとって分かりやすくなるように，健康な状態である四次元性から記載する。

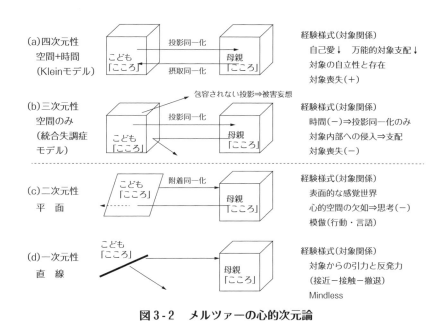

図3-2　メルツァーの心的次元論

私たちの健康な日常生活は，他者とのコミュニケーションなしには成立しない。ここでは円滑な投影同一化・摂取同一化の循環が行われる（図3-2(a)）。これはクラインの母子関係モデルと同じである。主体は言語的・非言語的メッセージを客体に投げ，特にそれが無意識的であれば投影同一化が中心となって作動する。このメッセージを客体が適切に受け止めて主体に返すことができれば，主体はこれを摂取する。ここでは本能的な不快感であろうと意思であろうと，それを感じるだけのこころの空間が主体には必要である。また，主体，客体からの投影同一化の順を追って整理して受け止めるには，時間に関する認識が必須となる。健康な「こころ」の状態はこうした空間・時間の機能が適切に作動することであり，すなわち四次元性を有しているとメルツァーは記している。

　しかし，私たちはこうした円滑なコミュニケーションのみに支えられているわけではなく，混乱したり，パニックに陥ったりすることもある。このような場合，主体は客体に一方的に泣き叫んだり，わめき散らしたりするために，主体が過剰な投影同一化に耐えて，客体からのメッセージを摂取することは難しくなる（図3-2(b)）。統合失調症では，過剰な投影によって行き場のなくなった無意識的空想が妄想として主体に降り懸かってくる。主体は自分のこころに生じる欲望や恐怖を感じられる空間は有しているものの，そこには適切に整理する時間が存在していない。したがって，時間はただ揺れとして感じられ，出入り口の往来のみしか知覚できなくなってしまう。こころは排泄装置として，このように不安をばら撒き客体の内部に侵入するか，外部に出るだけの三次元性の機能しかもたなくなる。摂取同一化ができず投影同一化に支配された世界では，一方的なコミュニケーションが展開され，精神病状態の様相を呈することになる。ここまでの次元についてはクラインの母子関係の枠組みで考えることが可能である。

　しかし，これだけでは代表的なこどもの発達障害である自閉症の精神病理を説明することはできない。そこで，メルツァーは二次元的な平面的な心的世界を想定した（図3-2(c)）。三次元の空間では考えたり感じたりすることが可能になるが，平面にはその心的空間が存在しない。たとえば，封建社会の多くの人にとって，自分の身分や生き方に疑問をもつことは稀なことであった。その制度の枠組みのなかでは，正しく親を模倣して生きるという選択肢しかありえなかった。メルツァーは自閉症児の奇妙な模倣行動，たとえばバイバイの手の

向きや平面的な描画から，心的空間としての立体構造が存在していないことを指摘した。平面的な「こころ」には考え，感じる情緒的な体験をする空間がなく，表面的特質へ貼り付くことで一体感を感じられるよう対応する。この世界では投影同一化が機能せずに二次元性に貼り付いて模倣に終始することを，メルツァーはビックが提唱した概念を洗練させて附着同一化と定義した。

　さらに，模倣もすることができずにまったく外的世界との関係をつくらない中核的な自閉症は，平面もなく直線的な関係のなかで生きているとメルツァーは考えた（図3-2(d)）。フロイト（Freud, S.）は欲動を源泉・目的・対象への直線的運動であるとしているが，これは正しく加工されない欲動の世界である。こうした心的世界では象徴形成などの心的活動を行うことはいっさいできないため，メルツァーはこれをマインドレスとして記述した。マインドレスの世界には関連性や時間的連続性は存在せず，断続的に出会う経験しかできない。自我は一瞬の最も刺激的な対象に接触するにすぎない。そのため，注意は瞬時に変化し，一時停止しながら焦点の定まらない感覚の世界を生きることになる。メルツァーはこれらの心的次元性を自閉症児の精神分析的治療の指標にした。

　デュビンスキーはこどもの精神病状態について総括し，大人の精神病状態と比較した（Rustin et al., 1997）。こどもの精神病状態では情緒体験の包容の失敗が具象的思考を導き，万能感と無力感の両極端な空想を行き来しながら，精神病的不安を投影することができずに，メルツァーの「分解」という防衛機制に代表されるような，自我の崩壊の機序としての受動的なスプリッティングが優位であることを記している。

　こうしたクライン派の精神病，自閉症に関する見解を参考にしながら，筆者はこどもの病態水準を①神経症圏，②精神病圏，③自閉症圏として大枠に分類している。さらに，神経症と精神病圏の間に，曖昧ではあるものの境界例という概念が必要であろうと判断している（図3-3）。図3-3左下の自閉症圏から境界例への線は，自閉症児の発達経過として，精神病圏としての発達形式だけでなく，強迫神経症，あるいはまったく自閉症の痕跡が認められなくなる場合もあるために付加してある。神経症圏のこどもは，フロイトのエディプスコンプレクスを中心とした空想に苛まれている。精神病圏のこどもには，大人の統合失調症と同じように投影同一化を主な機序として精神病状態を呈するスキゾフレニック児と，自己愛的であり投影同一化よりも模倣や身体産物へのこだわ

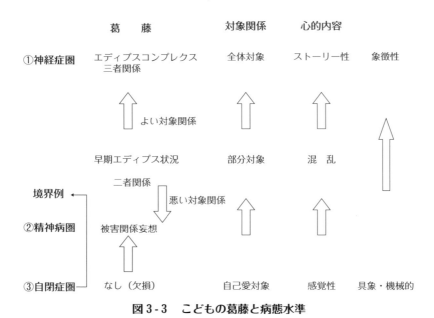

図 3-3 こどもの葛藤と病態水準

りを示す精神病児の 2 つの病型があると，筆者は臨床経験に基づいて考えている。自閉症圏とは精神医学的には自閉スペクトラム症であり，その対象関係は著しく阻害されている。

この分類をメルツァーの心的次元の記述に対応させれば，「一次元性－カナー型自閉症」，「二次元性－自閉傾向など象徴形成の不全に基づく混乱した精神病児」，「三次元性－被害妄想を中心としたスキゾフレニック児（小児統合失調症）」，「四次元性－神経症児」という関係が示される。

4. 症例

4-1. 「夜の怪物……？　ママとパパは何しているの？」

［症例］　7 歳 8 カ月　小学校 2 年生の男児 A
［主訴］　夜驚

面接記録	コメント

【初回面接】

　Aは母親に連れられて入室する。こちらを見ながら，ニコッとしコンタクトは良好な印象であった。服装はこざっぱりしていて，髪もきれいに整髪され，母親は小綺麗な服装をしていた。筆者はAに〈そこに画用紙と色鉛筆があるから，自由に絵を描いて待っていて〉と伝えると，嬉しそうにうなずきイスに座って，何かを描こうとしだす。しかし，少しそわそわした感じで，描くものが決まらない様子であった。頭に手をあて困ったという雰囲気が，Aの背後から伝わってきた。

　母親に受診の理由を尋ねると，母親は（主訴）「夜驚症ではないかと思う」といかにも医学書で調べたようなことを話す。Aは思いついたかのように，黒の色鉛筆を動かしていた。そして，Aはイスから立ち上がって，母親に画用紙に描いた計算を見せる。母親は「お勉強ではないのだから，好きに絵を描いていいのよ」と描画を促した。Aは素直にイスに戻り，すぐに絵を描き始める。

　筆者がさらに病歴について尋ねると，約2年前からときどき夜泣きが始まったと母親は語った。しかし，この2週間で特にひどくなり，2週間前からソフトボールの練習が始まったこと

　知的にも高く，養育環境も良好そうな母子であった。母親の語る主訴の内容は，適切で，しっかりとしたものであった。Aのコンタクトは良好であり，十分にしつけられている様子だった。こどもは初診時には緊張，不安が高いものであり，本児の計算問題の描画はそれを示している。自由という困難な課題は，しばしば困惑をもたらすために，この程度の不安の高さを病的なものと見なすことはできない。

　ソフトボールとの関連が引き金になっているであろうが，筆者は約2年前に何が起きたのかに関心を抱きながら，母親の現病歴を聞いていた。夜驚は幼児期から引き続いた症状であるこ

面接記録	コメント
と関連づけた。これは町内のチームで，高学年のこどもと一緒に行うので，緊張してしまうのではないか，またもともと性格的に神経質で緊張しやすいことも，これに関係しているのではないかと母親は説明した。	とが多いが，Aにはそうした幼児期のエピソードはなかった。Aの母親は家庭内や育児上の問題というより，できるだけ外的な理由づけをしたかったのであろう。
このとき，Aの1枚目の絵（**描画3-1**）が完成しつつあり，筆者はAに〈これなんの絵なの？〉と尋ねた。Aは「分からない……」と恥ずかしそうに答えた。しばらくして，筆者は〈夜，こういうふうな怪物を見ているんじゃないかな？〉と伝えたが，Aはまた「分かんない」とはにかみながら答えた。	描画3-1には，多くの象徴的な意味が含まれていそうで興味深いものである。丸いものは，たしかにソフトボールのボールも連想させる。さらに，大きな目は好奇心の塊のように，両親の寝室にでも向けられているのかもしれない。しかし，筆者は母親が語る夜驚のテーマと関連させて，漠然とした解釈を選択した。そこで，Aが自分の世界をより露呈してくれる可能性に期待した。
筆者は2年前から夜驚症があること	この夜驚の契機に関するエピソード

描画3-1　これって何？　怪物の序曲

に関して，母親にこの契機について尋ねた。母親から，夜驚症は5歳半離れた弟が産まれた直後から始まり，週に2，3回あったことが話された。睡眠後1時間くらいから泣き出し，10分くらい泣いて寝入ってしまう。もちろん，翌朝Aにこの件を尋ねても覚えていない。Aの家は会社に勤める父親と専業主婦の母親と父親の両親の6人家族であり，2階がAの家族の住居になっているが，Aは弟の誕生以後，祖母と一緒に1階で寝ていた。2階では父親が一室を使い，母親と2歳の弟が別室で寝ていた。今回，夜驚症が激しくなり，Aも2階で父親と一緒に寝るようになった。しかし，父親の帰りが遅く，結局はAがひとりで母親と弟の隣の部屋に寝ることになってしまっているとのことであった。Aの学校での生活は友達も多く，よい子にしすぎている感じもあるが，適応にはいっさい問題ないとのことであった。家では，ときにはわがままであり，母親に攻撃的に悪口を言うことも多いとのことであった。

ここで筆者はこの2枚目の絵（描画3-2）を一瞥して，母親にAと話がしたいのでと退室を依頼した。母親が退室し，Aと2人だけになってから，この絵について尋ねた。Aは「分かんない……」と言いながら，少し自分の絵に驚いたようであった。筆者が

は，弟という同胞の誕生にまつわるものであり，理解可能なことであった。しかし，弟の誕生後，Aの寝る場所が，祖母のところになってしまったのは，現実的に同情すべきエピソードである。夜驚はこうした弟の誕生とその後の対応に対する心的外傷に依拠するのではないかと推測された。

外的な適応のよさは，Aに十分な抑圧の機能が作動し，睡眠中にのみ，その無意識的葛藤が行動化されることを示唆していた。

筆者はこの描画を一瞥した瞬間に，母親の退室を依頼した。この描画は印象的なものであり，性的なマテリアルが含まれているのは明瞭であり，母親がこれを見れば衝撃を受けるだろうと判断したからである。この描画は両性具有であり，いわゆる結合両親像を明

描画 3-2　夜の怪物

面接記録	コメント
〈おっぱいがついているけれど，髭も生えているんだね〉と言うと，Aは納得したかのようにうなずいた。〈これはおちんちんなのか？〉と股間のものについて尋ねると，Aは「これは尻尾で，こうもり怪人っていうんだ」と答えた。〈これが夜，きみが寝ているときに，飛んでくるっていうことかな？〉と尋ねると，「これだけじゃないよ」とAは言い，即座に次の絵に取りかかった。	示しているといえるだろう。こどもにとってこうした空想は当然であるが，Aが意識的ではなく，無意識的に描いたことが面白い。Aはともかく名前をつけることで，恐怖からの脱出を試みた。
Aは短時間に次の絵を描きながら，「これも来ることがあるんだ」と言って絵を見せた（描画3-3）。筆者はこの絵の模様や名前を尋ねたが，Aは模様がどこかの漫画にあったけれど，後はオリジナルであることを語った。また，名前は分からないけれど，「こいつのする悪いことは，ママとぼくを離	描画3-3は，さらなる怪物の登場である。Aは饒舌であり，自分の世界を披露することに熱中していた。赤ちゃんマークが身体のあちこちにある怪物は，母親とも弟も考えられるが，ママとの距離を離したのは，他ならない弟であり，その考えに準じた解釈を行った。筆者はAの知への渇望の一部

62　第Ⅰ部　描画療法の諸理論と事例

描画3-3　第二の怪物　あかちゃんがいっぱい

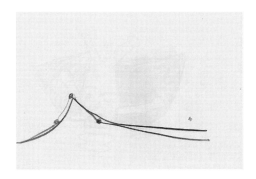

描画3-4　邪魔者の構図

してしまうんだ」と語って，図のようなもの（描画3-4）を描きながら，右の点が母親で，自分は左の点で，真ん中の点がその怪物であることを説明した。筆者は描画3-3を見ながら，〈こいつは弟に似ていて，ママと離れ離れにさせてしまうんだ。そして，もっとこの模様のような赤ちゃんが増えたら，もっと困っちゃうね〉と伝えた。Aは「そうだ。これは赤ん坊マークなんだよ」と答えた。

として取り込まれ，Aの不可思議な世界への探求の旅の同志のような感じになっていた。

第3章　クライン派理論を基盤としたアセスメント描画法　　63

面接記録	コメント

Aは少し真剣に，「怖い夢も見るんだよ。あのね，弟とママとパパが連れ去られちゃって，ぼくだけが生き残るんだ。とっても怖くて，寝るのが怖いこともあるんだ」と語った。筆者は，〈きっと，それは怖い夢でなく，きみだけが1階で寝かされていたので，とても怒っていたんじゃないのかな？〉と伝えた。Aはそれには直接答えずに，「楽しかった」と語ったので，2週間後に再診するように伝えた。Aは嬉しそうに，了解した。

Aはさらに，自ら自分の夢を語った。夢はAの置いてきぼりにされた怒りを示していた。Aの攻撃性に関する内容の解釈は，Aを安堵させることになった。

そして，Aに頼んで，母親を再度，部屋に呼んでもらい，筆者は〈そう心配せずに，経過を見てくれればよいと思う〉と伝え，2週間後の再診を予約した。

筆者はこの面接をとても興味深いものであると感じ，Aも十分にこの面接を楽しむことができたと感じた。夜驚の世界の全貌は明らかになり，Aがお化けを怖がることもなくなるだろうと思えた。Aの素材は早期エディプス状況に関する結合両親像であり，その意味は明確であった。Aの怒りは描画の世界で表現されたが，その怒りは夢のなかでも抑圧されていたと考えることができるであろう。

【第2回目（初診2週間後の面接）】

初診時に比せば，母子ともにリラックスした雰囲気で入室して来た。筆者は前回と同じようにAに描画を勧めた。筆者が母親にその後の変化を尋ねると，母親は受診後，夜驚の症状が消

症状の改善は画期的なものであった。だが，母親の現実的な対応は意味あることであったかもしれないが，おそらく必須の対応ではなかったかもしれない。つまり，初診時にAが展開し

64　第Ⅰ部　描画療法の諸理論と事例

失したことを淡々と報告した。さらに，初診後Aをひとりにしているのは悪いと反省し，隣の部屋の障子を開けたままにしておくようにしたことを語った。ソフトボールの練習は順調であり，ずいぶんと慣れてきたようであり，Aも練習が楽しみになってきた様子だと母親は報告した。すでに，Aは描画の世界に没頭していた。筆者は母親の報告を聞いた後に，退室を依頼した。

　筆者はしばらくAが色鉛筆を置くまで質問することもなく，絵の完成を待っていた。筆者はAが一段落したと思えたところで，その後の様子を尋ねた。Aは「寝ているときのことだから，よく分からないよ」と笑いながら答えた。筆者はもっともだと笑いながら返答した。筆者がAにどんな絵を描いたのか見せてほしいと尋ねると，Aは待っていましたとばかり，素早く立ち上がり，筆者に絵（**描画3-5**）を差し出した。そこに描かれていたのは，雄々しいロボット状のものであった。筆者はAにこれはなんの絵なのかと尋ねたが，Aは「自分でもよく分からないけれど……」と答えを濁したようだった。右上に描かれている山に刺さった剣の絵に関して，Aは「悪者をやっつけた後なんだ」と説明した。筆者は〈きっと，それは夜出てくる怪物たちのことだね〉と話した。Aは，

た世界だけで，十分に治療は達成されていたと筆者は考えている。Aの日常生活はほぼ回復したようであり，筆者の関心はAの心的世界の変化に絞られた。

　Aの描画への積極的態度は，前回のセッションでの体験が好ましいものであったことの証しである。クラインはこどもの心的世界への関心と早期からの解釈によって，こどもが精神分析への動機づけを獲得することを指摘しているが，Aの態度はこれを実証している。

　Aは無意識的に描画3-5を描いた。Aの発言から分かることは，この合体ロボットがAを守ってくれる守護神であるということであった。

　AはTh. の機能を急速に内在化し，結合両親像の怪物を撃退したのであろう。右上の乳房に刺さったペニスはAが撃退した結合両親像を示しているのかもしれない。こうした意味では，Th. との間に創造的なよい結合両親像を形成したとも考えられる。筆者はこ

描画 3-5　僕の味方！

面接記録	コメント
「きっと，そうかもしれない」と納得したような表情であった。筆者はRという文字が気になり，Rについて尋ねた。Aは「分からない」と同定できないようだった。Aも筆者もRのイニシャルではないので，筆者にも思い当たることはなかった。筆者は再度，Aにこのロボット状のものを尋ねた。Aは「よく分からないけれど，これが自分を守ってくれるような気がするんだ」と小声で答えた。筆者が〈こいつ，目が燃えていて，怒っているんだね〉と話すと，Aは同意した。筆者は〈最初にここに来たとき，きみは怒っていたことを覚えているかな？　だから，そいつはきっときみが変身したのではないかな？〉と尋ねた。Aはちょっと困ったように，しばらく考えた。そして，「こいつは合体してできているんじゃないかな」と自信なさそ	れで十分な作業が行えたと考え，治療を終了した。

うに答えた。筆者が〈前回，僕ときみは一緒になって，こうもり怪人をやっつけることができたのかもしれない。だから，そいつはきっと2人が合体した守り神だね〉と解釈すると，Aは恥ずかしそうにニコッとしながら，「そうだったね」とこの2週間の心的変化を振り返るように語った。筆者は〈きっと，これで大丈夫だと思う。もし，万が一，困ることがあればまた来て〉とAに話した。Aは「きっと，大丈夫だね」と元気に答えた。筆者はAに母親を呼んでくれるように頼んだ。Aはドアを開けて，待合室で待っている母親を招いた。そして，筆者は母親に手短に今後のことを話して終了した。

（1）　解説――「早期エディプスコンプレクス」と「結合両親像」

　メラニー・クライン（1932, 1945）は早期エディプスコンプレクスを概念化するにあたり，その重要な要素のひとつとして結合両親像と称した性交を貪りあう恐ろしい両親像について記載している。しかし，これは概念としては著明であるものの，実際に理解することは困難である。本症例では結合両親像が描画で明確に語られ，早期エディプスコンプレクスの一端を提示することができた。

　クラインはこどもとの臨床を経験するなかで，既述したフロイトのエディプスコンプレクスよりも早期に発動するものとして「早期エディプスコンプレクス」を提唱した。早期エディプスコンプレクスとは，フロイトのエディプス期以前の発達段階である口唇期・肛門期・一部の性器期の再構成である。つまり，①早期超自我，②結合両親像などに代表される，口唇・肛門・性器期の混在したサディズムを基盤とする空想であり，フロイトが『ある幼児期神経症の

第3章　クライン派理論を基盤としたアセスメント描画法　*67*

病歴より』（1909）で詳細に記述した原光景に相当する。クラインはこの原光景の概念を洗練させて，早期エディプス状況を描写した。

　フロイトは『制止，症状，不安』（1926）のなかで，発達過程で加工されて原型からはいくぶん形を変えているものの，一連の不安状況によってもたらされる幼児期危機状況の存在を記している。それゆえに，精神分析家に要請されていることは，すべての最深層にある不安状況にまで遡って，これらの不安状態を明らかにすることである。フロイトは，この危機状態は究極のところ自分を愛してくれる人物を喪失したことに還元できると記している。Aの今回の受診はソフトボールの練習に起因しているが，Aの最深層の不安は，結合両親像というつねに性交を貪り，こどもを産出するものにあったことは自明であった。Aは弟の誕生で最愛の母親を失い，夜驚はその喪失の反応であったと説明できるだろう。

　クラインは両親の結合が問題になることで特に激しさが増すことを付記している。このとき，すでに早期のサディスティックな超自我は形成されており，そのために結合した両親は幼児にとって残酷極まりない恐怖に満ちた攻撃者と感じられるに違いないとしている。このことは，Aの描画から露になった世界を見ても明らかである。

　クラインは，さらに結合両親像について次のように言及し，それに対するこどものサディズムに関しても触れている。

　　「フロイトはこどもの性的理論は系統発生的な遺伝であることを示した。そこでいわれている以上に，私には両親の性的な交渉についての無意識の知識は，それに関連した幻想とともに，すでにこのとても早期の発達段階で生じるように思われる。口唇期的な羨望は，両方の性のこどもを，母親の身体に対して向かって行くようにして，それに伴った知識願望を起こさせる力のひとつになる。しかし，自らの破壊的な衝動は，母親だけに対して向けられることを止めて，父親にまで拡大される。なぜなら，こどもは父親のペニスが母親によって口唇期的性交のときに合体され，母親の内部に残存すると想像し，それゆえに，母親の身体に対する攻撃は，内部にある父親のペニスにも向けられる。〔中略〕こどものサディズムが最大限に強いときには，それは両親の性交に集中する。原光景や原幻想のなかにおいては，こどもが両親に対して感じる死の願望は，サディスティックな幻想

68　第Ⅰ部　描画療法の諸理論と事例

に伴われている」 (Klein, 1932)

Aは結合両親像に恐れ戦いていたが，夢で表現されたように怒りも同時に感じていた。これを解釈し，Aの怒りを意識化させたことが，2回目の守護神のロボットを生み出すことにつながったのであろう。

4-2. 自閉スペクトラム症の症例——「この絵の意味が分かる？」

自閉スペクトラム症への精神分析の適応は慎重であるべきだが，英国のクライン派，対象関係論学派の精神分析家は脈々と自閉症児への精神分析治療を継続している。メルツァーの心的次元論（Meltzer et al., 1975）をもとにして，症例2では自閉症児の「こころ」の世界を提示し，精神分析あるいは心理療法の可能性を示唆したい。

[症例2] 5歳6カ月 幼稚園年長男児B
[主 訴] 他児をかむ

面接記録	コメント
看護師がBの名前を呼ぶと，母親はBを促しながら立ち上がった。筆者は挨拶をして，一緒に診察室に入室した。母親がBに挨拶をしなさいと言うと，Bは視線を合わすことなく奇妙なアクセントで，紋切り調に「こんにちは」と言った。Bは少し痩せていて，頭のよさそうな顔付きをしていた。母親は明らかに妊娠をしていて，やや疲れているような表情をしていた。着席すると，筆者は母親に受診理由を尋ねた。母親は幼稚園の先生から，ときどき他の園児をかむことがあるので，専門家に相談行くように勧められたと答えた。	Bとのわずかなコンタクトから，Bが自閉スペクトラム症の範疇に属するであろうという印象を筆者は受けた。しかし，Bのかむという症状は，ある意味コミュニケーションの一種であろうと感じていた。

第3章 クライン派理論を基盤としたアセスメント描画法 *69*

面接記録	コメント

Bの家族は2カ月前に引っ越したばかりで，Bも転園したばかりであった。筆者はBの前に置かれている色鉛筆と画用紙，小さな玩具を指差して，自由に遊んでいてほしいと伝えた。そして，筆者は母親の妊娠について尋ねた。母親は現在，臨月間近であり，来月に出産の予定であると語った。また，転居先であるこの地で出産することになり，不安であることをつけ加えた。筆者はBの妊娠に対する反応を尋ねた。Bは母親のお腹を見て，数カ月前には「すぐに，押して出しちゃえば」と言っていたが，近頃ではお腹には無関心になっているようであった。Bはイスから降りて，すぐに回転するイスに興味をもった。Bはそれを回転させて，しばらく見入っていた。そして，診察室の水道の蛇口に興味をもって，それをひねった。Bは母親に「お湯」と幼稚な言い方で告げた。母親は「やめなさい。テーブルの上のおもちゃで遊びなさい」と冷静に言った。

ここでのBへの教示は他の症例とは異なっているが，それはBに絵を描くことができるのかどうか，疑問であったからである。Bは母親の妊娠ばかりでなく，転園というストレスによって問題行動を起こしていることが推測された。Bはテーブルの上の玩具に関心を抱くことなく，回転イスをぐるぐる回すことで，恍惚感に浸っているようであった。こうした自閉症児らしい行動はBの不安を示していた。水道の蛇口というきらきら光る金属への関心も同様なことであった。しかし，次に母親に「お湯」というメッセージを伝えることができたのは，Bが恍惚とした自閉的世界だけにとどまることなく，初めての場所での不安から，母親へのコミュニケーションを「お湯」の温かさのイメージを伝えたのかもしれない。生育歴から，Bは自閉スペクトラム症であり，知的には高機能であることが判明した。

Bは母親の指示に従って，イスに座った。筆者は再度Bに〈こんにちは〉と挨拶を繰り返したが，Bは筆者への関心をいっさい示さなかった。筆者は母親にBの生育歴について尋ねた。Bは妊娠，出産時に異常はなく，体重も平均であった。育てやすい乳児

母親からのBの共感性のなさの指摘は，母親が懸命にコミュニケーションを試みた結果のようであった。ただ，Bには小規模な幼稚園であれば適応できるだけのコミュニケーション能力もある。筆者はBの心的世界の内容に関心を抱いた。

であり，夜泣きもほとんどなかった。
ただ，ひとりで遊んでいることが多
く，呼びかけに応じないこともあっ
た。遊びは回るものなどに固執し，
ごっこ遊びなどに関心はなかった。1
歳過ぎに熱性痙攣が2回ほどあった
が，脳波所見は正常であった。言語発
達については，単語はほぼ遅れなく
しゃべれるようになったが，文章にす
ることが難しかった。現在も会話の応
答は困難なことがある。3歳過ぎに小
児科を受診し，小児科医はBを児童相
談所に紹介した。Bはそこで心理検査
を受けたが，知能には問題がないの
で，このまま経過観察するように母親
は助言を受けた。しかし，現在でもB
は自分の欲求や何をしたいのかを伝え
ることはできるが，両親も含めて他の
人の気持ちが分からないとのことで
あった。引越し前まで，Bは小規模な
温かい雰囲気の幼稚園に通っていたの
で楽しく通園していた。Bの言語，対
人関係は遅々としていたが，それなり
に発達していた。しかし，母親は今で
もBが何を感じているのか考えている
のか，まったく分からないと語った。B
は怒り以外の感情を表現しないという。

　Bはイスに座ってしばらくしてか
ら，玩具箱から消防車を取り出した。
そして，その箱の蓋を斜面にして，そ
れを何度も転がした。そして，Bはト
ラと女の人の人形を軽く触れさせた。

　Bの消防車の遊びと火災報知器は，
Bの危機的な心的状態を暗示していた
のであろうが，筆者の解釈はBに無視
されたというより，おそらく迫害的な
ものとしてBに感じられたのであろ

第3章　クライン派理論を基盤としたアセスメント描画法　*71*

面接記録	コメント

筆者はBに小声で〈何をしているのか
な？〉と尋ねたが，Bはこの質問に関
心を向けることなくこの遊びをやめ
た。Bは相変わらず筆者を無視し続け
た。Bはイスから降りて，火災報知器
を指差し，「あのボタン，押したい」
と母親に言った。母親は「そんなこと
しちゃ駄目よ」と答えた。筆者は
〈きっと，僕があれこれB君の遊びに
ついて尋ねたから，B君は火事みたい
になっちゃったのかもしれないね〉と
伝えた。Bは反応することなく，しば
らく部屋をうろうろして，再度，イス
に座った。

そして，Bは玩具箱から赤ん坊の人
形を取り出し，それを玩具箱の側面に
立てかけた。次に，Bはいくつかの動
物を玩具箱の蓋の下に隠して，動物を
何やら動かしていたが，筆者からは見
ることができなかった。そして，Bは
赤ん坊の周囲に円をつくるように動物
を並べた。Bはしばらくそれを見てい
た。筆者は〈その赤ん坊は食べられ
ちゃうかもしれないね〉と伝えた。初
めて，Bは筆者の質問に答えて，「違
うよ」と言った。そして，Bはその動
物の輪の横に，さらに赤ちゃんのいな
い動物の円だけをつくった。そして，
Bは急にこの遊びから興味を失った。

う。Bが自閉スペクトラム症であると
いうことを考えれば，それは当然のこ
とであるが，筆者はこの消防車遊びに
象徴の萌芽を感じた。

Bの赤ん坊遊びの全貌は明らかでは
なかったが，Bが赤ん坊にこだわって
いることは，現実的なことへの接点を
認めたことになる。筆者の解釈に対し
て，Bは初めて言語的に答えた。おそ
らく筆者の解釈はやや迫害的なもので
あったのかもしれないが，適切であ
り，Bのプレイは動物たちの赤ちゃん
への強襲であったのだろう。Bがプレ
イという枠組みで生まれてくる赤ん坊
にわずかながらも攻撃性を表現できた
ことは，Bの象徴形成能力を示唆して
いた。

母親が「絵でも描いてみたら」と促すと，Bは素直に従った。Bはアルファベットを書き始めた。筆者はBにどうしてアルファベットを正確に書けるのか尋ねたが，Bは何も答えなかった。母親も「私にも分かりませんし，教えていません」とBの能力を不思議そうに感じていた。筆者は引越し後の生活を尋ねた。母親は，最初の1カ月は見知らぬ土地だったので，観光気分で楽しみ，Bも楽しそうだったと語った。しかし，今は新生活での不安が頭のなかを占めている。特にBが数名の園児をかんでしまってからは，どうしたらよいのか分からなくなってしまっていると語った。筆者は幼稚園にいるときのことは幼稚園の責任者が責任をとればよいことで，母親が責任を感じる必要はないと伝えた。そして，Bにとって母親の臨月だけでなく，新しい生活に慣れることはとても困難であることをつけ加えた。母親はBの日常生活での態度に変わりはないものの，引越し後におねしょをするようになってしまったことを語った。

こうした会話をしている間に，筆者はBがアルファベットの下に多数の人物を描いたことに注目していた（描画3-6）。筆者はBに〈この人たちは何をしているのかな？〉と尋ねたが，Bは何も答えなかった。Bはいくつかのアルファベットと人物に縦の線を引い

Bのアルファベットを書く機能は，しばしば高機能自閉症児に認められる優秀すぎる記憶力によるものであろう。こうした機械的な行動には情緒的な要素が含まれず，Bにとっては安全な素材であったのであろう。

母親は引越し，臨月などのストレスで，Bの不適応行動に過度の罪悪感を抱いているかのようであった。親はこどもをTh.の所に連れて来るだけでも，自分が十分に親として機能できなかったという罪悪感に苛まれている。Th.はつねに過度の親の罪悪感の緩和を試みるべきである。

筆者は多数の人物の意味を考えたが，そこに象徴的な意味は存在していなかった。Bの描いた人物の意味はアルファベットの一文字一文字に対応しているにすぎないことが推測された。情緒的な接触を拒否し，記号的世界に逃げ込むBの二次元的な世界であっ

描画3-6　これは何の絵でしょう？

面接記録	コメント
た。筆者はしばらく考えた挙句に、〈この人たちは何をしているわけではなく、ただ、AとかBとかCとかを表しているだけなのかもしれないね〉と言った。Bは「違うよ」と小声で答えたが、残りの人を描き続けた。母親は「こういう人間の絵を描くのが好きなんです」と少し不快そうに言った。	た。母親は棒人間として記号化された人物を嫌っていたが、このことは母親の健康な側面を示しているといえよう。
筆者は母親に家族状況を尋ねた。両親とも年齢は30代半ばであった。父親は温厚な人柄であり、近頃早く帰宅しBの相手をしてくれる。母親は結婚前までは専門職の仕事をしていた。今回の引越しは父親の転勤に伴うものであった。両親ともにこの地が気に入ったので、この異動の辞令は好ましいものであった。Bは来年小学校の入学を控えている。母親は学習面での心配はないが、やはり対人関係が気にかかると語った。	転勤そのものに問題はなく、Bの問題以外には家庭生活は円滑のようであった。後日、父親とも面接する機会があったが、母親から伝えられたように、誠実で温厚な人柄という印象を受けた。

描画3-7　しまった，分かられた！

　Bは別の絵に取りかかっていた。まず，最初に数字を書いて，そして描画3-6と同じような人物を描いた。この絵（**描画3-7**）を完成させると，ぐちゃぐちゃな線で絵を見えないようにして，すばやくイスから降りて，部屋を退屈そうにうろうろした。筆者は〈ここに描かれているのは，人ではなくて数字なんだね。10の人の顔には，ゼロが書いてある〉と伝えたが，Bは筆者を無視した。

　母親は，次週に幼稚園の先生とBの方針を決めなければならないので，どのように考えたらよいのかと尋ねた。筆者はBの発達上での対人関係の難しさだけでなく，現在は環境的にも困難な時期にあるために，適応にもう少し時間を要することを幼稚園に伝えてほしいと伝言した。また，母親へのガイダンスとBの援助のために心理療法が必要であることを伝えた。その経過を

　描画3-7は，明らかに筆者の解釈が正しいことを証明していた。しかし，Bは自分の世界を理解されることに喜びを感じることなく，記号的な世界に没頭した。こうした理解されることに対する拒絶は，自閉スペクトラム症の一側面を示している。

　母親に細かな症状，障害について，この時点で伝えることは適当でないと判断し，あえて曖昧な助言をした。しかし，障害の受け入れについては今後の課題であることに違いない。Bは「お湯」で始め，「お湯」で終わり，あたかも何もなかったかのようにしたかったのかもしれない。

第3章　クライン派理論を基盤としたアセスメント描画法　　75

面接記録	コメント

見ながら，今後の方針を考えることにした。Bはお湯を出して，「お湯だよ」と母親に言った。筆者は，2週間後の再診を約束した。Bに別れの挨拶をしたが，Bは無視して退室した。

2回目の面接は，父親がBを連れてきた。父親はBの対人関係の問題を危惧していた。筆者はBの心理療法を他のセラピストに依頼した。

（1）　解説──「自閉スペクトラム症」の心的世界と精神分析への適応

自閉スペクトラム症では，こどもの発達に伴ってさまざまな心的世界の展開が繰り広げられる。本症例では，この観点を中心にアセスメントを行った。自閉スペクトラム症児の心的世界の発達に関するメルツァーの見解を本章で紹介したが，臨床的にはひとりの自閉スペクトラム症児にメルツァーの一次元から四次元までの心的次元が存在していると筆者は考えている。この心的次元論に基づいた対象関係の内容と割合が，自閉スペクトラム症児の病態の程度と関連すると考えることができる。自閉性障害は拒絶，自閉対象などの一次元，模倣などの二次元的世界が中心である。この心的構造は意識と無意識の区別もない，象徴形成のできない無構造なマインドレスのこころから成っている。心的発達に伴って，模倣から強迫的枠組みによって現実への適応がはかられ，自分の意思のみを伝える一方的なコミュニケーションなどの三次元性が出現してくる。それに加えて，象徴形成，情緒交流が可能な四次元的なこころの存在も認められるようになる。しかし，成長してもマインドレスの領域は残存し，それが心的発達を抑制する場合もある。

本症例のBの場合，蛇口，回転イスへの関心は，一次元性の自閉的なこころの部分の存在を示唆している。Bのプレイは猛獣と女性の接触，次に赤ん坊に対する動物というテーマを中心に展開した。神経症的な意味を見出そうとする

76　第Ⅰ部　描画療法の諸理論と事例

筆者の解釈は，Bにとって迫害的なものと感じられたようであり，Bはプレイを中止することで拒絶を示した。しかし，そこにはBのわずかばかりのコミュニケーション能力と四次元的な象徴形成の可能性が認められた。Bの描画はアルファベットと数字に1対1対応した棒人間の描写であった。ここにストーリー性や象徴性を見出すことはできず，これらは具象的，機械的な二次元的世界の展開と考えられた。Bの心的世界を総合的に考えると，①回るものや光るものという感覚的な世界への没頭という一次元的な自閉的世界，②アルファベットや数字といった記号を中心とした二次元的な機械的世界，③赤ん坊のプレイに見られるようなわずかな三次元，四次元的な象徴世界の存在が認められた。Bの心的世界にわずかながらもこうした象徴領域が認められたため，この世界を手がかりとして心理療法が適応できると筆者は判断した。

　精神分析的アプローチにかぎらず，自閉スペクトラム症の行動異常の背後に存在するであろう心的機序を考慮することは，自閉スペクトラム症に関わるすべての従事者にとって有用であると筆者は考えている。また，精神分析的療法は情緒的な応答ができるこころを広げること，あるいはマインドレスの領域に直接的にアプローチして，そこを縮小することに焦点をあてている。これは強迫的な枠組みを日常生活の枠組みに利用する療育的な対応と相反するものではない。

5.　まとめ

　本論では，精神科診療，心理療法の初回面接およびアセスメントで行うことのできるこどもの精神分析的コンサルテーションの技法を記述した。ここで提示された自由描画を中心とするコンサルテーションは，保護者から病歴の聴取をしている最中にこどもに自由に絵を描かせることによって，こどもの心的世界を明確化するものである。技法的には，まずセラピストが病歴と描画内容を関連させながら，こどもがどのように自分の病状を捉えているのかを理解しようと試みる。同時に，そのこどもの心的世界に関する精神分析的な理解を模索する。そこでは，フロイトのエディプスコンプレックス，クラインの早期エディプス状況の概念が指針となる。また，これを実践する際には，適切な解釈を試みることによってその心的世界を展開させることが重要となる。まず，この技法について詳述したうえで，ウィニコットのスクィグルとの比較を行い，本技

法の簡便性を論じた。さらに，こどもの病態水準を把握するためにメルツァーの心的次元を用いてこの臨床実践を論じた。そして，このコンサルテーションの臨床記録2例を最後に提示した。これらの記録を通して，筆者は神経症圏と境界例，精神病圏のこどもに関する大枠の鑑別診断のみならず，神経症圏のこどもの症状治癒が認められたことを記述した。また，一部の発達障害児に対しても，この技法がこどもの心的世界の把握に役立つことを示唆した。『こどもの精神分析』では，心的内容・病態水準の異なる症例を提示した。これらの症例からクライン派の基本的な症例の理解に至るプロセスが明確になるであろう*。

---

* 本章は『こどもの精神分析』（岩崎学術出版社　2006年刊）第5章「こどもの心的世界のアセスメント」をもとに作成した。ここには7症例が記載されているために，他の症例に関心のある方は本書も参照してほしい。

第4章

ラカン派の描画療法
——「描画連想法」の理論と実際

牧瀬英幹

1. 「描画連想法」の概要と意義

　絵を描く際に，クライエント（以下，Cl.）は多くのことを語っている。特に，子どもとの描画セッションでは，描画とともに生まれる子どもの語りの多様性につねに驚かされる。このような Cl. の語りや Cl. を取り巻く言語との関係から「描かれたもの」の意義を検討していく描画法，それが，ラカン派精神分析の考え方をもとに生まれた「描画連想法」（Drawing Association Method）である（Makise, 2013）。

　「描画連想法」を施行するうえでのポイントは，大きく分けると以下の3点をあげることができる。

　①描画を「きく」ことを重要視する。
　②構造論的に描画を捉える。
　③「紙の交換」という形で，解釈としての「区切り」を入れ，主体にとっての
　　対象 a を浮かび上がらせる。

　これら3点をもとに，描画を介して主体に論理的関係性を導入していくことが，「描画連想法」のめざすところであり，その結果，治療的な効果のみならず，主体の再構成をもたらす契機を導くことができる。

　本章では，このような「描画連想法」に関して，事例を取り上げながら紹介していきたい。

2. 導入の方法

2-1. 適用範囲

「描画連想法」は，精神分析における「自由連想法」を，描画を用いて行うものである。このため，その適用範囲は，基本的に精神分析を実施できる病態の範囲内（神経症圏）にかぎられるが，主体の構造を再構成していく方向ではなく，主体の構造を構築していく方向（精神病圏）でこの技法を用いることも可能である。この場合，先に取り上げたポイント③における，解釈としての「区切り」を入れて主体にとっての対象 a を浮かび上がらせるという関わりのかわりに，主体と他者との関係を安定させる構造を導く要素のひとつとして描画や描画をめぐる語らいを利用していくような関わりが求められる[*1]。

2-2. 導入のタイミング

適用範囲内であるとはいえ，Cl. が描くという行為に親和性がない場合は，強いて行わないほうがよい。後に取り上げる事例のように，子どもの幻想を展開していくうえで「描画連想法」は特にその意義を発揮するものであるが，大人の場合はなかなかそのようにはいかないのが一般的である。大人の Cl. の場合，一度施行し，そこで主体の連想が進むかどうかを判断したうえで，その後の方向性を決定することが適当である。

筆者自身は，ウィニコット（Winnicott, 1971）のスクィグル技法を施行した後，主体の連想が展開する可能性が確認できた時点で，「描画連想法」を施行する方法をとることが多い。また，ウィニコットが指摘していることでもあるが，Cl. が夢を語るとき，あるいは，夢を語ろうとするようなときに，「描画連想法」を施行することは効果的である。そのような用い方をした場合，夢と描画，そして症状の関係性を多面的に捉えることが可能となり，治療的に大きな意義がある（牧瀬, 2015）。連想が停滞しているときに，連想を促す意味で「描画連想法」を導入してみることも有効である。

＊1　主体と他者との関係を安定させる構造を導く方法に関しては，牧瀬（2017）も
　　参照のこと。

3. 進め方

3-1. 「描画連想法」を施行した事例の概要

　ここで，「描画連想法」を施行した事例を取り上げ，そのうえで技法上のポイントを解説していきたい。

　事例は，4歳の男児のものである。家族構成は，父，母，兄（本児の2歳上），本児，の4人。本児は，他の子どもたちと一緒に遊ぶなかで何か問題が生じると，すぐに母のもとに戻ってきて自らの殻のなかに閉じこもる，または攻撃的に振る舞ってしまうなど，他児とのコミュニケーションにおいて困難さが目立っていた。遊びながらも，つねに教室の隅にいる母を不安げな様子で気にしており，主体的に行動することになんらかの葛藤があることが窺われた。このような傾向は以前より常態化していたものではなく，最近になって生じてきていた。母は，「特に最近何か変わったことがあったわけではない」と話していた。状況を踏まえ，第3子の予定などを聞いてみたところ，「現在は妊娠の兆候はないが，夫婦の間でもうひとり女の子を欲しいという話題が出ている」との答えがあった。

　相談を受けた場は，さまざまな理由により幼稚園に入園しなかった子どもたちが通うところ（幼児教室）であった。筆者はそこで，子どもたちに心理的な問題が生じた場合，援助を行う役割を与えられていた。そのため，厳密な治療という形での関わりではなく，描画を用いて一緒に遊ぶという形でセッションを行うことになった。具体的には，子どもたちが遊ぶスペースから少し距離を置いたところにある机に2人で座り（筆者は本児から見て90度の位置に座った），「一緒に絵を描いてみよう」という形でセッションを行った。

　ここで紹介するセッションを含めた数回のセッションにおいて，結果的に上述の問題はそれまでとは異なる形で表現されるように変化した。母につくったものを見せに行く，喜びの気持ちを伝えに行くなど，母を意識する行為はその後も見られたが，教室の隅にいる母をたえず不安げに気にすることはなくなり，能動的に遊ぶことができるようになった。また，他者と一定の距離を保ちながら関係性を維持できるようになった。これ以降，特に目立った問題が生じたという話は聞いていない。

第4章　ラカン派の描画療法　*81*

3-2. 「描画連想法」を用いたセッションの内容

次に示す一連の描画は，ある1回の面接において描かれた。導入部分では，ウィニコットのスクィグル技法を用いたが，その後子どもが自発的に描画を描き始めるようになったことを受け，精神分析的な聴取と並行して描画を描いてもらうという方法を採用した。すなわち，セッションにおける子どもの自由な語らいを通して，そのなかに現れてきた幻想をそのまま紙の上に描いてもらうという形を取った。

（1） 1枚目

筆者が「今から目をつぶってグルグル描きをするから，それが何かの形に見えたら教えてね」と言い，紙の上に螺旋状のスクィグルを行った。すると，子どもは「カタツムリ」と答えた。「そうかぁ，カタツムリかぁ。どんなカタツムリなのだろう。どんなふうなのか描き足して，教えて」と促す

描画4-1

と，子どもは描画4-1のように描き足し，「カタツムリ，食べられちゃった」と言った（この段階で，「食べられちゃった」という言葉から分かるように，子どもの幻想がすでに垣間見えている）。

そこで，「食べられちゃった，どういうことかな」と問いかけ，子どもがより幻想の世界へと入っていけるように促しながら，さっと描画4-1の紙を引き，新しい紙と交換した（この時点で，スクィグル技法から「描画連想法」へと変更している）。

（2） 2枚目

子どもは「犬が食べちゃった」と言い，犬のようなものとそれに食べられようとしているものを描いた（描画4-2）。筆者が，その食べられようとしているものを指差しながら，「じゃあ，これはカタツムリ」と尋ねると，

描画4-2

子どもは「ちがうよ，セミだよ」と答えた。続けて，「セミを食べちゃったんだ。犬は好きなのかな」と聞くと，子どもは「犬は嫌い。かむから」と答えた。

そこで，「どんなふうにかむの」と問いかけながら，さっと紙を引き，新しい紙と交換した。

（3） 3枚目

子どもは「こんな感じにかまれてる」と言いながら，犬とそれにかまれているものを描いた（描画4-3）。筆者がそれを指差しながら，「これは誰」と聞いてみると，子どもは「うーん」と悩みながらも嬉しそうな表情を浮かべ，問いには答えずに，その左脇に人のような絵を描き始め，「正義の

描画4-3

味方。犬を吹っ飛ばすんだ。足をキック。犬，死んだ」と言った。そして，キックされた犬を描き，その下に何か分からないものを描いた。

そこで，「死んじゃった犬は，どうなっちゃったのかな」と問いかけながら，さっと紙を引き，新しい紙と交換した。

（4） 4枚目

子どもは，左下に犬を描きながら（描画4-4），「こんな感じ」と答えた。そして，「木を描こうっと。3本あるんだよ，ひとつは穴が空いているんだ」と言いながら，左から順番に木の絵を描いた。筆者が「穴のなかには何かいるのかな」と尋ねると，子どもは「鳥がいるよ」と言いながら，木の上

描画4-4

に鳥を描き，続けて，太陽と雲を描いた。「この雲は小ちゃいね」と聞くと，子どもは，右から順に「これ赤ちゃん（右），これお父さん（真ん中），これお母さん（左）」，と指差し，最後に右上の太陽を指差して「これが僕だよ」と

第4章 ラカン派の描画療法

言った。続いて，先ほど描いた3本の木の右隣にふたたび木のような絵を描いて，「これ何か分かる」と質問してきたので，筆者が「何だろうなぁ」と困っていると，答えられない様子を嬉しそうに見ながら，子どもは「これは，お兄ちゃんだよ」と教えてくれた。次に，真ん中に新幹線を描いた。そして，「新幹線はずっとトンネルのなかを走るんだ」と言い，トンネルを描き足し，すぐにまたその左隣に人のようなものを描いた。その後，ふたたび「これ何か分かる」と質問してきたので，筆者がまた「何なんだろう」と困惑した様子を見せていると，子どもは嬉しそうに「たまごっち」と大きな声で教えてくれた。

そこで，「新幹線はずっとトンネルのなかなの」と問いかけながら，さっと紙を引き，新しい紙と交換した。

(5) 5枚目

子どもは線路を描きながら（描画4-5），「新幹線が線路の上を走ってる」と言った。筆者が「新幹線は好きなのかな」と聞いてみると，子どもは「嫌い，すぐ倒れるから」と答えた。

そこで，「どんなふうに倒れるのかな」と問いかけながら，さっと紙を引き，新しい紙と交換した。

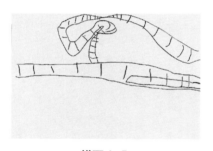

描画 4-5

(6) 6枚目

子どもは「こんなふうに」と言いながら，新幹線と思われるもののなかに鳥を描いた（描画4-6）。続けて，「こんな感じにイスがあるの」と言い，イスのようなものを描き加えた。筆者が鳥を指差しながら，「じゃあ，これは○○君なのかな」と尋ねると[*2]，子どもは「うーん」と言いながらふたたび嬉しそうな表情を示し，その問いには答えずに，「家を描こう」と言い，新幹線の上に家を描き始めた。

---

*2　この問いかけは，子ども自身がその絵のどこに同一化しているのかを言語化していく機能として作用している。これは，ひとつの解釈である。

描き終えた後，筆者が「これは，誰の家なのかな」と聞くと，子どもは「ペンギンの家」と答え，ペンギンを描き，続けて，「ペンギンが家に入ろうとしているの」と言った。そして，右上に太陽と思われるものを描いた。

そこで，「家のなかはどうなっているの」と問いかけながら，紙をさっと引き，新しい紙と交換した。

描画 4-6

(7) 7枚目

子どもは「机があって，冷蔵庫があって，これはトイレ，後はおもちゃ（ロボットの形）」と言い，左下から右にそれぞれを描いた（描画 4-7）。そして，それらの上に車を描き，「この車を誕生日に買ってもらったんだ，めちゃくちゃかっこいいよ」と言った。筆者が「そうなんだ。他には何かあるのかな」と促すと，子どもは「そうだ，これはお兄ちゃんのおもちゃ」と言いながら，車の左隣に迷路のようなおもちゃを描いた。そして，「コロコロコロコロ」と言いながら，そのおもちゃの迷路のような部分に丸を描き続け，終点と思われる部分に来ると，「そして，ここにピタっと。吹っ飛ばしたら，入ったよ」と言った。

描画 4-7

そこで，「入った玉はどこに行くの」と問いかけ，同時にさっと紙を引き，新しい紙と交換した。

(8) 8枚目

子どもは「ベッド」と答え，右上にベッドを描いた（描画 4-8）。続いて，その下に雪だるまを描き，「窓があるんだ，僕の家ではないよ」と言い，左上に窓を描きながら，「○○（犬の名前）と僕が覗いてるんだ」と言って，そのなかに顔を描いた。次に，「これは家」と言いながら，左下に家を描き，その

左横に「海のなかには貝殻が落ちてるよ」と言い，海と貝殻をそれぞれ描いた。そして，家に煙突を描き加え，「煙が出てるよ」と教えてくれた。

この一連の過程が済んだ後，子どもはふたたび，ベッドへと視点を戻し，「ベッドには悪いお山があるよ」と言い，ベッドに「悪いお山」を描き加えた。

描画4-8

そこで，「ベッドには何があるの」と問いかけながら，さっと紙を引き，新しい紙と交換した。

（9） 9枚目

子どもは，やや興奮した様子で，「犬と怪獣がいるんだ」と言いながら，犬と怪獣を描いた（描画4-9）。そして，「怪獣は口から炎を出してるよ。ボーって」と言い，怪獣の口に炎を描いた。続いて，「正義の味方が戦うんだ」と話しながら，左側に正義の味方を描き，「剣でビシってやったんだ」と言った。筆者自身，このとき話に引き込まれていたのかもしれない。そこで，間髪入れずに，「その後，どうなったの」と尋ねながら，さっと紙を引き，新しい紙と交換した。

描画4-9

（10） 10枚目

すると，しばらくの沈黙があった後，子どもは「ヒヨコになった」と答え，ヒヨコを描いた（描画4-10）。

ここで，一連の描画セッションを切り上げた。

描画4-10

3-3. 解釈の仕方・変化の見方

（1） 描画を「きく」ことを重要視する

「描画連想法」では，何よりも描画を「きく」ことが重要視される。描画を通して語られる語りを「きく」ことによって，はじめて描画における個々の要素が意味を超えて，どのように結びついているかを理解することができると考えられるからである。

このような考え方は，フロイト（Freud, 1900）の『夢解釈』における次のような言及を踏まえたものである。「夢内容のほうは，いわば絵文字で書かれているから，その記号の一つひとつを，われわれは夢思考の言葉に転移させて行かねばならない。もしわれわれがそれらの記号を，記号の連関ではなくて絵としての価値によって読み解こうとすれば，明らかに誤りに導かれてしまうだろう」（邦訳 pp. 3 - 4）。

絵文字としての夢内容（顕在的な夢内容）から夢思考（潜在的な夢内容）を理解するためには，「夢工作」という文法を用いて翻訳しなおす必要がある。Cl. の語らいを通して描かれた描画もまた，絵文字としての顕在的な夢内容のようなものであり，その絵文字から得られる意味に惑わされずに，「夢工作」の文法にしたがって翻訳しなおすことで，はじめて無意識の欲望を捉えることができる[3]。すなわち，描かれた描画の意味を「見る」のではなく，描画を描く際に語られた語りを「きく」ことで，はじめて Cl. が意味を超えて何を語ろうとしているのかを捉えることができるのである。

（2） 構造論的に描画を捉える

描画を「きく」ことを重要視することは，必然的に，構造論的に描画を捉えることを導くことになる。

この点において，クライン（Klein, 1961）は興味深い症例を報告している。恐怖症の男児リチャードの症例のなかで，クラインは描画を通して主体の無意

---

[3] クライン（Klein, 1926）が，子どもの遊びと並行して紡がれる語りのなかに現れるさまざまな要素は夢の要素と同じ意味をもつものであり，子どもの無意識を知るうえで重要な役割を担っていると述べているように，精神分析の観点からは，夢と描画は同じ意味をもつものとして捉えられる。

識の構造を取り出し，そのうえで解釈を試みているが，そこには，描画の意味にとらわれず，子どもが語ることに注意を払いながら描画を扱っていく姿勢が認められる。

たとえば，男児はさまざまなテーマの描画を，セッション全体を通して描き続ける。それらは，艦隊遊びを表現したものであったり，ヒトデを詳しく描いたものであったりと，ときにより異なる。ところが，クラインはそれらを一貫して，同じテーマを表現したものであると考える。ここには，個々の要素は描かれたものとしての意味を超え，「関係性」の構造のなかでその位置を獲得し，表現されるという視点が含まれている。男児は自らのエディプス的問題を，さまざまな表象を用いながら反復して表現しようと試み続けている。それに対して，クラインはそれら描かれたものの「関係性」を正確につかんだうえで，転移解釈を行ないながら，主にそこに現れてきた無意識の攻撃性を解釈し言語化していく。それに伴い，男児は自らを第三者＝〈他者〉の視点から位置づけていくことができるようになり，結果的に症状が消褪していくことになる。

このように，クラインは，描画を意味として捉えるのではなく，その描画が描かれる際に語られる語りを「きく」ことを通して，描画に表現された個々の要素の「関係性」を読み取り，そのうえで意味を超えたところにある無意識の欲望を解釈することが必要であることを示唆している。これこそが，構造論的に描画を捉え，解釈していく試みに他ならない。「描画連想法」では，描画を「きく」ことと同時に，こうした構造論的に描画を捉える姿勢が求められる。

では，以上述べてきたような，「描画連想法」の根幹をなす 2 つのポイントは，事例を通してどのように見出されるのであろうか。

描画 4-4 に目を向けてみよう。子どもは，雲を描いたときに，突然「赤ちゃん」という言葉を語っている。この「赤ちゃん」という言葉は何を示しているのであろうか。

雲の絵と並立して木の絵が描かれており，一定期間の夢の各場面は同じ構造をもっているという「夢の累層構造の法則」（新宮，1988）に照らし合わせてみると，木の描画と雲の描画における構造の一致が認められる。すなわち，3 つのものが並び，その右側にそれぞれ「僕」と「兄」を表す強度の高い絵がきている。そのなかで，鳥と赤ちゃんが同じ位置にあることが分かる。すると，なぜ木に穴が空いていて，その穴から鳥が出てきたのかが理解できる。穴が空いている木は，「お母さん」であり，穴は子宮を意味している。すなわち，鳥は

88　第Ⅰ部　描画療法の諸理論と事例

「赤ちゃん」として穴から出てきているのである。

　また，子どもは新幹線を描いた後，「新幹線はトンネルのなかを走るんだ」と言いながら，トンネルを描き加えている。このことは，「中に入る，外に出る」というテーマをもっている点で，鳥が穴から出てくる構造と同じものを示している。さらに，「たまごっち」はたまごとしての赤ちゃんを産み育てるゲームである。

　このように見てみると，ここには非常に明確な形でひとつのテーマが現れていることが分かる。それは，「子どもはどこから来るのか」という問いである。フロイトは，この問いを介して，子どもは世界との関わりを模索していくと述べ，その重要性を示唆しているが（「幼児の性理論」），この問いはまた，エディプス的な問題に子どもが向き合っていくなかで最も重要になる問いでもある。

　こうした構造は，描画4-7にも認められる。すなわち，描画4-4における木や雲の描画が家族を表現していたのと同様に，描画4-7ではペンギンの家のなかにあるものが，家族を表している。車のおもちゃは本人を，同様にお兄ちゃんのおもちゃはお兄ちゃんを表している。また，机が2つあることに目を向けてみてもよいだろう。机は，女性が象徴化されたものであり，2つあることは乳房を表している（Freud, 1900）。このため，ここでは母を示す。ロボット型のおもちゃ，冷蔵庫，トイレは，母を表す机の横に並立して描かれており，累層構造から父を表していることが分かる。これらは，複雑な機械でもある（Freud, 1900）。では，赤ちゃんはどこにいるのだろうか。それは，お兄ちゃんのおもちゃのなかでコロコロと転がる玉であろう。ここでは，お兄ちゃんの体は，2つの要素が組み合わさったものとして表象されており，もう一方の要素は，母の子宮を表している。

　また，「吹っ飛ばしたら，入ったよ」という言葉に注意を向けてみよう。「入った」という言葉は，先に指摘したような「中に入る，外に出る」のテーマに関するものである。そして，「吹っ飛ばす」は，描画4-3において，正義の味方が「嫌い」な犬を「吹っ飛ばす」という形で語られた言葉と同じものである。つまり，コロコロと転がる玉を「吹っ飛ばす」とき，子どもは正義の味方と同じ位置に立っていることになる。また，ここでは同時にトイレが描かれており，肛門的な解釈において，「子どもはどこから来るのか」という問いが構造化されていることが分かる。

第4章　ラカン派の描画療法　89

さらに，描画4 - 9以降，「子どもはどこから来るのか」の問いを反復するなかで，子どもはサディズム的な傾向を強め，最終的にそれは怪獣との闘いとして表現されることになった。フロイトは，「子どもはどこから来るのか」という問いの最終的に行き着く先にある両親の性交は，子どもにとって暴力的なものとして認識されると述べているが（「幼児の性理論」），この闘いにより生み出されたもの，それが沈黙の後に描かれた赤ちゃんとしての「ヒヨコ」だったのである。

　このように，描画が描かれる際に語られる語りを「きく」ことを通して，描画に表現された個々の要素の「関係性」を読み取っていくことで，この一連の描画が「子どもはどこから来るのか」という問いをテーマにしてなされていることが確認できる。また，描画4 - 7において，鳥であるペンギンの家が自分の家であったという関係から，鳥＝自分という図式が成り立つと仮定するならば，子どもは一連の描画を通して，自らの「起源」に関する問いの再構成を行ったと考えてみることもできるだろう。すなわち，〈他者〉と自分との関係を再構成する（〈他者〉に何を欲望されて，自分が生まれてきたのかを問いなおす）という意味において，①描画を「きく」ことを重要視すること，②構造論的に描画を捉えることはそれ自体，治療的な効果を生み出すものとしてあるのである。

（3）　解釈としての「紙の交換」の意義

　とはいえ，「描画連想法」を施行するうえでのポイント①，②は，③と同時になされることではじめてその意義をもつものであることを忘れるわけにはいかない。「描画連想法」がめざすところは，描画を介して主体に論理的関係性を導入していくことである。それは，描く者に，自らもまた時間的存在であるということを気づかせる試みでもある。

　フロイトが「無意識は無時間的である」と述べているように，無意識においては一般的な意味での時間はない。しかし，「拍子（temps）」のようなものはあり，それが「区切り」を生み，「区切り」は主体の時間化を促す（Lacan, 1964）。同様に描画も，さまざまな要素が同時的に描かれているという意味で，それ自体としては無時間的な平面である。紙の交換とは，そこに「区切り」を入れることである。

　ラカン（Lacan, 1966）は，このような意味での主体の時間を「論理的時間」

として定義し，『論理的時間と先取りされた確信についての断言，ある新ソフィズム』のなかで，「3人の囚人」の寓話を例として取り上げながら述べている。その「3人の囚人」の寓話とは，次のような話である。

　3枚の白い円板と2枚の黒い円板がある。それを3人の囚人の背に，それぞれ1枚ずつ貼る。他の2人の背中の円板を見たうえで自分の背中に貼られている円板が何色かを言い当て，その結論に至った論理的推理を示すことのできた囚人が釈放される。また，その際，囚人同士で話をすることは禁じられている。そして，囚人たち皆の背中に，白い円板が貼られる。いくらかの時間といくらかの動きの後，囚人は皆同じ「私は白である」という結論に至る。

　いま，自分のために結論を言いに来た囚人をAとし，Aがその行動について思いをめぐらせた結果彼の推論を引き出した囚人たちをB，Cとしよう。すると，先の囚人が自らの答えを導き出した論理関係を，次のようにいいかえることができる。Aは，BとCの背中に貼られた2枚の白い円板を見ながら考える。もし，「私が黒であるならば，Bは『もし私が黒であればCは走り出すだろう。でも，Cは走り出さない。とするならば，私は黒ではなく，白なのだ』と考え，走り出すだろう」と。でも，Bもまた走り出さない。ということは，「私は黒である」のではなく白なのだと。そして，Aはこのように導き出された答えを言うために，走り出す。しかし，Aはふたたび立ち止まる。それは，BとCもまた走り出したのを見たからである。先に結論を導き出した推論において，そこには「BとCが走り出していないのを見た」という瞬間があった。つまり，Aは「私は白である」という論理的展開を一方的にBとCに押しつけることで結論し走り出した。だが，BとCが走り出すのを見て，ふたたび自分の出した結論が正しかったのかどうか不安になり，立ち止まる。このとき，同時にBとCもまた立ち止まる。この2度目の立ち止まり（＝「区切り」）によって，Aは改めてBとCもまた同じ推論に至ったことを理解し，はじめて「私は白である」という確信を得ることになる。もしAが黒であれば，BとCは絶対に立ち止まるはずではなかったからである。そして，Aは急いで自分が白であることを言うためにまた走り出し，戸口を出る。

　ここで重要なことは，立ち止まりとしての「区切り（scansion）」によって，同時性の平面（囚人がそれぞれ円板を貼られた静態的状況）に，「せき立て（hâte）」という形で時間を導入する契機がもたらされていることである。これにより，囚人たちは，走り出すという行為を通して，3つの時間（見る時間，

第4章　ラカン派の描画療法　　91

理解する時間，結論を引き出す時間）を引き出し，結論に至ることができる。ラカンは，このような形で時間を導入された囚人が「私は白である」という結論を導くことのなかに，主体が自らを「私は人間である」と自己規定していく過程と同じものを見て取っている。

「描画連想法」においても，このような状況が見出される。Cl. が幻想を紙の上に描いていくなかで，治療者は紙を交換していく。その際，この紙を交換するタイミングが問題となる。Cl. によっては，なかなか紙を手放そうとせず，同じ紙に幻想を重ね描きしていく場合も見られる。そこでは，Cl. の幻想は停滞しているかのようにも見える。しかし，Cl. の状況に合わせ，少しずつ紙を交換していくタイミングを導入していくと，次第に Cl. はある種のリズムを得たかのように描きはじめ，それに伴い幻想は新鮮さと広がりを見せていく。このような紙の交換は，「区切り」としての機能を果たし，Cl. のなかに時間を導入していく契機をつくる。

（4） 対象 a を浮かび上がらせること

ラカンは，セミネール『アンコール』のなかで「この時間（論理的時間）を引き起こすのは対象 a である」と述べている。また，このように述べた後に，「3 人の囚人」の話を取り上げ，「彼ら（囚人たち）は，3 人である。しかし，現実には，2 人プラス対象 a である。2 人プラス対象 a という状況は，対象 a の目から見ると，他にも 2 人がいるということにではなくて，大文字の「一」プラス対象 a がいるということに還元される」と述べている。

先に確認したように，囚人たちは，「私は黒である」という結論を他の囚人に一方的に押しつけながら否定することにより，自らを「私は白である」と先取りして結論を出すことができた。しかし，このような結論を最終的に導き出すためには，2 度目の「立ち止まり」としての「区切り」により，もう一度「私は黒ではない」ということを再認することが必要であった。すなわち，人間は，自らを人間として確立するとき，そこに人間ではないもの（＝「私は黒である」＝対象 a）があることを知り，それを〈他者〉＝第三者（＝大文字の「一」）を介して省みることが必要なのである。このような「人間ではないもの」，換言すれば，他人のなかに埋め込まれ，私にとって非人間的で疎遠で，鏡に映りそうで映らず，それでいて確実に私の一部で，私が私を人間だと規定するに際して，私が根拠としてそこにしがみついているようなものとしての対

92 第 I 部 描画療法の諸理論と事例

象 a を目の当たりにすることで，人間はそれぞれ自らを人間として認識していくことになる。また，対象 a が「私は黒である」という「自分以前」を引き受けることにより，主体が「それ以降」として，せき立てのなかで「以前」を越え出て行くことができている点に注意したい。この意味において，対象 a は主体の時間化を促す原因でもあることになる。

　事例の描画 4-7 から描画 4-8 への移行のときに，子どもが「自らの家」を描画のなかに封じ込めていることに注目してみよう。このとき，子どもは自分を外から，第三者の視点を介して見たのである。このように，象徴化のどんな操作からも余り物として残されるような対象 a を浮かび上がらせることが，ひとつの治療的意義をもつと考えられる。

　描画セッションにおける紙の交換は，まさにこのような意味において Cl. の固定化された幻想を「区切り」，対象 a を浮かび上がらせていく試みである。Cl. は，紙の交換によってその都度，自らを人間化する際の根拠となるものと出会い，そのうえで自らを改めて人間として構築していく。

　子どもが描画のなかに自分を描き込んでいる間は，「食べられる」カタツムリやセミが，そして穴を出入りする複数の形象が対象 a となるが，子どもが描画の外側に自分の位置を定めた描画 4-9 以降は構造が変わる。その際，子ども，治療者（筆者），描画がそれぞれ「3 人の囚人」に準えられる。描画は，紙の交換により時間を導入される瞬間，対象 a として機能する。そして，治療者（筆者）もまた，紙を交換する所作（紙をさっと引く行為）のもとに，子どもに対して「せき立て」を生み出し，子どもとともに走り出す者としての対象 a として体現するだけでなく，子どもが治療者（筆者）との関係において〈他者〉と自分との関係を再構成できるように，自らを「区切り」として位置づけることになる。このとき，子どもは，「3 人の囚人」の 1 人のように，自らを時間的存在として捉える反復のなかに身を置き，振り返るのである。

　しかし，ここで注意しておかねばならないことは，紙の交換としての「区切り」は Cl. が描画をしながら語ることを「きく」ことを通して，はじめて意味をもつということである。ラカン（Lacan, 1966）は「巧みな句読法こそ，主体の語らいにその意味をもたらす」と述べているが，「きく」ことを通して描画を読むことが可能となるとき，紙の交換としての「区切り」は句読点として機能する。そこから，Cl. は事後的に今までとは異なる意味と向き合っていくことになる。これこそ，対象 a を浮き上がらせる試みである。

「きく」ことを通して，Cl. の語りのなかに「3 人の囚人」の話に見られたような「せき立て」を聞き取り，それに合わせて紙を交換するとき，はじめて紙の交換としての「区切り」の意義が生み出される。紙の交換は，描かれたものを「区切る」だけでなく，その描かれたものと結びついた語りの両面を「区切る」ことにより，その有効性を保つことになるのである。

4. 「描画連想法」からトポロジーの臨床へ

以上，「描画連想法」について，その施行上のポイントに沿って説明を行った。しかし，Cl. 一人一人の語らいの仕方が異なるように，「描画連想法」の実践の仕方もまたその時々によって変化しうるものである。むしろ，そうした柔軟性が求められるところに，「描画連想法」の奥深さと難しさが存在しているように思われる。拙著『精神分析と描画』では，また異なる観点をもとに，「描画連想法」を用いたセッションを報告しているので，そちらもぜひ参照していただきたい。また，「描画連想法」を深めていくためには，やはりラカン派精神分析の考え方を身につけ，実践していくことが求められる。ラカンの著作を読み進める際には，『エクリ』所収の「精神分析における話と言語活動の機能と領野」から始めることを勧めたい。幸い，非常に優れた翻訳（新宮一成訳『精神分析における話と言語活動の機能と領野』）があり，難解ではあるものの本章で触れたラカン理論を学ぶうえで適していると思われる。

最後に，「描画連想法」の展望について簡単に触れておきたい。本章で紹介した事例のように，「描画連想法」の実践は，主体にとっての「起源」や「死」の問題と密接に結びつきながら展開される。これは，パスカルが『パンセ』のなかで指摘しているような，人間という存在の構造的限界に起因するものである。

> 「人間は自然の中にあって何者であるか。無限にくらべると虚無，虚無にくらべるとすべて，無とすべての中間者。両極を理解するにはそれらから無限にへだたっているので，事物の終わりと始めとかは，かれにとって底知れぬ秘密のうちにせんかたもなくかくされている。〔中略〕してみると，人間は事物の始めをも終わりをも知ることのできない永久の絶望のうちにあって，ただ事物の中間の〔ある〕様相を認めるほか，何をなしえるであ

94　第 I 部　描画療法の諸理論と事例

ろうか」　　　　　　　　　　　　　　　　　（パスカル, 1990, pp. 35-36)

　このような自らがどこから来て，どこへと去っていくのかを知りえず，ただ中間の様相を認めるしかない人間の姿は，トポロジーを用いて表現すると，ひとつのトーラスとして描けるだろう。われわれは，〈他者〉から何を欲望されて存在しているのかを言うことのできない穴の開いた存在であり，そうした欲望（désir = d）の中心穴の回りをめぐってただ要求（demande = D）し続けることしかできないからである。

　では，どうしたらこのようなトーラスとしての人間は，〈他者〉の欲望をもとに自らの欲望を立ち上げていくことができるのであろうか。ラカンは，その中期から後期の仕事のなかで，この問いに対する答えをトポロジーの概念を用いて検討し，あるひとつの方法を示唆するに至っている。トーラスに予備的な操作を加え，方向性のない表面をもつクラインの壺へと変換する方法である。

　ラカン（Lacan, 1965）は，「切断」を含むトーラスからクラインの壺への変換作業のなかに，〈他者〉の欲望をもとに主体の欲望を導く精神分析実践のあり方を見て取るとともに，その意義について，先に紹介した「3人の囚人」の寓話と関連づけながら，次のように説明している。

　トーラス的な状態のままでは，主体は欲望の中心穴の回りを一巡したこと，したがって，結論を引き出す瞬間に来たということにまったく気づくことができない（図4-1）。しかし，トーラスをクラインの壺に変換することで，こうした事態は変化する。主体が中心穴の回りを旋回しながら一巡し終えたときに「反転」が生じるため，主体は一巡するという形で「理解する時間」を得て，結論を引き出すことができるようになる（図4-2）。すなわち，「反転する」という特徴によって，〈他者〉の欲望をもとに，主体の欲望が立ち上がる契機，主体が「自らを人間として規定する」契機が，導入されることになるのである。ラカンはまた，反転円を二分する（要求と同一化を二分する）線を，転移を支える線と位置づけ，転移のもつ人工操作的性質と欺きの性質を示してもいる（図4-3）。

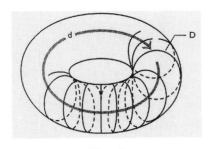

図4-1

トーラスからクラインの壺に変換し，それによって主体に論理的関係性を導入していくこと，それは「描画連想法」がめざすことでもある。この意味において，トーラスからクラインの壺への変換過程に必要な予備的な操作の一部を「描画連想法」はなすのであり，また，「描画連想法」を介して主体が〈他者〉の欲望をもとに自らの欲望を立ち上げるということは，それ自体トポロジーの臨床であるともいえる。

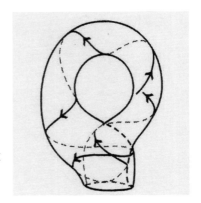

図4-2

　先に取り上げた事例における，描画4-7から描画4-8への移行の際に，クラインの壺への変換が生じ，それによって子どもが「自分を外から見る」＝「対象aを浮かび上がらせる」ことが可能となった点は，こうした可能性を示唆するものでもあるだろう。また，精神病圏の治療においては，「描画連想法」をもとに，このようなトポロジー的構造を構築していくことが，その主たる目標となると考えられる。

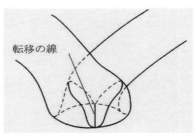

図4-3

　ラカンは『レトルディ』のなかで，トポロジーの臨床の可能性について次のように述べている。

　　「トポロジーには，隠喩的なところはまったくない。そこにあるのは道具であり，同時に素材とでもいうべきもの，それが隠喩のなかに落ち込んでしまわないかぎりは，分析者のディスクールの道具とでもいうべきものである。〔中略〕それを使うにあたっては，すぐに捨てられてしまう道具としてではなく，私がトポロジーについて語っている間，私が語りかけている分析者に，私が語っていることを理解してもらうために，ずっとそのイメージを抱き続けてもらえるような道具として使ったのである」

(Lacan, 2001, pp.471-472)

トポロジーの臨床が切り開く地平と「描画連想法」が，具体的にどのように結びついていくのかについての検討は，今後の課題である。

第5章

ユング派の描画療法
——アクティヴ・イマジネーションの一形式としての描画

老松克博・今井暁一

1. 概要と意義

1-1. ユング派の考える無意識とその働き

　本章では，ユング派の描画療法について概説する。まずは方法と目的だが，これを理解するには，ユング派が心の構造や無意識の働きをどう考えているか，あらかじめ知っていなければならない。いかなる学派においてもそうだが，技法と理論はつねに不即不離の関係にある。専門用語の解説も兼ねて，以下，簡単にまとめておこう。

　ユング派では，心を意識，個人的無意識，集合的無意識の3層から成るものと考える。このうち，個人的無意識は，その人の個人的な経験に由来するあれこれを内容とする。一方，集合的無意識は，誰もがはじめからもって生まれてくる普遍的な諸要素からできている。これら諸要素を「元型」と呼ぶ。元型とは，万人に共通の心の動きのパターンである。

　無意識の諸内容は種々の「コンプレックス」を形成している。コンプレックスとは心的複合体の意で，ある共通の感情を伴う表象やイメージが集まってひとつの塊となったものを指す（感情に色づけられたコンプレックス）。なんらかの元型的イメージが核となって，関係のあるものが周りに凝集するのである。たとえば，母なるものという普遍的なイメージを中心として肯定的な感情を帯びた心的諸要素が集まると陽性母親コンプレックスとなり，否定的な感情を帯びた心的諸要素が集まると陰性母親コンプレックスとなる。

　数あるコンプレックスのなかで最大のものを「自我」という。どのコンプレックスも独自の意識をもっているが，通常，最大のコンプレックスである自我の意識が私たちの意識である。自我は一定の価値観や同一性を有しており，

98　第Ⅰ部　描画療法の諸理論と事例

それに基づいて排中律的な認識や判断を行う。無意識内には，この自我の方向性と相容れない諸内容，あるいは直接に関係のない諸内容が蔵されていて，さまざまなコンプレックスを形成しているのである。

コンプレックスがそれぞれ独自の意識を有しているということは，それらが自我のコントロール下にないことを意味する。諸々のコンプレックスは無意識内で自律的に活動しているわけだが，ときとして意識の領域に接近したり浮上したりしてくる。たいていは，意識の側の一面的な価値観に基づく偏った活動が刺激となって生じる反応である。

コンプレックスは，たとえば夢のなかに人格化されて現れてくる。つまり，夢見手の自我からは独立した意識の持ち主として登場してくるのだ。自我の考え方とは相容れない見方をもっている相手なのだから，必然的に葛藤や対立が生じる。しかし，それがあってこそ，自我（ないしは意識）の一面性は正されうる。無意識のこの働きを「補償」という。

心の問題の多くは自我の一面性に起因する。一面性そのものがトラブルを引き起こすし，無意識による補償の働きも葛藤を呼び起こすからである。しかし，その苦しみは無駄なものではない。目的があるのだ。つまり，自我が補償を受け入れ，コンプレックスと折り合えるなら，意識と無意識は手を携えて進んでいけるようになるだろう。

ばらばらだった意識と無意識が和解すれば，この両者から成る心はひとつの全体として機能しうる。ユング派の心理療法は，このような心の全体性の実現をめざす。それは本当の個の確立に等しいので，当該のプロセスを「個性化」と呼ぶ。その途上で現れてきた心の問題を扱うとき，原因よりもこうした目的を重視するところがユング派の特徴である。

1-2. ユング派における描画の位置づけと扱い

無意識は，あるいはコンプレックスは，さまざまな形で自我に接近してくる。折り合っていこうと思うなら，コンプレックスはなんらかの感情を帯びているのだから，そのときの葛藤に伴っている感情を素直に捉え，そこに意識を集中してみるのがよい。つまり，まずは無条件・無批判に今ここでの感情（感じ）を捉えることである。比較的捉えやすい感情もあるが，捉えどころがない場合には多少とも工夫を要する。

工夫とは，多種多様な表現の試みのことである。ユング（Jung, 1916）は，

描画，粘土，ダンス，自動書記などを利用して感情を捉えるよう勧めている。そこに無意識からのメッセージがある。無意識は，メッセージを送るときに，意識が使うような言葉は使わない。イメージこそが無意識の言葉である。無意識は発生上，心の太古的な層につながっているだけに，太古の言葉であるイメージになじみが深い。

描画は視覚的なイメージに重きを置く。聴覚優位の人もいるが，視覚優位の人が多数派なので，描画は汎用性が高い。描画に関しては，自由画はもちろんだが，夢で見た内容とそれに伴う感情（感じ）に形を与えるように描くことの効果をユング（1916）は指摘している。形を与えたら，次には，それを深めていかなければならない。

直接捉えやすい感情であれ，描画などを通してようやく弁別可能になる感情であれ，意識ないし自我はどのように関わっていけばよいのか。描画の場合には，「この絵は私にどんな感情（感じ）を伝えてきているだろうか」と自問することになるだろう。そして，そこからは2通りの関わり方がありうる，とユング（1916）はいう。ひとつは定型化をめざす方向性，もうひとつは理解をめざす方向性である。それが意識化にほかならない。

前者は，イメージをイメージのままにはっきりさせていく方向性で，「味わう」「鑑賞する」という姿勢にも近い。漠然と感じられているものにいっそうふさわしい形を与え続けて，コンプレックスの元型的な核の感得をめざす。一方，後者は，意味の探求という知的営みを前面に押し出す。世界中の類似のモチーフを博捜してイメージの元型的意味を類推するユング派特有の解釈技法（拡充）は，この方向性を代表している。

ユング（1916）によると，以上の2つの関わり方については，人それぞれに得手な方向性と不得手な方向性がある。それゆえ，おのずからの傾向に任せておくと偏りが生じてしまう。定型化を好む人は理解を蔑ろにし，理解を重視する人は味わい深めることを忘れる。両者はたがいに補償的なので，バランスを考えて関わっていくことが望ましい。

定型化と理解のバランスが，描画を行うクライエント（以下，Cl.）にとって重要であることはいうまでもない。セラピスト（以下，Th.）がその偏りを指摘したり補ったりする必要も出てくるだろう。しかし，そのバランスが重要なのは，寄りそう Th. 自身にとっても同様である。Cl. が描画に取り組んだり，作品に対する説明や意味づけをしたりしている間，Th. は Th. で独自にイメー

ジを膨らませることになるのだから。

　描画作品を含む無意識由来のイメージに対して定型化と理解というバランスのとれた意識化の関わりがなされることは，意識と無意識の間における「折衝」の成立を意味する。折衝の作業があってはじめて，意識と無意識から成る全体性の実現へと向かう足がかりができるのだ。折衝における基本的な姿勢は，ユング派独自のイメージ技法であるアクティヴ・イマジネーション（能動的想像法）を行う際のそれに準ずる。

1-3.　アクティヴ・イマジネーションのエッセンス

　アクティヴ・イマジネーションは，自己実現，すなわち全体性の実現をめざす「ユング派最強のツール」といわれている（Franz, 1981）。アクティヴ・イマジネーションを行うときの考え方や姿勢は，他のさまざまなイメージ技法を用いる際にも応用できる。それゆえ，ユング派では，描画や箱庭や粘土やムーヴメントなど，イメージ表現を伴うあらゆる創造的作業を広義のアクティヴ・イマジネーションと見なす。

　そのエッセンスを紹介しておこう（老松, 2004）。アクティヴ・イマジネーションでは，意識（自我）が清明な意識状態で無意識と直接に対話を行う。ここでいう「対話」は，無意識を相手に，文字どおり言葉を交わすことである場合もあれば，視覚的イメージを介してやりとりすることである場合もある。イメージによるキャッチボールといえば分かりやすいだろうか。一般によく行われるのは後者，すなわち視覚法である。

　アクティヴ・イマジネーションでは，無意識との対話を続けることにより，ひとつの物語をつむぎだしていく。視覚法ならば，最初に物語の舞台を決める。好きな絵葉書の風景などでよい。舞台が決まったら，自分も主人公としてそこにいると想像しながらじっとその風景を見つめ，しばらく待つ。すると，そのうち何かが起きるだろう。鳥が空を横切るとか，雨が降り始めるとか，誰かが歩いてくるとか……。

　この場合，風景のなかにいるイマジナー，つまり「私」は，自我，意識の側の代表である。一方，物語の舞台やそこに存在するあれこれは無意識の世界を表している。このとき風景のなかで起きた動きは，イメージを介した無意識からのメッセージである。無意識の投げてよこしたボールということになる。「私」はそのメッセージを味わい，意味を考えて，適切な反応を返さなければ

ならない。キャッチしたボールを投げ返すわけである。

すると，次には，こちらのボールに対して無意識の側が反応して投げ返してくる。こうしてキャッチボールは続いていき，メッセージのやりとりの物語ができていく。このとき重要なのは，受けとったボールの意味にしても，投げ返すボールの内容にしても，何通りかの候補を考えたうえで最適と思われるものを選択することである（老松, 2004）。

たとえば，得体の知れない者が歩いてきたのであれば，近寄って話しかけるか，そのまま見守るか，接近を避けるか，しっかりと意識的に選択を行う。そこに自我の自我たる所以がある。無意識からのメッセージには，何かあちらからの要求が含まれている。自我はみずからの機能をフルに発揮し，意識の側の代表として答えを返さなければならない。

自我には自我の事情がある。そこを勘案したうえで，無意識からの要求をそのまま受け入れるか，部分的に受け入れるか，拒否するか，交換条件を出すか，決めるのである。こうして，意識と無意識との直接対話における折衝がなされる。両者の主張の落としどころが見つかり，折り合いがつけば，心はひとつの全体として動けるようになる。

対立しあう力の間に一筋の道，第3の道が見出される働きをユング（1916）は「超越機能」と呼ぶ。それはアクティヴ・イマジネーションの別名でもある。超越機能が現実のものとなるには，自我が十分に意識的に味わい，理解し，選択する態度を必要とする。つまり，自分はこう感じた，こう理解した，だからこう選択するのだ，と明確に意識していなければならない。これが自我のアクティヴな態度である（老松, 2004）。

描画の際には，狭義のアクティヴ・イマジネーションの場合のようにはアクティヴな態度を使いにくいだろう。しかし，Cl. も Th. も，無意識由来のイメージと対峙するときには本来そのような態度が求められるということを念頭に置き，そのうえで描画に取り組むならば，得られる成果は格段にちがうものになるはずである。

2. 導入の方法

2-1. 適応の見極め──事例の紹介をかねて

描画療法などイメージによるアプローチは，侵襲的に働き病理を賦活する危

険がある。導入の際には，慎重に適応の可否を見定めなければならない。ユング派における可否の基準は他学派におけるそれと大差ないが，まずは病理の重篤さの見立てが重要になる。判断を左右するのは，必ずしも診断名ではなく，むしろ自我の機能水準である。

　精神病やパーソナリティ障害であっても，自我が一定程度のアクティヴな態度を保って機能しているなら，描画療法は使える。外的な状況の落ち着きが自我にそれを可能ならしめることもある。反対に，神経症水準でも，自我がパッシヴな態度に終始しているようであれば，イメージによるアプローチを安易に用いてはならない。パッシヴな態度で折衝に臨んでも，よい結果を期待できないばかりか，傷を深くすることさえありえよう。

　大事なのは，自我が十分に意識的に活動しているかどうかである。何をするにも「なんとなく」ではないこと，それが自我にとって最良の守りになる。自我のアクティヴな態度とは，その謂いである。自我がアクティヴな態度で折衝に臨むことは，無意識に対して最大限の敬意を払っている証しとなる。そうであれば，無意識の側も暴挙には出ない。

　また，適応の可否の判断に関しては，描画への抵抗感が少ないこと，あるいは少なくなっていることが，やはり重要な条件になる。無意識は拙劣な表現のなかに姿を現しやすい。思ったとおりに描けない（それが普通）ところを見つけて，そこに何か貴重なメッセージが埋まっていると考え，宝物探しを楽しめるくらいの空気ができていれば理想的である。

　その意味で，Cl. と Th. の間に醸し出されている雰囲気がプレイフルであることは決定的に重要である。描画という行為は遊びの一種でもある。鉄則は「セラピーは愉快をもって旨とすべし」。Cl. の反応が乏しく，とりつく島がないから描画でも試そう，というのは最悪である。

　Cl. の経験パターンが視覚優位で，審美的な傾向があることも欠かせない。たとえば，絵画や彫刻や工芸品を見てよく感動する，物に関してであれ人間に関してであれ装飾に関心がある，気がつくとノートに落書きをしていることがあった，などという Cl. なら，かなり見込みがある。絵を描いて気持ちが落ち着いた経験があれば，なおさらだろう。

　具体的な事例をめぐって，適応の見極めや導入のタイミングを考えてみよう（以下の内容には，プライバシー保護のための変更が施されている）。Cl. は50代後半の主婦，A。夫は60代前半で会社経営（2代目），息子は30代前半で心身の先

第5章　ユング派の描画療法　　103

天性の障害があり，娘は20代後半で専門職。Aの主訴は，娘との関係が険悪で娘が苦しんでいるということで，X年8月から母親面接が開始された。なお，AはX－7年にも，息子の拒食傾向を主訴としてしばらくセラピーを受けにきていたことがある。

　Aは，起業した父親とその経営を支える母親との間に生まれた。兄がひとり。Aがまだ幼かった頃，両親の関係を決定的に破綻させるいくつかの出来事があり，以来，母親は情緒不安定になるとともに重い喘息を発症。Aは母親の世話をしながら，死の影におびえ，厳しいしつけに従順な子どもとして成長した。唯一の理解者である兄とは融合的，共生的な関係にあった。

　兄は父親の跡を継ぐことを拒む。そのため，Aが後継者たりうる男性と結婚しなければならなくなった。Aと恋人が別れるよう強いられたことを知った兄は，直後に家を出て，行方知れずとなってしまう。その衝撃は大きかったが，Aは数年後，両親の知人から紹介された現在の夫と結婚。夫が2代目を継いだ。Aは孤立無援で戸惑いながら2人の子どもを育てる一方，母親の介護をして，やがて看取った。

　描画が本格的に導入されたのは，今回のセラピー開始後，2年ほどしてから（X＋2年）である。それまでは，娘から捨て身の鋭い批判を浴びせられるたびにAが動揺し，不安が強まるので，傾聴を旨とする支持的な面接が中心だった。いや，そうするしかなかったというほうが正確である。夢の報告などもあったが，Th.が多少とも意識化や洞察を求めると，Aはきまって抑うつ的な制止状態になったからである。

　描画にアクティヴ・イマジネーション的な効果を期待できるのは，Cl.の活動性が外的な領域では落ちていても，内界では自我が意識的であり続けている場合である。この時期のAはそれができない状態なので，守りも薄い。したがって，描画の導入の適応にはなりにくいといえるだろう。まだ条件は整っていなかった。

2-2.　導入のタイミング——初期描画

　しかし，好機は来る。娘に包容力のある恋人ができ，母娘関係は暫定的な休戦状態に入ったのである。Aの自我は疲弊から脱し，次第にしっかり内向できるようになってきた。そのタイミングでTh.から提案された描画という方法に，Aも期待をふくらませ，自身の抱えている問題に取り組むモチベーショ

ンはおおいに高まった。

　Th. がここで描画の本格的な導入を思いついたのは，ひとつには，A が絵手紙に興味をもっていることを知っていたからである。けれども，切り札はタイミングを熟考して使わないといけない。タイミングを誤ると，薬も毒になってしまう。二度とその強みを活かせなくなることもある。時を待つことはセラピーの戦略として欠かせない。

　じっと時機の到来を待つことの利点のひとつは，その間に「布置」を読めること，その読みを共有できることである。A は，描画を始めるまでに，自身の生い立ち，兄の出奔，息子の先天性障害，娘との距離の変遷などが，さらには Th. との出会いや絵手紙への興味までもがけっして別々のものでなく，ひとつながりであることを理解していた。

　とはいえ，いまだ決定的に欠けているものがあった。感情である。生じてきたあれこれに必然性があることは素直に理解できるのに，父親への怒り，母親への怖れ，子どもたちへの罪悪感にはリアリティが薄いのだった。これではコンプレックスに手が届かない。それもあって描画が導入されることになったのである。

　A の内的経験におけるこの感情の捉えがたさは，描画場面では，その気はあるのに何を描いたらよいか分からない，どう描いたらよいか分からない，という訴えとしても表出された。そこで Th. は，夢で見た情景を描いてみてはと提案した。かつて息子のことを主訴に来談していた頃，A 自身がそのようにしたことがあったからである。そして，とにかく丹念に描くこと，描画中や描画後にどこからともなくやってきた感じ（感情）をそのまま認めること，思ったように描けなかったところや思いがけない表現になったところに注目することを促した。これがその後の創造的プロセスの展開の契機となった。

　冒頭でも述べたように，ユングは夢を絵に描くことを勧めている。夢は実体がなく，そのままでは雲散霧消してしまいやすい。この無意識由来の，まさしく儚いイメージに描画はソリッドな形を与え，この世に根づかせる。リアリティの乏しいものをリアライズ（現実化，実体化）してくれるのだ。意識と無意識の関係性は飛躍的に改善される。

　興味深いことに，最初に A が描いたのは10年近くも前（X − 7 年）に見た初期夢の場面だった。「暗い船底で老人が骨を食べている」という非常に印象深かった夢の絵である（描画 5 - 1「骨を食べる老人」，X ＋ 2 年 4 月）。A はこのと

描画5-1　骨を食べる老人　　描画5-2　黒い柱の眼差し

きの描画について，「暗い船底に老人の姿が見えていたのですが，豆粒のように小さかったので，いったん豆粒のような姿を描いて，それを大きくするとこのような老婆になりました」と語った。描いてみると，そこには思ってもみない発見があったのだ。生きている描画である。

　この老婆は，Aに，亡くなる直前の母親の姿を思い出させた。「あなただけが私の希望だった」とつぶやく母親に，Aは「もう私を自由にして」と一言だけ言ったのだという。こうして，凍結されていた感情が少しずつ甦ってくる。ここに描かれているのは，Aが骨までしゃぶられてきたということだけではない。わが国には骨噛みと呼ばれる弔いの風習がある。母親の亡くなった年齢に近づいていたAは，真の意味での喪の作業を求められていたに違いない。

　それからほどなくして描かれたのは，インドの儀式にまつわる夢の絵である（描画5-2「黒い柱の眼差し」，X＋2年5月）。「インドの神話の物語の芝居が始まる。サリーを着た女性が座って，誰かにお辞儀をしている。その場に黒い柱のようなものが立っていて，てっぺんにひとつの大きな目がついている」（以下の夢はプライバシー保護の観点から要約されたものである。描画に記入された文言にも同様の観点から消去処理がしてある）。

　これを描いてみてAに強く意識化されたのは，黒い柱にある目の強烈な眼差しである。シヴァが愛の神カーマを焼き尽くす炎を発した第3の目をも連想させるその視線は，Aが逃れられなかった支配的な母親の監視と非難の目かもしれない。すべてを見透かすその鋭利な眼差しの前で，人はひれふすしかないのだろうか。Aは，骨噛みによって内界に甦る恐るべき死者とどう対峙するか，厳しく問われることになるのだろう。

3. 進め方

3-1. 解釈の仕方——転移／逆転移を中心に

　描画を介して本格的な個性化のプロセスが展開し始めると，遅かれ早かれ，転移／逆転移の問題が現れる。ユング（1916）によると，Cl. は転移によって，自分に態度の更新を約束してくれそうな者にすがる。プロセスを目的に向けて展開させるのは本質的には Cl. の内なる導き手だが，しばらくは Th. がその投影を引き受けなければならない。

　内なる導き手はプシコポンポス（魂の導者）と呼ばれ，ギリシア神話で死者の霊魂を三途の川まで先導するヘルメス神がその典型とされている。内的には異性像として立ち現れ，女性 Cl. の場合は，「アニムス」と呼ばれる男性的元型の像がその役割を担う。アニムスの主要な役割は垂範である。つまり，なすべきことを自我に教え，手本を見せる。

　そのようなアニムスからの指示は「アニムスの意見」と呼ばれ，集合的な規範に沿ったものであることが多い。つまり，こういうときにはこうしなければならない，こうしてはならない，という社会的強制力の備わった意見である。これは格言のようなものなので，一般的には正しくても現実の個々の状況にはそぐわないことが少なくない。そうなると，アニムスは，意見に背く者を見張り罰する存在となる。

　とはいえ，アニムスによる導きは自我にとって欠かせない。正しいアニムスは，準備不足の自我にかわって目的のためにすすんで犠牲となり，代受苦によって自我が新たな次元に入るのを助ける。それゆえ，重要なのは，さまざまな方向に導くアニムスが登場してくるなかで，どれを受け入れどれを拒むか判断することである。ここでも，「私はこれこれの理由でこれを選ぶ」と明確に意識して判断する，自我のアクティヴな態度が求められる。

　ところで，導き手が異性の像であるのは，自我とは異質の属性を有しているからで，自我はその属性と結びついてはじめて全体性に近づける。異性像は結合のパートナーである。Cl. と Th. の間に生じる転移／逆転移は，象徴的な結合を目的としている。転移／逆転移は，個性化の目的である全体性の実現へと深まっていく（Jung, 1946）。

　事例で見てみよう。A は，「母に黙って，隠れ家のような素敵なところで男

第5章　ユング派の描画療法　　107

描画 5-3 秘密の一夜　　　　　　描画 5-4 掌に入る蝶

性と一夜を過ごす。その宿は黒いシックなつくりで，もしかしたら家の下には水があったかもしれない」という夢を描いた（描画 5-3「秘密の一夜」，X＋2年7月）。描画になると川が明瞭に表現されていて，まさにいま道がついたことが分かる。この夢には，エディプス的葛藤と Th. への転移が濃厚に感じられる。

　しかし，それだけではない。ここでは，わが国における七夕伝説の主人公，棚機つ女も連想される。川辺に棚をかけて機を織りながら，常世（無意識）から川を遡って訪れる神を待つ巫女の伝説である（折口, 1929）。それは古くからの女性のイニシエーションでもあり，秘密ができれば巫女は母の娘ではなくなる。描画 5-2 の眼差しから逃れられるのだ。こうして，アニムスが導いていく道の両義性があらわになってくる。

　続く夢はこうである。「蝶が舞っている。1匹が私の右手のなかに入ってくる。移植手術をすることになる。私の腎臓を息子にあげる。私は薬をのみ忘れる。当日，手術台にのって，先生に薬をのんでいないことを告げる。先生は自分が手術台に横になる」。描画は2枚。「掌に入る蝶」（描画 5-4，X＋2年8月）と「手術台の上で」（描画 5-5，同）である。

　アニムス（≒ Th.）による代受苦がなされようとしている。同時に，夢見手も息子を癒そうとしており，これが転移／逆転移を表すイメージであることが分かる。「傷ついた治療者」は元型的な像である。傷を癒す者は，かつてみずからが傷を負って癒された経験をもつ者でなければならない。これはプシコポンポスとしてのアニムスの肯定的側面である。なんとなれば，蝶はギリシア語でプシケであり，プシケは霊魂も意味する。そして，そのプシケを導く者こそがプシコポンポスなのである。失われた魂が戻ってきた。描かれてはじめて現

108　第 I 部　描画療法の諸理論と事例

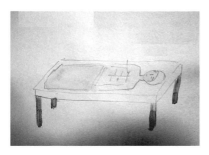 

描画 5-5　手術台の上で　　　描画 5-6　頭の手術

れた，蝶をとりまく虹のような色は，全体性実現の予感である。

　次の描画では，A 自身が手術を受けている（**描画 5-6**「頭の手術」，X＋2年11月）。「頭の手術をする。頭頂部にまるく碁盤の目を描いたような傷が残る。この傷は大きいので頭の横の髪の毛に影響するかもしれないと言われる」という夢である。アニムスの垂範を A は無駄にしていない。この傷跡は「マンダラ」（Jung & Wilhelm, 1929）を構成しており，やはり全体性の象徴である。そして，前でもなく後ろでもない側頭部の髪は，頭からいつのまにか生い出てくる半－可視的なもの，前意識的なファンタジーや観念を意味しており，その変容が予感される。

3-2. 変化の捉え方

　個性化のプロセスは，「対立」がどう架橋されるか，相反するものがいかにして両立するようになるかをめぐって進む。この変化は元型的なイメージの展開として生じる。個人的水準での読みはさまざまな学派でなされるが，元型的水準での理解を伴うことがユング派の最大の特徴である。その入口はコンプレックスを特徴づけている感情にあり，そこから徐々に元型的な核へと接近していくことになる。

　元型的水準でのイメージの読み方の一端については，すでに「棚機つ女」や「傷ついた治療者」をめぐるイメージの拡充において触れた。元型は対立しあう両極を含む。無意識内ではそれらが両立しうるが，意識内ではふつう不可能である。ここがいっさいの問題の源となっている。そして，他方，超越的な結合や和解に基づく救いや癒しの源にもなっている（Jung, 1955/56）。

　個性化には，相容れないものが両立するような意識（自我）のあり方が求め

第 5 章　ユング派の描画療法　　109

描画 5-7　赤い洗濯物　　　　　描画 5-8　母性豊かな体

られる。自我は無意識と折衝するなかで，そのようなあり方へと変容していく。それゆえ，Th. は，のっぴきならぬ対立から超越的な結合や和解に向かう物語や事例の流れにたくさん触れて，元型的なプロセスに対するセンスを磨いておかなければならない。本稿で提示している事例のプロセスを見るのもその一助となるだろう。

　次の描画では赤が印象的である（**描画 5-7**「赤い洗濯物」，X＋3年3月）。夢は以下のとおり。「川の上に屋根のある橋がかかっている。端のほうに私の洗濯物を干している。それが雨になって濡れてしまう。私は，これだけ濡れたら仕方がないかとそのままにしていく。主人との待ち合わせの場所に行くと，主人は，あの洗濯物を入れようとしたら川に落としてしまった，と言う。私は急いで川のほうに走る。そこは支流で，私のパジャマやバスタオルが流れてきたので，急いでなかに入ってつかむ」。

　描画によって明瞭となったのは洗濯物の色である。その赤には，Aの女性性にまつわる罪が現れている。描画 5-3「秘密の一夜」の川端の隠れ家が，ここでは夫との住まいに変わっており，その夫がAの洗われるべき罪悪（感）を水に落としているのが印象的である。しかも，この赤は「流れ灌頂」や「洗い晒し」も連想させる。流れ灌頂とは，亡くなった妊産婦などをとむらうため，赤い布に死者の名前などを書いて川の流れにさらしたり，通りがかりの人に水をかけてもらったりして，その色がすっかり褪せたときに霊魂が成仏したと見なす風習である。Aと母親の魂は救いへの途上にある。

　流れ灌頂には時間がかかる。しかし，浄化の程度に応じて再生の機運が高まってくる。Aは，自身が臨月を迎えている夢（X＋3年5月）の後，1年以上を経て次のような夢を見た（**描画 5-8**「母性豊かな体」，X＋4年7月）。「お

描画 5-9　下降　　　　　　　　　描画 5-10　結婚式

母さんが子どもの相手をしていたので，私も加わる。小さい子の相手は苦手だが，おもちゃのぬいぐるみを使って一緒に遊ぶ。お母さんはリラックスしたのか，裸になって，とても母性豊かな体になっている」。Aは「すごくきれいな」出産後の母親のお腹を描きたかったのだという。そして，「観音様のよう」だとも。子どものみならず母性も再生しつつあることが分かる。

　ここでヤマ場が訪れる（描画 5-9「下降」，X＋4年10月）。夢にはふたたび男性像が現れた。「川を舟で下っていく。ひとり乗りのボート。流れは速くなり，気がつくと，舟はおもちゃのようになっている。すると，岩の上に初老の男性がいて，大丈夫だからと言う。そちらに移って降りていく。水が急になくなり，鋭く尖った岩々が現れて，それを用心深く降りていく。他の人もたくさんいるので，みんなで声をかけながら降りる。落石とかがあるので，大きな声でそれを知らせる。私はなんとしてでもこれを降りていかなければならないので，頑張って降りていく。怖かったが，なんとか降りる」。

　Aはこの男性像を老賢者として理解しているらしい。まさに導き手である。そのしるしの杖も携えられている。おもちゃのような舟は笹舟や精霊舟を思わせる。流れ灌頂に似て，各地の祭では死者のために小さな舟や灯籠が海に流されたり，雛人形や笹飾りが川に流されたりする。Aは流された死の穢（けが）れとして常世（とこよ）にたどり着いたのだ。常世は常夜とも書き，穢れの集まる混沌とした異界であるとともに，いっさいのものの再生の場でもある。穢れはそこで浄められ，若水としてこの世に戻ってくることになるだろう。この描画においては，しかと意識しながら崖を降りるという自我のアクティヴな態度が試されている。見守る男性像は代受苦によって一足先に流れ着いていたのかもしれない。

　次が，ここで紹介する最後の作品になる（描画 5-10「結婚式」，X＋4年11

月)。もとになった夢は以下のとおり。「結婚式をあげる。私はウエディングドレスを着ることになる。さあドレスを着ようと思うと，ブラジャーを忘れたことに気づく。実家にとりに帰る。戻るとき，大きな橋がかかっているところを通ると，森に入っていく。深く入っていくと，緑の木のなかにまるくて赤い花の塊が飾られている。呼ばれて，神父さんが先導してくれる。その前に，神父さんが私が忘れていたものを渡してくれる。それは黒いブラジャーのついた補正下着のようなものであった。私はもう間際なので「いらない」と言って，前に進んでいく。会場の中央に歩いていくと，横に白い布団が敷いてあって，私の夫になる人は寝ていたようで，起こして立ち上がる。色の白い少し外国人系のようなヤサ男であった。寝ていたときは病気？　起きたときには再生した感じがあった」。

　描画5-8の母親のような母性豊かな体が備わっていない場合，補正下着がないと困るかもしれない。いったんは実家にとりに帰るが，母なる森の懐に赤い花を発見したAは，集合的規範を代表するアニムス像である神父の意見を退け，もはや偽りのブラジャーは「いらない」と言い放つ。素の自分でよいと感じられるようになったのだ。そのことが，病んでいたAの肯定的アニムスを再生させたに違いない。

　この頃までに，Aは，自身の微妙な心の動きにリアリティを感じられるようになっていた。そして，外界からもたらされる感情体験（娘からぶつけられる思いなど）に踏みとどまって素直に応じられるようにもなっていた。みずからに欠けているものを欠けていると認めながらである。家族との関係はおおいに改善を見た。その後，Aは，自身のトラウマとの本格的な対峙に移っていくことになる。

4. その他の留意点

　本稿では，ユング派の描画療法のなかでも，夢をもとにして行う方法を中心に紹介した。夢があると，変容にまつわる象徴の意味が格段に分かりやすい。そして，描画によって，夢のなかでは難しかったアクティヴな折衝を促進しやすくなる。夢分析と組み合わせることにより，まさにユング派ならではの描画療法とすることができる。この場合の描画は，無意識の表出であると同時に意識化の作業の一環でもある。

夢ではなく，アクティヴ・イマジネーションで経験したさまざまな場面から描画する方法もある。ユング（2010）が自分自身の癒しと個性化のためにアクティヴ・イマジネーションを行い，その物語を記すとともに，独特のスタイルの美麗な挿画を付した『赤の書』を制作したことはよく知られている。自身の場合だけではない。ユング（1997）は，Cl. に対しても，イマジネーションの印象的な場面を絵にすることを勧めた。

　ユングは『赤の書』に収載されている描画や文章（カリグラフィを用いている）を数十年にわたって更新し続けた。これも興味深い方法である。夢から描画する場合も，アクティヴ・イマジネーションから描画する場合も，１回描いたら終わりなどとは決まっていない。何回も描きなおし，そのたびに新たな折衝を行って展開させていくこともできる。リアライズすることはそれくらい奥の深い作業である。

　しかし，夢やイマジネーションを使わない純粋な（？）描画療法はどのように進めるのか，と問う向きもあるかもしれない。その場合も，ユング派においては，基本的なところは同じである。夢の内容にあたる無意識からのメッセージは，覚醒状態であっても，たえず流れ寄ってきている。「なんとなく」思い浮かんでくるものがない人はいないだろう。それを虚心坦懐に捉えて描画に移し，「なんとなくではなく」味わい考えればよい。

　肝心なのは，「なんとなく」と「なんとなくではなく」のスイッチをきっちり切り替えること。これに尽きる。そうすれば，意識（自我）と無意識の間にキャッチボールが成立する。ユング派においては，描画はなんら特別ではない。特別な位置を占めるのはアクティヴ・イマジネーションであって，描画を含むいっさいのイメージ技法のエッセンスは，ことごとくアクティヴ・イマジネーションのそれへと収斂する。

　ユングは晩年に向かうにしたがって錬金術の研究に打ち込むようになったが，彼が錬金術に関してなした重要な発見のひとつは，錬金術の本質がアクティヴ・イマジネーションだったということである（Jung, 1955/56）。しかも，錬金術においては一般に，錬金術師と助手が２人一組となってイマジネーションをふくらませていた。少しとっぴな言い方になるが，描画療法を行うとき，Cl. と Th. があたかも秘密の錬金術のオプスに取り組んでいるかのような気持ちになることこそ，一番の要諦かもしれない。

第Ⅱ部

心理臨床場面における
描画療法の実際

第6章

学校臨床における描画療法

市来百合子

1. 学校臨床における描画療法の治療構造

　言語発達が途上にある子どもたちが，さまざまな感情表現を行う際に，言語が中心となるカウンセリングよりも，言葉を介さない（非言語的な）媒体を使ってイメージの表出を促すアプローチが有効であるのはいうまでもない。そのなかのひとつが描画であり，それは子どもの本音，あるいはまだ言葉にならない部分が立ち現れる装置である。そして描画療法とは，心の健康のために，安心できる他者の見守りのもと，視覚イメージの世界で遊ぶことであり，クニル（Knill, 2005）はその営みを，現実世界の思いや気がかりが描画（や芸術 arts）のなかで「代替的に経験されること（alternative world experience）」（p. 81）と述べている。ふだん生きている現実生活での思いが，非日常的な遊び＝描画の行為によって代替的（あるいはパラレル）に経験されるためには，それなりの受け皿が必要となる。支援者は，その受け皿，すなわちどのように治療環境を整えるかに対する繊細な意識をもつ必要があるが，描画療法に対するこのような考え方は，いわば描画療法を狭義に捉えたときの話である。

　それでは，学校における描画療法はどのように考えればよいのだろうか。学校という場は，日常の現実世界（リアリティ）そのものである。その空間は時間で区切られ，子どもたちは，決まった時間，座位で一定の論理性を土台に学習活動を求められる。学校では白昼夢に漂うようなボーッとした態度は許されず，意識はクリアでなくてはいけない。

　このような学校場面に，イメージ表現による心の変容を扱うアプローチを，どのように安全かつ効果的に展開していけばよいのであろうか。

　このことを考える場合，学校臨床における「枠」が，いわゆる厳密な心理療

116　第Ⅱ部　心理臨床場面における描画療法の実際

法の治療構造とは違い，もっとゆるやかで柔軟なものであるということを理解
しておく必要がある。学校臨床の主な担い手であるスクールカウンセラーであ
れば，子どもや保護者の個別面接だけが業務ではなく，保健室での子どもたち
との出会い，職員室や廊下での教師とのコミュニケーション，あるいはケース
会議でのコンサルテーションなど，その仕事は多岐にわたる。

　渡邊（2004, p. 146）は学校臨床における治療構造について，「援助構造」と
いう言い方でそれを表しており，「……自我の発達水準が比較的高い被援助者
に対してもこのような自由度の高い援助構造は自然な枠組みとして作用する。
一般の学校臨床場面を考えると，たいていはこのような構造で十分効果的な相
談や援助ははかれるといえるだろう」と述べている。そして援助構造とは「援
助者の内部にこそ存在するもの」として，支援者のそれに対する気づきの重要
性について述べている。

　実際，高等学校ならばともかく，小・中学校で児童生徒に個別面接を継続的
にできる機会はそう多くない。居場所的な意味をもつ相談室の机の上に色ペン
やクレヨン，画用紙や折り紙を置いておき，昼休みに遊びにやってくる子ども
たちに自由に絵を描いてもらいながら話をしたり，保健室で，養護教諭の仕事
のお手伝いと称してポスターを一緒に描いたり，折り紙をしながら雑談するこ
とが重要な子どもとのコミュニケーションとなる。時間の決まった面接も，保
護者の場合は継続する場合が多いが，子どもとの個別面接は1回勝負の場合も
少なくない。

　他方，子どもたちの側から考えてみると，学校において「描画」という活動
はなじみのある親和的なものである。休み時間や行事など何かにつけてマンガ
やイラストを描いたり，ものづくりをする機会が多くある。ただ同時に描画と
なると，学校では，授業（図工や美術）として存在し，そこでは描画による表
現活動が評価の対象にもなる。重要なことは，子どもにとってその「描画行
為」がどのような位置づけや文脈でなされるのかについて支援者が十分理解し
たうえで必要な工夫をしながら，取り入れていくことである。

　このように，学校臨床に描画を取り入れるにあたっては，個別面接における
狭義なものから，上記のような広義のものと幅があることを考えると，その担
い手は，スクールカウンセラーだけでなく，養護教諭や担任あるいは特別支援
コーディネーターなどの教員も心理の専門家であるスクールカウンセラーと協
働することによって，描画法を有効な支援の一方法として活用できるのではな

第6章　学校臨床における描画療法　　*117*

表6-1　学校場面での描画を用いた支援

描画を用いた支援	how (どのように)	who (誰が)	where (どこで)	why (どのような枠組みで)	what (課題内容)	when (いつ)
狭義 ↑	個別場面における描画の利用 ↑	スクールカウンセラー	相談室	心理面接	何を描くか（技法）については，目的・発達段階などによって変わる	面接時間
						休み時間
		養護教諭	保健室	健康相談		授業中や休み時間
		カウンセラー教員	適応指導教室	教育相談		
	集団（クラス）場面における描画の利用 ↓	特別支援学級担任（& SC）	特別支援学級	教育相談・指導		
広義 ↓		通常学級担任（& SC）	学級	開発的教育相談および個別支援		朝の会帰りの会

（&SC）とは教師がスクールカウンセラーと協働して描画を用いる場合を指す

いかと筆者は考える。

　本章では，描画の導入に関して，まず個別の場面で用いる場合と，集団で用いる場合に分け，誰が主な担い手かという視点から，次の3種類の描画法の導入について考えてみたい。表6-1は，学校場面における描画を用いた支援の可能性を5W1Hの構成で整理したものである。

　個別場面で描画を用いる場合の1つめは，スクールカウンセラーなどの臨床心理学の専門家が行う，心理的な個別面接の枠組みによる狭義の描画療法である。保護者や子どもとの継続的な面接で描画を活かす場合がこれにあたり，時間がある程度正確に決まっている。

　2つめは，筆者が，保健室登校に対応する養護教諭のために作成したアートワークシートを紹介する。これは，子どもたちが描きやすいようにシート形式にした描画法であり，構成度の高いものである。ワークシート自体は，スクールカウンセラーなどによる個別面談の場面で使用することも可能である。

　3つめが，集団場面すなわちクラス全体に対して，担任が行う開発（予防）的教育相談としての描画を使ったアプローチである。これはスクールカウンセラーである筆者と担任とが協働で行ったもので，帰りの会に「気持ちの絵」を描く実践である。

118　第Ⅱ部　心理臨床場面における描画療法の実際

これらの描画を利用した支援のさまざまな形態は，学校全体の教育相談体制の充実に寄与するものであり，その機能は以下の3点であると考えられる。

(1) **療法としての意義**：絵を描くことが感情表現，カタルシス効果，気持ちの切り替えなどの作用として療法的な意味をもつ。さらに，カウンセリングマインドに基づいて見守ってくれる教師やスクールカウンセラーのもとで描画が行われることによって，それらの大人との信頼関係を構築することにつながる。

(2) **自己カウンセリングの体験**：「描画」することで，ストレスの解放や自分の心の状態と向き合うための方法を子どもたちが学習するという意味があり，成長後もメンタルヘルスの予防につながる機能として身につけることができる。

(3) **アセスメント機能＝児童生徒理解**：支援者が，絵から推測される子どもの特性や認知的・情緒的発達の側面，ストレス状況などを，学校での日常の様子と合わせて検証し，子どもを多面的に理解することができる。

以下に，それぞれの実践について述べていく。

2. 個別相談場面で描画を用いたアプローチ

2-1. スクールカウンセリング活動のなかでの描画療法

　スクールカウンセラーが学校で心理検査を施行することを禁止している市町村は少なくない。心理検査として描画テストは施行できないが，描画が治療的な意味を含むことを考えると，それよりも相談室などで一緒に遊ぶなかで描画を取り入れながら関係をつくり，少しずつ子どもの理解を深めていくことが有益であろう。中学・高校になると，言語的に表出できる程度は増えていくものの，肝心な感情表現の部分は，言葉にならないことが多い。彼らの多くは自由に絵を描くことには抵抗を示すが，自分をなんらかの形で表現したい気持ちはあるので，コラージュなど巧拙の影響のない工夫によってイメージ表現に誘うことができる。

　ここで学校種の異なるスクールカウンセリング場面でのいくつかのケースを提示し，描画療法の介入のあり方について考えてみたい。

（1） 事例A――保健室登校の小学生男子の「学校の見取り図」

　小学校4年生の男子で，転校後しばらくして教室に入れなくなり，保健室登校となる。養護教諭の働きかけによって，徐々に教室に足が向くようになり，学年の集会などは後ろで聞いていることができるようになってきた。はじめのうち筆者は，保健室で一緒に塗り絵をしたりして，信頼関係をつくっていった。

　そのようななかで，「Aくん，先生たまにしか学校に来ないから学校のことがよく分からないなあ。学校のこと教えてほしいなあ」と言うと，Aはなんとか学校の絵を描こうとしてくれた。そして得意そうに社会で習ったばかりの鳥瞰図的な学校の見取り図を描いてくれた（描画6-1）。スクールカウンセラーは，並んで描いてある教室を見て，「いろんなお部屋があるんだね。お部屋も好きとかちょっと苦手だなとかあると思うんだけど，それを色で塗って教えてくれる？」と尋ねると，少し迷ってから自分のクラス（描画6-1中央）を「ちょっと苦手……」と言いながら青色に塗った。「そうなんだね。じゃあ学校のなかでここはいいな，とか，ましかなと思うお部屋は？」と問いかけると，中央下の「職員室と校長室」を茶色で塗り，「そうだ，ここもかな」と言いながら「図書室」にも茶色を塗った。右下には見えにくいが「放送室」が水色で塗ってあり，「ここはちょっと不思議な部屋やねん」と言いながら，その部屋はいつもは空いているのに，カウンセラーが来るとそこを使い，その後ときどき保護者が泣きながら出てくることなどを語ってくれた。

　これ以降，筆者と担任，養護教諭との話し合いによって，それまでは保健室登校しかできなかったAには，「図書室で過ごす」という選択肢も加わり，休み時間はクラスメイトも図書室を訪れるようにして，徐々に学級に慣れていくようになった。その後もAは筆者と会うと，「先生また部屋の絵，描いたるわ～」と声をかけてくれた。「学校の見取り図」は，養護教諭が卒業まで保管していたが，時折，保健室にAがきて自分で棚から取り出して

描画6-1　保健室登校男子による学校の見取り図

は，眺め，学校のいろいろな教室の細部について教えてくれたことを話された。

（2） 事例 B —— 高校生の進路に関わる状況のイメージ表現

高校1年生の男子で，転学を考えているということでスクールカウンセリングに行くように勧められたBの事例である。もともと海に近い地方の中学校に通っていたが，先生に勧められて必死で勉強し，合格した都会の高校に親戚の家から通学していた。しかし，家族のことや友人のことを考えると，実家に近い高校に戻りたい気持ちがあることを話した。頑張らなければならないという気持ちと，迷惑をかけたくないという気持ち，罪悪感などを抱えていた。

そこで，筆者は「決められないときは，2つのことをリアルに想像してみることが大事なんだよ」と言いながら，エンプティチェアーの技法を使って，「残留する場合」「転学する場合」のそれぞれのイスに座って感覚を確かめてもらった。さらにイスを2mほど前に動かして「1年後の場所」に座ったり，また戻ったりして両方の場所での気持ちを確かめてもらった。

その後，紙を半分に折って，まず「残留の場合」のイメージについて「うまい，下手ではないから，何かイメージを使って表現できるかなあ？」と描画を勧めると，抵抗なくサラサラと海と空を塗り始めた。次に折ったもう半分の白紙のほうに，「転学する」方のイメージを求めたところ，同じ灯台のあるシーンを描いた。そして最後に，カモメらしき鳥を一羽つけ加え（描画6-2），2枚を見比べてしばらく沈黙した後，「やっぱりこっちがいいです」と静かに転校の意志を示した。筆者は，本人の許可をとって，その絵を担任に見せ，彼の気持ちを補助的に伝え，その後彼は転校していった。

高校生は，すでに十分な言語化ができる生徒でも，言葉でないところで渦巻いている気持ちをいったん外在化することで内省を促せる場合が多い。ただし，自己意識の高まるこの時期はなかなか自由に絵を描くことが難しく，コラージュ技法など巧拙を問わない技法が一般的には適しているだろう。し

描画6-2　高校生の進路（転学・残留）に関わるイメージ

かし後述するように，話題のなかでその事象に触れ，話し込んでいる場合は，それを視覚イメージとして表出することは案外可能である。このケースの場合は，海の話をしていたので，その内容が表現された。後は，どのような絵（あるいは線や色だけ）でもよいので，どれだけそれが自分にフィットしているかが大事であることを本人が納得すれば，自由画でも十分に表出してくれる。また画用紙を小さくしたり，色数を限定したり，テーマを工夫することによって構成度を上げ，安心感を保障することも大切である。

（3）　事例C──小学校高学年女子によるクラスの人間関係の表現

　小学校で，「死にたい」と壁に書いてあったことで騒ぎになった。5年生の女子Cが書いたことが特定され，スクールカウンセラーである筆者のところに送られてきた。はじめに筆者が落書きのことに触れると，「ああ，あのときはいやだったから……」と言いながら，クラスの友達について話を始めた。昼休みにクラスで遊ぶ日と決められていても，リーダー格の子がやめると言うと，「みんなやめた」となる。ルールもしょっちゅう変わって，「はさみうち」や「まちぶせ」はダメなのに，知らない間にそれがよくなっていることも多い。誰がどうした・こうしたという話になるので，「一回クラスの様子を描いてみてくれる？」と尋ね，クラスのみんなを色，形，線で表してみることを勧めた。すると「まず，私はこれでしょ」と言いながら，最初にブルーで画用紙の真ん中に自分を描いた。次に，その周りに自分のグループを黄色で描き，それから少し距離のあるグループの女子を赤で塗った。そして，その周りにさらに遠い距離の男子を緑で描いた。「みんないろいろな色なんだね。どうなってほしいの？」と聞くと，「自分はみんなと仲良く遊びたい」と語りながら，全員を黄色の線で囲った。「みんなが仲良くする方法があるといいね。この絵の上でみんな仲良くできるかな？」と言うと，「同じ色を後ろに塗ろうかなあ」と言いながらも，それはやめて，結局ひとりずつ上から黄色で混色するかのように塗りつぶしていった（描画6-3）。

　Cは，家庭環境の困難さから登校渋りがあったり，友達関係でも難しさを抱えていたために，それまで2回ほど面接をしたことがあった。そこでは「優等生」として頑張っている姿をスクールカウンセラーに印象づけたいように感じられた。筆者は担任と信頼関係があったので，面接後この絵を見せながらクラスの子どもたちの様子について聞いていった。担任は自分の見ているクラス

とCが表すクラスのソシオメトリー的表現の違いを指摘しながら、学級運営の困難について話した。特にCは大人に対する態度と同級生に対する態度が異なり、女子にはきつい言い方も多くトラブルが多いこと、「思い通りにならないと気がすまない児童」と捉えていることを話した。たしかに描画上では、「仲良くなるため」ために、クラスの枠やルールであった黄色で、ひとりずつの色の上から強引に塗りつぶしてしまうことに、彼女の課題があ

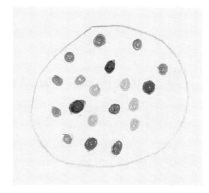

描画6-3　小学校高学年女子のクラスのイメージ

ることが明らかであった。しかし、それが自分の思いを大事にされず強いられてきた育ちからきている可能性について話し合うなかで、担任は徐々にCに対する見方を「扱いの難しい児童」から「課題を抱えている児童」へと転換していくことができた。そしてその後の支援として、Cが同級生への働きかけを行ったときに声かけをするなどして共同体感覚を育んでいくこと、そして並行して行われていた保護者面接のなかで、母親に少しずつ子育てへの態度を内省してもらうことなどが整理され、継続的な支援につながった。その後も、筆者との面接で、Cは後述するワークシートなどを使って自分のなかの怒りを少しずつ表現することができたと思われる。

　筆者はこのケースのように、描画後に、それを眺めながら描画上での問題解決の方法があるかを投げてかけてみる場合がある。今回Cは、「クラスが仲良くする」というテーマを、自分の好きな色に強引に塗りつぶしてしまうことで実現させたが、同時に背景を同じ色で塗るという選択肢もまたもっていたことは、そのつぶやきから分かった。「背景を塗る」ということは、一人一人が違っていても同じ空気感のなかに存在するという意味かもしれない。筆者が、そちらの方向に誘導したりすることはないまでも、Cの意識のなかに、そのような「つながり方」の選択肢も存在することをこちらがしっかり理解することができた。また担任にもそれを伝えるなかで彼女の対人関係のとり方、そしてその課題について話をすることができた。

　描画を終えた後に改めて眺め、なんらかの不足に気づいたり、そこから出る

要望に気づくことが往々にしてある。後の留意点に示すように，その部分をさらに推し進めることにより，解決に向けての可能性をまずイメージ上で模索することが有用であると考える。

（4） 事例D——保護者面接における家族イメージ

　中学2年生の不登校男子Dの母親面接である。毎回，母親は息子が家で何をしているかについて手短にはなした後，家族に関するさまざまな不満をとうとうと述べた。多くは，舅や姑から自分が責められることや夫への不満などであったが，8回目のあるとき，こちらから家族について再考するための描画法を提案してみた。「Dくんが家にいることで，家族のなかも変わってきてしまったのですね。こういうのをやってみると，より関係が目に見えることがあるのです」と言って，色紙とはさみ，台紙を渡し，家族それぞれの人にぴったりな色を選択してもらった。その後その色紙を適当な形・大きさに切って台紙の上に置いてみることを勧めた。母親は「おじいさん（舅）とパパ（夫）は四角い感じかな……」と言いながら，メンバーをほぼ同じサイズに切り抜き，図6-1の左上のように配置された。

　その後，「いややっぱり私が，この場所（左斜め上）に来ることのほうが多いかな？」と自分の切り抜きを動かした（図6-1の左下）。そして祖父母と同

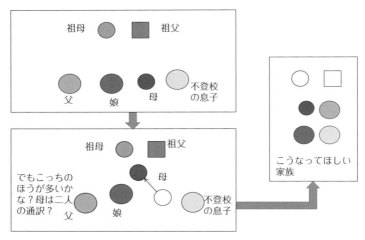

図6-1　不登校中2男子の母親面接における家族イメージ

居しているため，息子が部屋でごそごそしていると，姑は気になって，声をかけるように自分に言ってくるが，それは必要ないと自分は思うと話された。そして「いつも息子の通訳を勝手にやってしまっていたような気がするので，今後は息子に直接祖母に言うようにいいます」と自分の関わり方に気づかれていった。「これから（家族が）どうなってほしいか？」の問いに，舅姑から私たち4人がそれぞれに直接影響を受けるのではなく，もう少し夫婦で舅姑の前に立って，子どもが自分で考えられる余裕をもたせたいと述べられ（図6-1右），最後に「夫とやっぱり話をしないといけませんよね」と話された。その面接は，いつもと違って言葉は少なく，母親は色紙を慎重に切っていきながら，配置にもかなり長い時間をかけていた。

　不登校の保護者のケースを担当したときは，保護者のモチベーションが保てれば，面接は比較的定期的に続いていき連続性をもつ場合が多い。特に，面接初期の子どもへの不安についての話が一段落すると，母親自身についての生活の話へ転換していくときがある。その場合は，コラージュやこのような家族イメージを誘ってみることが有効であり，狭義の描画療法として支援していける可能性があると考える。

2-2. 保健室での描画を用いたアプローチ
——アートワークシートの開発

　学校において保健室は学校保健活動の中心の場であり，養護教諭は病気やけがの手当てだけでなく，心理的支援を含む健康相談（ヘルスカウンセリング）を行うことが求められる。特に，子どもがいったん保健室登校や頻回来室になると，子どもの心に合わせた支援が必要となる。そのため，養護教諭が通常業務を後回しにしてでも丁寧に対応している様子を，筆者はスクールカウンセラーとして目にしてきた。

　そのようななか筆者は，子どもたちを理解するとともに，療法的な機能をもつ方法として，養護教諭も施行できるように，アートワークシート（以下，ワークシート）を開発してきた（市来ら，2009, 2010, 2011）。このワークシートはスクールカウンセリング活動や，適応指導教室，特別支援教室でも使用されているが（吉川，2011），もともとは保健室登校の児童生徒のために養護教諭が施行できるように開発したものである。

　不登校がなんとか保健室登校の形に落ち着くと，養護教諭は保健室で子ども

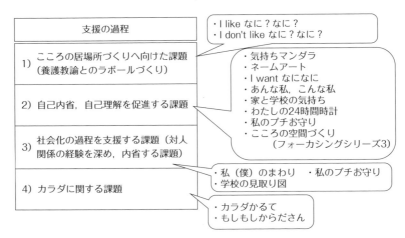

図6-2　保健室登校支援の過程とアートワークシート
(市来ら, 2009, 2010, 2011)

の心理的な状態を推し量りながら，適応に関する指導や学習指導（プリント学習）の補助をされることになる。子どもが教室復帰をめざすかどうかはさておき，まずは安心してそこに居られるためのさまざまな支援を行う。ワークシートを開発するにあたって，筆者は実際どのような描画による支援が保健室登校においては有効なのかを探るために，先行研究のレビューを行った（市来ら, 2010）。2000～2009年のCiNii（国立情報学研究所の運営する学術データベース）のなかから，創作活動や遊びを取り入れた保健室登校支援に関する学術論文を検討したところ，不登校支援とおおむね類似した3つの段階が想定できることが明らかとなった。その結果にもうひとつの課題を加え4つの課題に必要なワークシートを考案していった。図6-2は，それぞれの支援の過程に応じたワークシートの例である。

（1）　ワークシートの施行について

［対象とシート選択］
　小学生および中学生を想定して作成したが，描ければ何歳でも適用可能である。養護教諭やスクールカウンセラーが子どもの実態に合いそうなワークシートを選んで渡してもよいし，子どもに選ばせてもよい。

［教示］

発達年齢によっても異なるが，おおむね次のように教示を与える。

　　「自分の気持ちを言葉で言うのは難しいけれど，このシートは自分の気持ちや考えを色や形や線を使って表せるようになっています。すっきりする効果があるらしいからやってみませんか？　図工や美術のように点数をつけたりするものではないので，思い浮かんだことを自由に描いて結構です」

　　「これは，心を表すものなので，うまい下手はありません。自分にとってピタっとくるような感じを探して表現しましょう」

　いうまでもないが，描画するか否かは本人の意思を優先し，強制にならないように留意する。また緊張がある場合は，はじめにコピー用紙などに好きな色でぐちゃぐちゃの線を描いたり，四角のなかを塗ったりするワーミングを行うことで描くことに慣れることがある。

［ワークシートの構成と画材選択について］

　ワークシートの外見は，あえて学習用の「プリント」に似せて作成している。グラフィックソフトによる太めの黒枠のなかに書き込む形式で，文字での表現も許し，例示があるシートも用意して全般に構成度の高いつくりとした。何をどのように表現するか，ある程度はっきりした枠組みのなかで，心理的な安全を保障しようとしたものである。

　普段使いのクレヨン，クレパス，色鉛筆，クーピー，鉛筆（Bや2B），コラージュ（あらかじめ箱に入れて切っておくか，本人に切らせるかは状況による）などを用意し，画材の特徴を説明しながら，基本的には子どもに選ばせる。

［施行の環境と保管］

　保健室で施行する場合は，他児が入ってくることがやむを得ないが，できるだけ安心して施行できる場所の確保や雰囲気づくりが大切である。そして描いた後は巧拙には言及せず，「すごいね」「いいのができたね」という言葉かけにとどめることが重要である。保管に関しては，シートを綴じて保管してあげることで，子どもの「心の居場所」の意味を強化し，信頼関係を築いていけるものと思われる。

第6章　学校臨床における描画療法　　*127*

(2) 支援の過程に応じたワークシート

[心の居場所づくりに向けた課題]

保健室にいることを子ども自身が受け入れていくためには、信頼できる大人との安心できる2者関係の形成が欠かせない。そのための課題であり、互いを知りあう段階でもある。図6-3は、「I don't like なになに」(見本つき)の例である。ここでは描画でなく文字で示されており、生活ストレスを知るよい手がかりとなりうる。養護教諭も一緒に描くことが有効である。

[自己内省・自己理解を促進する課題]

ある程度ラポールがついた段階、あるいは安心して保健室に居ることのできる段階において、描画を通して自分の状態を捉えなおしたり、内的なリソースを発見する課題である。自分の名前をイメージで描く「ネーム・アート」や、自分の生活時間を円グラフを描いて塗り絵をする「あなたの24時間時計」などがある(図6-4)。「あなたの24時間時計」は学校に来ていないときの生活状況を知るのに役立つ。

[社会化の過程を支援する課題]

保健室で備蓄した心のエネルギーを、少しずつ現実の外界に向かって消費し

図6-3 心の居場所づくりに向けた課題の例

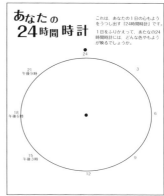

図6-4 自己内省，自己理解に向けた課題の例

ていくための同級生や教員との対人関係に関する課題である。上記の文献レビューの結果から，教室復帰の道のりのなかにはかならずこの社会化の過程が含まれていることが分かった。仲のよい友達が一緒に給食を保健室で食べてくれるなどの過程である。ワークシートの例は，自分の安心材料，すなわちお守りとなるものを描いたり，コラージュしたりする「私のプチお守り」である。これをつくること自体に先述の自己理解の意味があるが，描けたものを「たたんでポケットに入れ，教室や全校集会などに行ってみよう」などの介入に使う場合は，社会化を支援するステップとして使うことができる。描画6-4は，保健室登校の高2の女子が描いた「私のプチお守り」である。お守りには，「ともだち」とはっきり書かれ，ハートや星そして四葉のクローバーなどが描かれた。この女子との面接ではいつも友人関係が話題になり，自分が嫌われているのではないか，相手の気に入らないことをしてしまうのではないか，という悩みが話されていた。しかし，この絵を描いてからしばらく眺めた後，お守りになるほどの理想の「ともだち」は本当にいるのかという話に展開し，しだいに，現実的な人間関係のなかで互いに分かり合えることが大切かもしれないという内省につながっていった。

［カラダに関する課題］

子どもたちは，保健室になんらかの身体症状を訴えて来室する。ときにその部位ははっきりせず，「しんどい」「だるい」という場合も多い。それを身体の部位に分けて，カラダに問いなおしてスケール上でチェックさせるシートを作

描画 6-4　社会化の過程を支援する課題の例

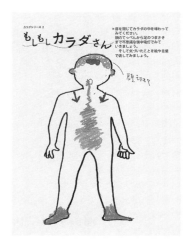

図 6-5　カラダに関する課題の例

成した（図 6-5）。

　また必要な場合は，その症状（たとえば痛みや凝りのあるところ，あるいは漠然としたしんどさ）を視覚的にイメージして表現させたり，彩色させたりする方法を課題とし，症状の外在化を図った。

（3）　事例 E——不登校傾向で保健室登校の中 2 女子生徒

　E は，筆者がスクールカウンセラーとして勤めていた中学校で出会った女子生徒である。中 1 の 2 学期から本格的に不登校となり，10 月にはすでに欠席は 30 日を越えていた。2 年ではさみだれ登校が続き，学校に来たときは保健室でほとんどの時間を過ごしていた。保健室では，養護教諭が担任の指示で教科のプリントをさせたり，おしゃべりをして過ごしていた。昼夜逆転となってしばらく来ないこともあり，たまに来たときの本人の心身の状況がつかめずにいた。寡黙な生徒であるため，養護教諭も心理状態を計りかねることが多く，少しでも本人の意志を学校生活に反映させたいと考えていたために，養護教諭と筆者が相談して図 6-6 のようなシートを作成し，来校の度に記入させた。

　まずカラダの部分に注意を向け，体調をチェックさせることから始まり（図 6-6 左下），この繰り返しによって身体感覚の気づきを促すようにした。「この授業は教室で受ける」など，その日にどれだけの活動をするかを自己決定さ

せ、思考と感情を整理するために後述する円枠描画（図6-6右下）を行ってもらうことにした。図6-6は、ある日の日報（筆者による模写）であるが、Eと養護教諭との関係が深まってきた時期であり、その日の養護教諭とのコミュニケーションをイメージして「楽しみなこと」と書いている。

養護教諭は、まずカラダのチェックによってEの心身の様子を視覚的に理解し、「つぶやき」欄から、会話の糸口を紐解き、コミュニケーションを図ることができた。またEは、このような構成的なプリント形式であれ

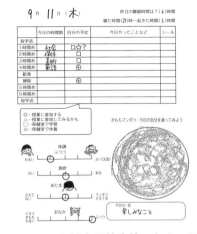

図6-6 保健室登校生徒のための日報の例（筆者の模写による）

ば、絵を描くことには抵抗がないため、他のワークシートにも折々に描き始め、そこでのさまざまな吐露から家族の課題や自分の性格についての話を養護教諭と交わし始めた。養護教諭は、「Eが、何かを抱えて来室したときは、『調子が悪いなあ』などすぐに分かるのだが、それは、たいてい言葉になるわけではない。しかし描画のようなワークシートがあることによって、なんとなく何が子どもの心にひっかかっているのかを推し量り、直接その話をするわけでなくても、その子に向かい合ってあげることができた」と述べている。またそこに書き込まれた内容から、ふだんクラスのなかでは見せないが、独自の趣味や世界観をもっていることが養護教諭には理解でき、Eへの見方が変わったと述べられた。

ワークシートは、処方箋でも学習プリントでもないので、これを単に与えて描かせればよいということではない。子どもたちが学校場面では奥にしまっている心の片鱗を、少しだけ吐露する装置と考えるとよいかもしれない。そしてそれは、安全に受け取ってくれる人がいてはじめて成立する。したがって、それを選択したり、描いたりする過程を丁寧に見ていきながら、「絵の解釈」に固執することなく、そこから会話をつむいでいくきっかけとするのがよい。

また、このように描画すること＝視覚的なイメージを表現することによって、「本人が自身のこころのケアの方法を学んでいる」ということを改めて心

にとめておきたい。本実践におけるワークシートの詳細については，筆者まで連絡をお願いしたい。

3. 集団（クラス）場面での描画の利用
——開発的（予防的）カウンセリングとして

　筆者は立場上，学校の教育相談に関わる教員研修を依頼されることが多く，そのなかで何度か描画を用いた子ども理解と支援のテーマで話してきた。総じて教師はこのテーマに関心が高く，「自分でも使ってみたい」，「児童が描く描画表現をもっと読めるようになりたい」と話された。多くの先生方が，もっと子どものこころを掴んで少しでも援助したいと思っておられるにもかかわらず，「個別の時間がとれない」「何か嫌なことがあったと，分かっていても支援する方法が分からない」「なんと言って話しかけていいのか分からない」などの悩みをもっておられた。何人かの担任から，通常学級で描画を使用してみたいという要望があり，クラスで利用可能な技法の開発の必要性が生じてきた。

　ここでは筆者が担任と協働して，クラス全体に対して，開発的カウンセリングとして描画を使ったアプローチを行った実践を紹介する。石隈（1999）は学校教育での子どもの援助ニーズに応じて行う心理教育的援助サービスを3段階に整理した（図6-7）が，そのなかで1次元的援助サービスとは，すべての子どもが共通にもつ援助ニーズに応じて発達促進的あるいは予防的な援助サービスを行うことである。

　その内容は，学級のニーズによってさまざまであるが，「分かる授業づくり」や「対人関係の育成」を中心とした心理教育などがその代表であろう。特に後者は，学級のなかに民主的な人間関係の土台を形成することで，トラブルを抑止しようとするもので，ソーシャルスキルトレーニングや構成的グループエンカウンター，アサーショントレーニングなどがそれである。しかし今回筆者が行った実践は，そのような対人関係の育成に重きを置くのではなく，個別の資質の開発および，感情の把握と表現のトレーニングであり，さらにクラスのなかでそれぞれの個性を受容する雰囲気を醸成する目的も加えた新たな心理教育の取り組みである。

　このプロジェクトを行うことになった事の起こりは，筆者が学校に教育相談関連の研修会に行った際に，ある担任からクラスのことで相談を受けたことで

132　第Ⅱ部　心理臨床場面における描画療法の実際

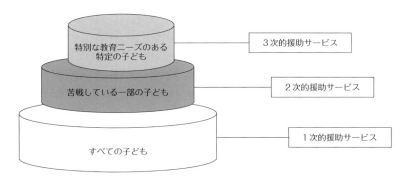

図6-7　3段階の心理教育的援助サービス（石隈,1999）

あった。その4年生の担任はとても熱心な方で，子どもたちの状態について家庭環境を含めて捉えようとされていた。1学期がすでに終わっていたが，担任はクラスへの印象として，いつになく違和感を感じていることを話された。「全体的に指示待ちで，何を望んでいるのかつかめない」「発達障害ではないかと疑われる子どもが数名おり，仲間とのトラブルが絶えず，本人はどう思っているのか分からない」「習い事が多すぎて生活が心配である」など，それぞれの子どもたちのニーズはバラバラであったが，それでも何回かの話し合いを経て，筆者は，帰りの会で短時間で使用できるような描画法を提案し，クラス担任とともに半年にわたって取り組んだ。

3-1. **円枠描画法について**

ここでの描画法の目的は，主に次の2つであった。①児童が帰りの会のなかで一日を振り返り，自身の感情に目を向け，それを視覚的に表現する学習の機会を与えること，②教員が，児童個人の状況を把握し児童理解に役立てること。

これらの目的のために，筆者は円枠描画法を提案した。これは市来（2011）の作成したワークシートの一枚であるが，もともとアメリカのアートセラピストであるケロッグ（Kellogg, 1993）がユング心理学をベースに理論化し，技法として開発したMandala drawingの考え方を基本としている。ケロッグ（1993）は，アートセラピー領域の黎明期である1970年初頭，Maryland Psychiatric Research Centerで，アーティストそして研究者として雇用され，

新しい薬物治療の効果検証のひとつとして Mandala drawing をクライエントに施行する許可を得た。その施行により，クライエントのライフサイクルに照らして繰り返し表れる形やパターンや色があることに気づいた。ケロッグが標準的に行っていた Mandala drawing では，中心に直径10.5インチ（約26cm）の円が鉛筆で描かれた画用紙とオイルパステル（クレヨン）が手渡され，しばらく閉眼し落ち着いた状態で，思い浮かんだイメージを自由画で描くというものである。この Mandala drawing は，中央の円枠によって，安全な表現環境が保障され，自己（SELF）の統合機能が促される技法である。円枠自体には，表現の安全を保障する意味とイメージの中心への焦点づけによる収束，感情の統合の意味があり，今回筆者はそれらを重視してこの円枠を技法として取り入れることにした。

3-2. 小学校中学年での実践について

この円枠描画法で描く内容については，Mandala drawing のような自由画でなく，「一日のふりかえり」とした。Mandala drawing の場合は，深呼吸で落ち着いた後に，即興的に想起した視覚イメージを描くように指示され，その行為こそがある種の「儀式的行為」であるという前提で象徴的な解釈を行う。しかし学校場面で教員が主体で描画法を行う場合は，描画のもつ無意識の表出的側面よりも，子どもたち自身が一日の振り返りとして自分の気持ちに注意を向け，その表出を繰り返し行うことのできるシンプルな方法を提供したいと考えた。

集団実施では，A 4の半分の紙の中央に，10cm 程度の直径の円をおいたシートを使用した（図6-8）。円枠の下に「つぶやき（今日の一言）……」欄をつくり，視覚的に表現したものを，言語に落とし，それを大人も理解できるように工夫をした。

なお，本法を Mandala ではなく，「円枠」としたのは，上記のような教示の違いによる意図の相違，および「Mandala」と命名することにより抱かれる先入観を排除するためである。

まず事前学習の授業を設けてもらい，実践を始める前に描画による自己表現についての基本的な態度を教えることを提案した。「気持ちは色や線で表せること」や「その方法に正解はないこと」「他者の表現を大切に扱うこと」などを伝え，担任に授業案を作成してもらった。2 学期の9 月に事前学習の授業を

筆者も立ち合いのもとで一度行い，それ以降は担任が「帰りの会」で時間がとれる週2～3回，1回5～10分程度実施した。帰りの用意をさせて，いったん静かに閉眼させる時間をとってから，施行した。それぞれが描き終わったら，自分で糊づけしてファイリングを行い，各自で前の担任のところにきて手渡した。4年生は29名（男子17，女子12）である。合計で38回行われた。

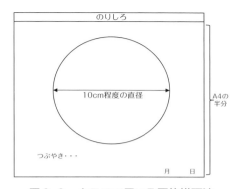

図6-8　クラスで用いる円枠描画法

筆者は担任や養護教諭，特別支援コーディネーターらとともに1カ月ごとに振り返りの時間を設け，検討を行った。

3-3. 実践の結果

本方法の成果について，子どもたちのつぶやきと描画，担任へのインタビューと児童の感想から検討していく。子どもたちの「つぶやき」欄の分類を行ったところ，身体的な感想を訴える「あつい」「さむい」「おなかがすいた」が最も多く，次に気分「早く帰りたい」「晴れてほしいな」「ゲームしたい」，そしてその日に起こった出来事「芋ほりのおいもがおいしかった」「3年の発表がよかった」の内容の順で描き込まれていた。

担任は，本活動について「児童自身の気持ちの整理・沈静化・切り替え」や「教師による子どもたちの状態の把握」が大きな効果であると述べたが，何よりも一番の利点を「子どもがうれしそうに実行することである」と話された。慣れてくると子どもたちは「先生，あれやらないの？」と催促するようになってきて，「実際にやってみると，絵を解釈するのでなく，ふだん見ている絵から急に雰囲気が変わったりするときに，「えっ？　どうしたの？」と自然に声をかけることができた」と述べ，「このようなきっかけがないと，気になっていてもなかなか声をかけるタイミングがないと改めて思った」と述べられた。

以下は，児童らの感想である。「描くのが難しい。けど続けたい。ときどきうまくかけるときがあるから」「面白い。無いときは少し残念です」「はじめは

かおやもので表していたけれど，最近は線で表したり，色で表すほうがなんだか面白いと思った」「なんだか心がすっきりする」。これらの感想から改めて，子どもによって自身の気持ちへの向かい方やその表し方について個人差が大きいことが分かった。そして今後も継続的な実施によって，描画によって繰り返し「気持ちを感じる」こころを耕し，表現する機会を与えていくことが必要ではないかと思われた。

3-4.　事例F——生活ストレスを抱えた男子への支援

ひとりの男子のケース（F）では，担任はこの実践前まではさほど気にならなかったが，描画の様子が，自分の考えていたFのイメージとは大きく違い，とても乱暴な描き方であることに驚いたと述べられている。生活上のストレスとして習い事に週5日行っていて，母親の期待も大きく，チェックをされて宿題も完璧に仕上げ，忘れ物もない。これまで何度か友達との小さなトラブルがあった程度であったが，その内容は，どうも影でのいじめを感じるものであったという。

Fは，はじめのうちは，あまりこのプロジェクトが好きではないのか，一色でぐちゃぐちゃに塗り，あっという間に仕上げ，担任に面倒くさそうな態度で渡していた。それでも担任は「おお，今日は全部ぬったんだね」などと声をかけていると，徐々にその時間が延びてきて，色数や他の表現も増えてきた。しかし，その内容が時折，「ケガをした」「転んでいたい」など，大事ではないが，なんらかの傷を思わせるものであることが担任は気になっていったという。それによって，担任は男子に声をかける頻度が増し，また保護者面談においては，日常の様子について伝え，子育ての態度について母親とじっくり話すことができた。もちろん母親に絵を見せたわけではない。このように，実践のなかで担任は，子どもの少しのサインに気づき，そして働きかけるきっかけを得たと思われた。

3-5.　まとめと今後の課題

上記の実践の概要からクラスでの「円枠描画法」の成果を要約すると以下のとおりになる。①感情の気づきと表現の機会の提供，②子どもたちの心理的な状態の日々の把握，③教員と児童とのコミュニケーションの促進，④情緒的な問題が増幅しないための予防的な働きかけ。

集団への描画法を考える場合，最も注意を要するのは，自己表現という課題が，子どもにとって強制あるいは侵襲的にならないように，実施者が必要なルールを設定し，カウンセリングマインドに基づいて十分に個人の心理的表出に注意を払うことである。そのためには教員が描画の体験学習を伴う研修を受け，臨床心理学の基礎的な観点からも検討できるように，スクールカウンセラーとの協働実施が望まれる。描画の投影法的意義を理解しないで使用すると，子どもの感情表現は望まない形で暴露され，その後閉ざされてしまうからである。

　また，事前学習として授業を使って，子どもたちに本法の意義を伝えたことが重要であった。この実践で絵を描く意味は図工や美術と同じではないこと，そして自分の表現と同じくらい他者の表現も大切に扱う必要があることを伝えた。そして担任が実践を通して，一人一人の描画≒表現を丁寧に受けとったことがメタフォリカルな意味をもって，子どもたちに伝わったのではないかと思われた。すなわち自分が大切にされていること，また他者のありようを尊重することであり，これらは人権教育にも通じるものがあったと思われる。

　本法の課題は，子どもがネガティブな内容を表現したときの介入の仕方や時期などである。担任がすぐに他の子どもの眼前でそれに対応することは，描画の内容によっては先生に呼び止められるというメッセージを発することになる。反対に声をかけずに，家に帰してしまうのは気になるということもあった。この点は，担任それぞれの感じ方が異なり，正解があるわけではない。しかしながら描画にかぎらず，子どもからのそのような微妙なサインを日々どのように受けとり，対応していくのかという教師の教育臨床力の熟達にも関わることであり，今後の課題としていきたい。また保護者に関しては，本法を教育的な支援の一部として理解してもらい，ともに子どもを見守ってもらえるような関係を構築していくことが重要であろう。

4.　学校臨床における描画療法の留意点

　学校臨床における心理的支援は，面接室のなかでの限定的なものにとどまらない。そのため，描画活動を支援に用いるアプローチを本章では広義に捉え，担任や養護教諭が教育相談の枠組みのなかでスクールカウンセラーなどと協働で行うアプローチを紹介してきた。

描画法は有効であるが，その導入の仕方によっては，ネガティブな感情表出も想定される。学校臨床では援助の枠がゆるいからこそ，十分な理解と配慮が必要である。

最後に，特に学校臨床における描画を用いた支援に関する全般的な留意点について述べていきたい。

4-1. 描画の導入とその内容

継続を前提とする面接であれば，ラポールがついてからということもあろうが，子ども自身が描く＝表現することに納得していれば初回でも十分に描画を有効に導入できる。

何を描いてもらうかについては，筆者の場合は，子どもとの対話で話題にのぼったテーマから画題を絞っていき，そのイメージを表してみることを勧めることが多い。自由に絵を描くのは難しいと感じるか否かは発達段階や個人差によるところが大きいのだが，筆者の経験では，面接のなかで，まず頭にあることを視覚的にイメージしてもらうように会話を進め，そのうえでそれを紙に落としてもらうように頼めば，かなりの割合で気持ちよく描いてくれる。たとえば事例Cであれば，「Cちゃんはまずクラスのなかで何色なのかな？」と問うことや，事例Bの高校生に「転学するイメージと残留するイメージ」を想起させる過程が大切であった。まずは描くことへの動機づけを刺激することがコツであろう。ただ，そこには巧拙を気にしないですむ雰囲気や画材に慣れるワーミングアップなどの工夫が必要となり，こちらのクリエイティビティが問われるところでもある。

このように，筆者の場合は，比較的柔軟にテーマを考えて描画を勧めるのであるが，そこでは，「おしゃべりもいいんだけど，こころにとっては絵を描いたり，言葉じゃないもので表現したりすることは，すっきりしたり，落ち着いたりする効果が抜群なんだよ。ちょっとやってみる？」と，その意味について子どもに対しても説明するようにしている。ただ，「うまい下手はまったく関係ないんだよ。下手なほうが却って気持ちが出ることもある」などというふうに言うと，子どもたちは案外，突然の課題でも描いてくれる。もちろん，強制にならないように丁寧に導入することはいうまでもない

ケースによっては，まずは関係づくりとして，いろいろな種類の相互法（ex. スクィグル）や折り紙，色のついた紙粘土を一緒につくるところなどから始め

ていくとよい。そして描画でなくても，本人の課題に応じた画材でクラフト的な作業をするなかで，さらに子ども理解が進む場合もある。

　また描画は，その過程や内容のなかから本人のリソースを見つけだすことができる作業である。ただ描くだけでも十分であるが，筆者は描いた後に，そこからもう一歩踏み込んで描いてもらうことができないかどうかを探ることがある（表現の深化）。たとえば，描画後に，「ここが気になる」あるいは「ここがいいと思う」などと本人が言った場合は，描画上でそれを修正したり強調したりできるかどうかを問うのである。事例Aの部屋への彩色，事例Cでクラスのソシオメトリーをどうしたいかを聞いたこと，事例Dでなりたい家族メンバーの位置づけを問うたことなどが，それである。また，「望遠鏡でのぞいたら，そこはどうなってるのか詳しく教えて」と尋ね，それより小さめの紙を渡して，追加で描画できそうかを尋ねることもある（表現の拡大）。

4-2. 提供する画材について

　画材の適用に関する理論としては，ルースブリンク（Lusebrink, 1990）のETC（Expressive Therapies Continuum）理論が有用である。画材の特性からスペクトラムを想定し，一方を resistive（抵抗性），他方を fluid（流動性）として各素材の位置づけを考える，というものである（図6-9，10）。市来（2012; Ichiki & Hinz, 2015）は，この論考を，アメリカのアートセラピストへの調査によって実証的に検討し，図6-11，12のような素材に関する2因子（「エネルギーの活性化」「認知的統制と心理的安全」）を得た。「認知的統制と心理的安全」要素の高い素材（ex. 黒鉛筆や折り紙，小さめの紙）と，「プレイフルな活性化」要素の高い素材（ex. クレヨン，色鉛筆よりもパステル，粘土，大きな画用紙）という特徴で考えることにより，子どもの状態やセラピーの目的によって，どのあたりに位置する素材を選択するのかがより明確になると思われる。本理論の詳細については，参考文献を参照されたい。

　学校臨床の場合は，時間や空間の制限もあり，またその「日常性」からも，構成度の高いもの（「認知的統制と心理的安全」要素の高いもの），子どもになじみのあるもの，そして簡便で手軽なものから始めていくのが自然と思われる。つまり，ふつうに絵を描くときは，一番なじみのある黒鉛筆あるいは色鉛筆，クレヨンなどであろう。しかし「プレイフルな活性化」要素の高い素材も，個人の状態に合わせて用いることがある。たとえば，発散が必要な場合は，クレ

図6-9　2次元の素材のスペクトラム（Lusebrink, 1990）

図6-10　3次元の素材のスペクトラム（Lusebrink, 1990）

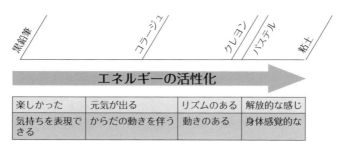

図6-11　エネルギーの活性化因子における素材のスペクトラム
（市来, 2012; Ichiki & Hinz, 2015）

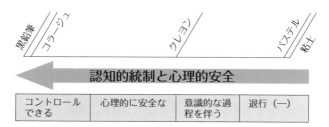

図6-12　認知的統制と心理的安全因子における素材の
　　　　スペクトラム（市来, 2012; Ichiki & Hinz, 2015）

ヨンよりパステルを提供したり，差し出す紙のサイズを大きくしたり，緊張している子どもに少なめの粘土を手のなかでこねてもらって弛緩させるといった対応である。また関心をひくような多色の色鉛筆やキラキラしたビーズ，色鮮やかな粘土などを準備していくことでイメージの世界に引き入れ，活性化させることができるかもしれない。ただ，学校における公平性という観点や，こちらが与える画材が愛情欲求を満たす供給物である意味を考慮したうえで準備する必要があるだろう。

4-3. 描画のアセスメント

　学校場面のさまざまな状況のなかで描いてもらった絵は，一律に解釈できるものではなく，ふだんの様子に照らしながら，その絵を見たときのこちらの感情や感覚を大事にしながら理解していきたい。その場合，おおむね次の視点から，総合的に捉えていくとよい。

(1) **内容および形式分析**：どのような内容か，あるいはどのように描かれているかについて，気になるところ（いびつさ）とともに，リソースになるようなポジティブな側面を見つけるようにする。何度も消して描きなおしたところや裏に書いてあることなどにも注意を払う。

(2) **発達段階からの理解**：定型発達の描画特徴からの逸脱によって理解する。特に人物が描き込まれていた場合，分化度から子どもの認知発達について推測し，情動的な発達との関連から合わせて考える。

(3) **創作過程からの理解**：創作過程の観察から子どもがどのように描くのかに注目し，順番，繰り返し，強調，削除，こだわり，色の変え方，画材の選び方などを注意深く見ていく。

(4) **問題解決としての描画**：ワークシートやこちらが与えたテーマを問題とすると，それに対してどのような解決を図ろうとしたかについて，作業過程，時間配分，内容の選択，描画に対する向かい方，態度などの観点から理解する。

　このようなさまざまな観点から，思いつくかぎりの理解の可能性を，開かれた態度で想像し続けることが大切であり，1対1的な解釈をすることのないように注意を要する。それらを必要時は，教員と共有し，ふだんの姿との検証を

行っていくことも重要である。

4-4. 描画を描いた後の話し合い（Post Drawing Interrogation〈PDI〉）

　絵を描いた後，それについて話ができるようであれば，一緒に絵を眺めながら質問をしていくと，より正しい理解につなぐことができる。しかし発達段階や状態によっては，描くことだけで自己表現が完結し，話したがらない場合もある。その場合は，無理をせず，題名をつけさせるだけでもよい。

　そして，けっして絵の出来に言及しないことが大切である。評価を日常とする学校においては，ちょっとしたほめ言葉（「色のバランスがいいね」「丁寧に塗れているね」など）であっても，言い方によっては次回からその場が巧拙を扱う表現空間になりかねない。「わぁ，すごいね」くらいにとどめておくのがよいかもしれない。どうしても何か言いたくなったら，雰囲気やイメージをフワリと返すくらいにとどめておく。そのかわりに次のような質問やコメントを加えながら，コミュニケーションするとよい。

　①描いてある事実を言葉にする（例：「赤い線で描いてあるね」「上のほうがたくさん塗られているね」）。②創作プロセスのなかでの工夫やこだわりを問う。③満足度を尋ねたり，好き・嫌いなところ，どんなふうに直したいか，そのためには何が必要かなどを尋ねる。④「吹き出しをつけるとしたら？」「題名は？」など描画に関する「つぶやき」を尋ねてみる（少しの言語化を手伝う）。⑤お話をつくれるかどうかを尋ね，無理であれば支援者と順番で一文ずつつくっていく。

4-5. 保管と管理の問題

　描画療法では，表現物が有形物として残ることが特徴であり，これは，描いたものが作者以外の人とのコミュニケーションの媒体になりうることを示している。学校臨床では，絵を誰とどのように共有するかが問題となる。たとえば面接のなかで描いてもらった描画は，表現物，つまりカウンセリング中の話の内容と考えて，親や担任に自動的に見せることはしないのが通常であろう。しかし子どもに関する情報の共有という観点から，重要な情報がそのなかにあったり，担任が視覚的に理解をしたほうがよいと判断した場合は，教師との信頼関係のもと，見せる場合もある。その場合，視覚的なイメージは印象が強いことに留意し，守秘を確認したほうがよいであろう。保護者には，子どもが描い

た描画は見せずに対応するのが基本である。

　また面接の継続が想定される場合，あるいは養護教諭が継続して子どもに絵を描いてもらう場合などは，保管場所を決め，子ども専用の保存用の袋を作ったりして大切に綴っていくことで，学校のなかに「こころの居場所」ができる。最終的に描画は本人に返却されるのが基本だが，教育資料として返却しない場合もありうる。また返却する場合は，年度終わりに返すことが，その年度をしめくくり成長を振り返らせる機会にもなる。

　上記のような表現の守秘とは逆に，子どもによっては廊下に貼ってほしがったり，人に積極的に見せることが自尊感情によい影響を与えると思われる場合もあり，ケースバイケースの対応が求められるであろう。

　現在の日本の教育現場では，教師は教科教育だけでなく，「生徒指導」や「教育相談」の枠組みのなかで子どもの生活面や適応面までも支援することを求められている。いじめ問題も解決の決定打がないまま，子どもたちのサインを受けとるアンテナのはり方に四苦八苦されている教員も多い。そのような中，スクールカウンセラーはもちろんのこと，日常を支える教師も研修によって描画を使うことの利点と限界を理解し，共同で子どもたちのこころに寄りそうことができれば，苦戦を強いられている子どもたちへの支援は，いっそう深いところに届くのではないだろうか。今後さらに，学校臨床における描画を用いた子どもの理解と支援の充実を願うものである。

第7章

がん患者の描画療法

金井菜穂子

1. がん患者の描画療法とは

　がんが日本における死因の第1位となって久しい。がんの罹患率は男女とも
に50歳代以降で増加し，高齢になるほど高くなる。なかには小児がんで入院治
療を受けている子どもや，20代でがんを発症する人もいる。人は身体症状や健
康診断の結果から「何か病気かもしれない」という不安を抱えて医療機関を受
診する。精査の結果，がんと診断された場合に，多くの人は治療を開始する。
がんを摘出して治癒といわれる状態の人も，延命目的の治療を続ける人もい
る。経過観察中の人や，治癒といわれたが再発したり，別のがんが判明して再
度治療を受ける人がいる一方，がんの進行を抑える目的での積極的治療を行わ
ずに症状緩和のみを選ぶ人もいる。その経過のなかで最期まで自宅を中心とし
て過ごす人もいれば，緩和ケア病棟などの病院で最期を迎える人もいる。

　がん医療の進歩とともに，治療目的での入院後，がんという病気を抱えつつ
これまでと同じ仕事を続ける人も増加している。日本では2人に1人ががんと
診断されるなか，家族に複数のがん患者がいる場合も少なくない。そして闘病
中のがん患者だけでなく，患者を支える家族もそれぞれに苦痛を抱えている。

　がん患者はさまざまな経過をたどるが，多くの場合は標準治療を選択する。
標準治療とは，病院で提供される保険適応の手術治療，抗がん剤治療を含む薬
物療法や放射線治療といった治療のことである。また，それに並行して補完代
替療法を選択する患者もいる。補完代替療法とは，がんの治療目的で病院にて
行われている医療を補ったり，そのかわりに行う治療である。補完代替療法に
は，免疫療法をはじめ保険診療外の治療や，健康食品やサプリメントだけでな
く，鍼灸，ヨガ，アロマテラピー，心理療法，音楽療法やアートセラピーなど

144　第Ⅱ部　心理臨床場面における描画療法の実際

が含まれる。

　がん患者に対するアートセラピーの効用に関する論文も報告されている。プェッツら（Puetz et al., 2013）は，クリエイティブアーツセラピー（音楽療法，ダンスセラピー，その他さまざまな手法のアートセラピー）を用いた介入の効果を調べた27のランダム化比較試験論文のメタアナリシスを行った。対象人数は1576人にのぼり，さまざまな手法のアートセラピーは，セラピーを受けた直後では不安や抑うつ，苦痛の軽減に役立ち，人生の質（QOL）の向上につながった。しかしフォローアップ時にはその効果は減じていたという内容であった。日本では安藤らが造血管疾患をもつ患者に対してアートセラピーを行い，抑うつや活気，疲労の改善があったとする報告（Ando et al., 2013）や，マインドフルネスアートセラピーの報告（Ando et al., 2016）を行っている。

　オックスフォード緩和医療学テキスト第5版は，緩和医療学における最も信頼のおけるテキストのひとつであるが，その第4章では複数分野の専門家が集まるチーム医療が紹介されている。そのなかにリハビリテーションや音楽療法，心理士などの仕事と並列して，緩和ケア領域におけるアートセラピーの貢献についての項目がある。そこでは，ウッド（Wood, 2015）がアートセラピーの目的を「患者が人生の終焉を迎える時期であっても，個人的な水準で発展し花開くように力を与える事」（p.210）と述べており，アートセラピーがもつ重要な側面として，「患者が受け入れられないと感じているかもしれない感情を表現する機会を提供すること」（p.210）と記している。この項目では，神経難病患者への緩和ケアとしてアートセラピーを行った事例や，ホスピス入院中患者の家族などの世話をする人に対するグループアートセラピーに関しても短く紹介されている。

　がんと診断されてからの人生の旅路は，ライフステージや個々のこれまでの人生の歩み，地域や家族の文化的な背景，どのような場でがんと診断を受け，治療を受け始めるかによって大きく異なる。がんと診断されると，これまで歩んできた人生と同じことができなくなる場合があり，さまざまなことを見直すことが求められることも多い。健康な自己像や元気な自分というアイデンティティーの喪失，治療や疾患の進行による頭髪の脱毛や体重の変動といった見た目の変化，これまでのように身体を動かせないこと，味覚障害，痺れなどによる生活場面での不自由さといった変化と，どのように折り合いをつけていくか。そして，自分自身の揺れる感情とどのように付き合うのか，家族や知人と

のコミュニケーションのあり方，がんという体験をどのように位置づけ意味づけていくのか，新しい自己像の獲得といったことが心理的な課題となる。

アートを用いた心理療法は，このような心理的適応に有効である。すなわち，がん患者とのアートを用いた心理療法の目的は，治療や療養のさまざまな段階で，言葉以外の手段も用いて自分の感情や課題を認識したり表現することを促し，いかに対処していくかを共に考えること。そして，がんという体験を患者が自己のなかに意味づけ位置づけていけるように援助することである。

筆者は臨床心理士として総合病院に勤務するなかで，多様な身体疾患をもつ患者家族と接している。主治医をはじめ多職種と連携して協働するなかで，言語を中心とした面接だけでなく，アートを用いた関わりも行っている。

本章では，がん患者を対象としたアートを用いた心理療法について紹介する。色鉛筆やパステル，クレヨン，クレパス，絵の具，コラージュといった二次元だけでなく，折り紙や場合によっては紙粘土や箱などの立体造形も含め，さまざまな画材を用いた心理療法を筆者は行っているが，それらを本章では描画療法という表現で統一する。

2. 導入の方法

まず，どのような人が描画療法の適応となるのかを考える必要がある。描画療法を導入しようと考えている対象が，診断・治療期にあるのか，治療後の経過観察の時期なのか，再発して再度治療を受けているのか。あるいは，がんを治すもしくは延命する目的で抗がん剤治療などの身体に侵襲的で積極的な治療はせずに，症状緩和を中心とした治療を受けている段階なのか。患者の状況によって，描画療法のあり方は異なってくる。

身体が健康で，描くことや創作的活動に関心がある治療者には負担がないことであっても，絵を描いたり折り紙を折るという作業は，思いのほか集中力を要する。身体がしんどいときには，さまざまな色から選ぶことや，線を引く，塗る，折り紙を折るなどの作業でも負担になりやすい。ベッドに寝ている時間が1日の大半を占めるという状況になると，よほど好まないかぎり新たに描画療法に取り組むことは難しいことが多い。筆者は入院している方に描画療法を導入する場合には，身体状況を考慮しつつ技法や課題，画材を判断している。外来に通院していて，描画療法に関心をもつ方に対しては，画材やテーマを選

べば導入に問題はない。

　まずは事例（A，50代女性，婦人科がん）を示しながら，描画療法の導入について検討する。A とは，産婦人科主治医より臨床心理士である筆者への面接依頼があり，3 年の経過のなかで描画療法を行った。面接開始時には，A は夫と高校生の娘との 3 人で暮らしていた。はじめて会ったときは，がんが再発したため，外来に通院しながら必要時入院にて抗がん剤治療を行っていた。面接開始時に A からは「2 時間話を聴いてほしい」という希望があり，時間の枠組みを設定した面接が必要と考え，1 回50分，来院日に合わせておおむね隔週での言語での面接を開始した。面接の設定は面接終了まで病状により多少の変動はあったが，大きく変更しなかった。

2-1.　折り紙の導入

　面接開始後しばらくは，自身の不安を語り続け，自発的に娘について語ることはなかった。筆者が A と出会った時点では，がんが再発したことへの恐怖があまりに大きく，自分のことを語れる心理療法の時間に，娘のことを語る余裕がない様子であった。言語での面接を数回行い，あふれでる不安を具体的に形に残るもので抱えて扱うことが A には有用だと考えた。そこで，A は絵を描くことに親しみがあるほうではなかったが，心理療法に描画療法を取り入れることを提案すると承諾された。A は真面目な性格であり，これまでの就労経験からきっちりと物事をこなすことに慣れ親しんでいることを考慮して，最初に折り紙を導入した。その際に，あふれでる不安を象徴的に抱えられるよう，折り紙で箱をつくることを提案した。8 枚の折り紙を用いて，蓋つきの箱を折るのであるが，すぐにコツをつかみ，さまざまなバリエーションの箱をセッションのなかで筆者とともにつくった（図7-1）。次第に「イライラしてきたら折り紙を折る」と表現するようになり，ストレス対処方法のひとつとして自宅でも折り紙を折ることが A の日常生活のなかに定着した。また，折り紙の箱作品を他者にプレゼントすることで，折り紙作品が A と他者をつなぎ橋渡しするものとなっていった。

　折り紙で箱を創作した後，より感情表現が促されやすい技法として，コラージュを提案した。A にとってはじめての作業であったが，関心を示し，セッションのなかで取り組み始めた。コラージュの経過については次項で紹介する。

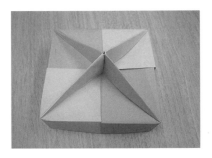 

図 7-1　折り紙

　折り紙は，日本では子どもから大人までほとんどの人が何かをつくったことがあるため，新しいことに挑戦するエネルギーがないときでも導入しやすい。決まった手順で作業を行うなかでも，選ぶ色彩や色の組み合わせから，その時々での感情や気分を理解し，心理的課題への対処へとつないでいくことができる。また，細かな作業への取り組み方には，その人の対処様式が部分的に表れる。Aは好きなパステルカラーを用いることが多かった。自宅で娘とも一緒に折り紙の箱をつくっており，持参した作品では娘は落ち着いた色味ではっきりした色紙を選択していた。「私は娘のような色は選ばない。娘とはこういう所は違うわ」と述べており，選択する色彩の違いは，改めて娘をひとりの独立した主体として認識していく機会となった。

2-2. 描画療法を導入する際の留意点

　Aのように絵を描くことに慣れ親しんでいない人に対しても，描画療法の導入は可能である。男性よりは女性のほうが病院臨床の経験上は導入しやすく感じることが多いが，性別にかかわらず今の気持ちや気分を色に例えてもらったり，ギザギザの形や螺旋形など形に例えてイメージする形から始めれば導入しやすい。

　描画療法を導入するうえでは，導入する治療者自身が，絵が上手か下手かは問題ではない。さまざまな画材に慣れ親しんでいること，頭のなかでイメージするだけではなく，実際に描き創るプロセスと作品がもつ力がいかに大きいかを体験を伴って理解していることが肝要である。アメリカのアートセラピー専攻大学院では，入学条件に心理学だけでなく学部レベルの絵画や立体造形などの美術単位の取得が必須となっており，さまざまな手法を使えることが求めら

れる。

　描画療法を行ううえでどのような技法をがん患者に提案するかを検討する際に，まずは患者の身体状況と，どのような場面で会うことになるのかを考える必要がある。外来通院時に合わせて面接する場合には問題となることは少ないが，腕が点滴などにつながっている場合は，その状況に合わせて技法や場所，時間を選ばなければならない。また病状の見通しにより，1回で完結する作業とするのか，複数回かけて取り組めるものにするのかを検討する必要がある。身体的なエネルギーが低下していることも多いため，大きな紙を渡すと圧倒されたり，さまざまな画材から選ぶという選択自体が負担につながる場合もあるため，提示する画材の数を減らすなど，患者の状態によってその都度見極めていくことが求められる。

　絵を描くことへの苦手意識から，描画療法に抵抗感を示す人は多い。また，病院という環境の制約上，テーブルなどの部屋の設備を汚す画材の使用は特に入院患者の場合は難しい。それでもコラージュや折り紙，塗り絵や切り紙といった手法は，上手・下手が出にくく，導入としては用いやすい。身体状況に制限があっても，治療者が手を添えることで色を塗ったり，コラージュイメージを画用紙に貼ることが可能な場合もある。

3.　進め方

　次にどのように描画療法を進めていくのかについて紹介する。先ほどの事例Aから具体例を提示する。

3-1.　コラージュの導入

　コラージュの初回のセッションで，Aは料理や生活に関する情報が多い主婦向けの雑誌を持参した。筆者が準備していた雑誌も含めて，まずは気に入ったイメージを切り抜き，順次色画用紙の上に糊で貼った。丁寧に切り抜き，イメージの仮置きはしなかった。Aは，他者がどのようなイメージを選択しているのかに関心をもちつつ，自らは料理や靴，花といったイメージを選んだ。「外に出たい気持ちが表れていると思う」「今の気持ちが表れるね」と感想を述べながら数週間かけてひとつの作品を仕上げていった（図7-2）。

　Aは街中まで通勤して仕事を続けていた。がんに罹患するまでは，敷地内

に同居する義父母が主に日中の娘の世話をしており，平日のAの生活のなかで多くの時間を占めていたのは，仕事であった。がんと診断された後には退職し，治療を続けながら自宅で過ごす生活へと変化した。そのなかで，A自身の関心事の比重が料理や家の片付けにうつり，娘に家事全般のやり方を伝えるようになった。心理療法の話題のなかでも自分の病気だけでなく娘の話題が増加し，娘と一緒に料理を楽しんでいることや，抗がん剤治療の種類によっては副作用のために自分が家事をできない時期に，娘が中心となって夫とともに家事をしてくれることへの感謝が述べられるようになった。コラージュ作品を創作するなかでも，作品に

図7-2　コラージュ

キッチンのイラストが使われているように，「最近は料理をしているから食べ物やキッチン用品」とそのときの関心事におのずと目がいくことを言葉にした。そして折り紙で箱をつくるプロセスと比べて，コラージュのほうがその時々の気持ちや関心が現れやすいことへの気づきも生じた。

3-2. 描画の導入

　断続的ではあるが半年ほどコラージュに取り組んだ後，より感情をストレートに表現することを筆者が提案した。好きな画材を用いて，色や線や形で今の気持ちの絵を創作する課題を提示したところ，はじめは「見本はないん？」と少し戸惑った。しかし，すぐに左下から右下に画用紙を横断する形で波状の線を描き，「こんなふうに波がある。上がったり下がったり」と自身の心理状態を色や線，形を用いて表した。それから左下から右上にかけて螺旋で画用紙を横断するように描き，また線を二重にして内側を彩色した。このことも気分の波の変化を表していた。1度で作品を仕上げるときのほうが途中からは多くなったが，2回にわたり創作することもあった。そのときの気持ちや気がかりを自由に表現する作業は，その後1年数カ月継続した。

はじめに創作した描画作品（描画7-1）は2回のセッションに分けて仕上げられた。1回目のセッションの終わりに「今の自分の頭のなか」（もやもや）とタイトルをつけた。次の機会にさまざまな色で丸を追加し、「今も悩みはあるんやで……悩むんやけど、せなあかんことあるし」と説明した。最終的には「悩みが分散」というタイトルとなった。さまざまな色の丸は、Aとの描画療法のなかで何度か現れる表現であった。

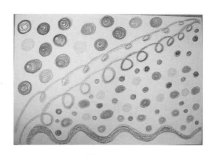

描画7-1

　面接のなかで、抗がん剤治療の副作用による家事の制限について語られた。主治医が「抗がん剤治療の副作用がつらければ、抗がん剤治療をしないという選択肢もある」という意見を述べたことに対して、自分はそういわれると嫌で、むしろ「頑張ろう」と励ましてもらえるほうが嬉しいタイプだと語った。以前であれば、主治医の言動

描画7-2

によって不安が高まり混乱していたが、この時期には心理療法の時間に言葉で表現できるように変化しつつあった。筆者が気持ちについて過去を振り返りつつ語れるようになったことを指摘すると、「以前よりも他の楽しいことなどにも目が向くようになってきたことが違うと思う」と答えた。

　そのセッションで、がんの再発が判明したときと現在との違いを色や線、形で表すことを提案すると、再発を告知されたときの落ち込みを暗色と谷のような形で表現した。そして次第に山を登るように上昇する形と、関心のある楽しいことやしなければならないことが複数あることをさまざまな色彩の小さな丸で表現した（描画7-2）。そのカラフルな丸は、はじめて感情を自由に表現した作品と色や形は類似しているが、水彩クレヨンをぼかしている点が大きく異なる。

第7章　がん患者の描画療法　　151

その次のセッションで，気持ちの絵に取り組みはじめてからの半年余りの経過を振り返ると，「はじめの絵は悩みで気持ちもぐちゃぐちゃだった。落ち着いてきた，まとまってきたと思う」と絵の形式の変化に自身の感情の変化を照らし合わせて感想を述べた。

3-3. 考察

（1） ETC理論から

樹木画や人物画ではなく，折り紙やコラージュ，さまざまな画材のなかから自由に絵を描くプロセスや作品を，どのように解釈して臨床に生かしていけばよいだろうか。

それにはまず，画材の特性や課題の性質を理解することが求められる。アメリカのアートセラピー教育では，ETC（Expressive Therapies Continuum）理論という考え方を取り入れている。アメリカのルースブリンクら（Kagin & Lusebrink, 1978）が1970年代に提唱した理論であり，最近ハインツ（Hinz, 2009）が一冊の本にまとめている。日本では市来（2014）がETC理論を用いた画材・素材の研究などを行っており，本書第6章4-2.でも触れている。

ETC理論では，resistiveなもの（力を加えないと素材が変形しないもの）からfluidなもの（流動的で柔らかいもの）という軸を基準に，画材の特性と表現されやすいものを考える。fluidな素材のほうが感情表現を促進する体験と結びつきやすく，resistiveな素材は認知的な体験を促しやすい。したがって，使用する素材によってどのような感情が表出されやすいかをETC理論から考慮して治療者が介入することも可能となる。たとえば，ETC理論から見ると，折り紙はresistiveな画材となる。

また，色鉛筆の芯が硬いタイプなのか，柔らかいタイプなのか。水彩クレヨンのように柔らかく，後で水彩絵の具のように水を加えるとぼかすことができるのか。パステルのように非常に柔らかく粉っぽい質感なのか。このようなことを考慮しながら，より感情表出を促しやすい画材を薦めるのか，あふれでる感情を抱える形での形体を重視するのかなど，介入技法を考えていくことができる。

さらにETCは，介入技法を組み立てるためだけではなく，解釈を行う際にも理解を促す枠組みとなる。たとえばコラージュもはさみで切るのか，手で破

くようにイメージを切り取るのか，和紙や薄紙を用いたり，立体的につくるのか，Aのようにパンチングできる道具をどのように用いるのかや，イメージを仮置きして計画的に作成するのか否かなど，創作の過程をETC理論のre-sistiveとfluidの軸を中心に，どの画材を自発的に選んだかを観察することから解釈につながる。

　どのような技法を治療者が意図的に提案したのかという観点から見ていくと，Aの場合は，本人が慣れ親しんだ技法はなかったものの，性格や行動特性を考慮して折り紙から開始した。次第にコラージュで感情の表現が可能となり，最後は色や線，形を用いて今の自分の気持ちをその時々の気分や感情に合わせて表現できるように変化した。また，画材もその時々の自分の状態から適したものを選択できるようになっていった。

　Aとの描画療法をどのように理解できるのかを考える。まず折り紙で箱をつくるというプロセスでは，自分ではあふれだすのをとめることが難しい不安を，箱という具体的なものを折り進めることで象徴的に抱えたことが重要である。複雑な折り方を自ら工夫して行う姿からは，Aの具体的な対処能力の高さが表れていた。また，世話になっている人や娘の友人へのプレゼントを入れる箱として折り紙作品を用いて渡すことが，他者との新たなコミュニケーション手段となった。選択した色彩はピンクや水色といった本人が好きなパステルカラーが多く，好きな色を選び，目にしながら作品をつくることが気分よく過ごせる時間にもつながっていたと考えられる。さらに折り紙は，「イライラしたら折り紙を折る」と話していたように，欲求不満がたまったり不安やイライラがつのった際の新たな対処行動となった。

　コラージュには，感情やそのときの関心事が表現された。コラージュ作品に使うイメージを選びながら「昔は花になんて興味がなかった。仕事や子育て，家事に忙しくて花を育てる暇なんてなかったし」と興味をもつものが変化しつつあることに具体的なイメージを通して気づく機会へとつながっていた。娘に料理などを教えていくことも楽しみになっていた時期であり，料理や家に関係するイメージの選択が多かった。娘との間で「お母さんからはまだ○○の作り方も教えてもらっていない。だからお母さんまだ生きておいて」というやりとりがあることが語られ，「娘のために生きていると思う」と生きていく目的を改めて確認していた。

　自由にそのときの気持ちを表現する描画療法は断続的に1年5カ月続いた。

Ａとの描画療法を用いた心理療法は筆者の退職に伴って終結となったが，そのときも再発に対する抗がん剤治療を続けていた。使用する画材も，クレパスや水彩クレヨン，鉛筆タイプのパステル，水彩を含めた色鉛筆など複数の種類にわたっていた。抗がん剤治療の副作用で手の荒れがあったため，手の汚れやすいチョークパステルを用いることはなかった。最終回に，折り紙以外の描画療法作品をすべて並べ，２人でこれまでの流れを振り返った。まずコラージュ作品を見て「はじめの頃はこんなものをつくっていたの？　今はこんなごちゃごちゃしたものはつくれない。そんなエネルギーはないわ」との感想を述べた。そして，最近は以前と比べて落ち着いてきており，以前描いていたような気分の波がないことへの気づきが語られた。「今も波はあっても，ある程度上がったところで少し波がある程度であり，思い悩むことが減った。朝ひとりで考え事をしていると気分的に落ちていくけれども，人と話している間に上向きになる」とのことであった。また，自分のよい点は何かと尋ねると，Ａは「取り入れる力があること」と答えた。そして今後の課題を２人で話し合い，「不安や曖昧なものを少しずつ抱えていく力はついてきた。まだ途上なので身につけていく！」と書き記した。そして，筆者が病院に保管していた作品を，終了に伴い持ち帰る選択をした。

　使用した画材の観点からは，まずはあふれでる感情に境界や輪郭を与える目的で，折り紙の箱という，具体的に明確な形で抱えるイメージから取り組んだ。コラージュも台紙という境界があるなかで自由に感情や関心事を表現できるという意味で，Ａにとっては安全かつ安心して感情や関心事を表せたと考えられる。自らパンチングで枠をつくったことも興味深い。感情や気分を自由に表す課題でも，画用紙の大きさを本人が選び，画材もやや硬いものからやや柔らかいものまで自由に選択し，場合によっては後で筆を用いて水彩クレヨンをぼかす作業にも取り組んだ。先に述べたETC理論の軸でいうと，resistive寄りの色鉛筆から，fluid寄りのパステル色鉛筆や水彩クレヨンまで，幅のある画材をその時々の心理状態に合わせて使い分けられるように変化した。コラージュで枠をつくったように，Ａはまずは輪郭を描いてからそのなかを塗りこむという描き方を自発的に行っており，自分自身でそのときの気がかりや抱えにくい感情に輪郭を与えるなかで表現するほうが落ち着くということを体得していった。

　Ａとは，がんの再発に対する治療の時期に３年弱のあいだ心理療法を継続

した。一般的には，がんが再発したときは，死が近くに来ていることの恐怖や不安が迫りくることが多く，心理的な課題としては不安や恐怖と向き合い，これまでの人生の意味を見出していくことがテーマとなることが多い。Aは，がんの再発による，「がんは治ったのではない。死が間近に迫ってきているかもしれない」という恐怖感や不安から，はじめは「死」という言葉を口に出すと，その怖さを言葉で深めることができず，死を打ち消すかのようにすぐに別の話題を話し続けるという対処行動をとりがちであった。しかし3年弱の経過のなかで病状が悪化し，死を迎えるかもしれないことへの不安と自分はどのように折り合っていけばいいのかを考え始めた。感情の波に対しては，信頼できる他者と話したり，外出などを計画する過程自体で気がまぎれるということへの気づきを，描画療法を通して少しずつ高めていった。

　がんが判明したときに中学生だった長女との関係性については，Aとの面接で直接的に扱うことはしなかったが，面接開始当初は長女の話題よりも自分の不安ばかり語るAが長女のことを考える心のスペースをつくっていけるようになるために，どのような援助ができるのかを治療者は考えていた。折り紙の箱を折るなかで不安が少しずつ抱えられ，また長女も同じ箱をつくり，Aがつくった箱を長女が友人にプレゼントするという形で相互交流が進展していった。娘との新たな交流を通して，なぜ自分は生きているのかという人生の課題についても，娘が自立して過ごせるように生活の知恵や文化を伝えていくことだと再認識していった。

　Aは言葉をしっかりと受け止めて記憶に残していくよりも，描画療法で創作した作品を筆者と見直すことで，そのときの感情や体験を想起し，改めて今の状態との比較を行う形で役立てていた。Aのようにひとつの技法をある程度の期間行ってから次の技法にうつる場合もあるが，筆者自身はその時々で自由にクライエントが技法やテーマを選べるように援助することが多い。場合によっては，ある作品をもう少し深めていく目的で，作品のひとつの箇所をテーマに別の作品を創作することを薦めることもある。

（2）　他者に遺すものとして

　また，描画療法の作品は家族をはじめ周りの人に遺るという視点も大切である。作品を周りに遺すという意味を考えるために，別の技法を用いた事例を紹介する。筆者が緩和ケア病棟入院中の患者だけでなく，他の身体疾患をもつ患

者に対しても導入するもののひとつに塗り絵がある。動植物や風景だけでなく，曼荼羅様の塗り絵を常時準備しており，気に入ったものを選んでもらう。そして，患者が気に入った作品はこちらでラミネート加工して渡している。

　緩和ケア病床に入院中の患者Bは家族とは疎遠であり，面会者が少なかった。そして，「ひとりで過ごす時間が長いと自分の先を考えて不安になる」という訴えがあった。再度在宅療養に戻ることを目標にしていた身体状況ではあったが，Bの場合は不安といかに向き合うかより，まずは不安を紛らわす目的での作業的な色合いが濃いものがよいのではないかと筆者は考えた。

　Bは折り紙は好まないが，塗り絵ならできるかもしれないとのことで，筆者とともに病室で曼荼羅様の塗り絵を始め，ひとりの時間にも身体の調子に合わせて塗り進めていた。作品が仕上がると，Bが気に入ったものを筆者がラミネート加工し，本人はそれらをお世話になった方へのお礼に渡していた。作品のいくつかは病室の壁に掲示した。そうすると看護師がBの取り組みを励まし，感想を述べるようになった。アートに関心があるわけではない主治医も，筆圧が少しずつ強くなってきたことに気づき，少しではあるが活気が出てきている臨床像と重ね合わせて変化を見て取っていた。

　このように，作品を飾ることにより，医療者と患者との間で病気以外の話題が生まれ，患者という役割ではなく，ひとりの個人としてみてもらえる機会にもなりえる。このことは，患者自身の自尊心が高まることにつながる。また，塗り絵という，枠のあるもののなかを力を入れずに作業的に塗り重ねていく作業が，Bにとっては不安を和らげる方向に働いたと考えられる。その後家族から聞いた話ではあるが，独居での一時退院の間に塗り絵だけでなく折鶴をあふれるほど折りためており，それらを棺に入れて見送ったとのことであった。決まった手順で折鶴を何百と自宅で折り続けていた作業によって，Bの死に向かっていく不安が抱えられていたのではないかと推察される。

（3）　治療の枠の外で

　筆者は患者と治療者との間で描画療法を行うことだけを重視していない。A，Bともに自発的に折り紙を折り，Bは塗り絵を自宅に帰ってからも塗りすすめていった。ここで，また別の例を紹介する。

　緩和ケア病棟入院中の女性Cに描画療法の導入として折り紙から始めたものの，患者本人は作業に集中することがしんどいとの訴えがあった。描画療法

を始めるにあたり，筆者は「入院生活のなかで何かつくることができるかもしれないし，そのことが気分転換や感情や物事といったさまざまなことへの気づきにつながるかもしれない」と家族に伝えていた。折り紙作品が部屋に飾ってあったことも家族は見ており，その後娘が小さな壁かけ式ドールハウスのキットを購入して，Cと一緒につくり始めた。主にC自身が娘にアイデアを出し，娘が母親の意向を取り入れながら相談してつくりあげていくことで共同作品が仕上がった。治療者が心理療法のひとつとして導入するだけではなく，家族につくることの有用性を説明しておくと，治療者とのセッションのなかで創作し気づきを得ていくという心理療法の形ではないが，家族との間でアートを用いた交流につながることもある。

　創作するというクリエイティブな時間は，病気と向き合うどの段階にあっても，病から気をそらせられる時間となったり，改めて自分の感情に気づくきっかけとなりうる。また，作品はAとの事例で紹介したとおり，治療者との間で振り返ることができるだけでなく，先に述べたように家族や周りの人に遺すものになりうるという視点も大切である。コラージュ作品をスマートフォンで撮影し，SNSにアップロードして「私はまだ生きていて，こんな活動に取り組めているのよ」と親しい友人に伝える手段として用いた入院患者もいた。画材を選び，創作するプロセスや仕上がった作品をセッションのなかで共有するだけでなく，その後どのように使われうるのかという視点を治療者はもっておく必要がある。

4. その他の留意点，工夫

　「1．がん患者の描画療法とは」で述べたとおり，がん患者の人生の旅路は，診断されて治療を受ける時期，治療後の療養の時期，再発や別のがんが判明し再度治療を受ける時期，症状緩和が中心の時期におおまかに分けられる。がんの病期（ステージ）による介入の違いというよりはむしろ，上記の治療を受けている時期かどうか，それとも症状緩和が主体となっている時期かどうかを意識して描画療法の介入を考えていくほうが臨床的には役に立つ。これらの段階が必ずしも順番に生じるわけではないが，その時々の段階での心理的課題と，どのように描画療法が役立つかをについて記す。

第7章　がん患者の描画療法　　*157*

4-1. 診断され治療を受ける時期

　がんと診断を受けてからの人生の旅路は，その人が若年であるか，中年期か，老年期かによっても異なり，文化的背景や社会経済面，個人的に大切にしている考え方や宗教性，どの病院でどのような形で告知を受けたかによって大きく左右される。描画療法でがんと診断されたときの気持ちを振り返って自由に描いてもらったところ，その衝撃を稲妻のような形体で表現する人もあれば，深い海溝に沈みいくかのように表す人もいた。この時期は，告知を受けたときに頭が真っ白になったことや，健康に気をつけてきたのになぜ自分ががんにならなければならないのかといった感情が語られることが多い。場合によっては，体の不調には原因があったのかと診断されることにより，部分的に安堵する人もいる。

　治療中は，副作用のつらさや，治療に効果が伴うのかという不安が表出されることが多い。抗がん剤治療をはっきりした色で表現したり，手術時の麻酔を受ける際の恐怖感を具体的に表現した人もいた。がんと診断される前の生活とがんと診断された後の生活が分断されたと感じていることを，紙面を2分割したり，折り紙を破ることで表す人もいる。このように，描画療法のなかで表現することにより自己の感情が認識されることもあれば，意図的に表されることもある。そしてがんと診断される前と診断後の生活の違いを認識し，今後自己の人生をどのようにつなげていくのかという課題を，描画療法によって探索していくことも可能である。

4-2. 治療後の療養生活

　がんと診断された時点で，治癒の見込みがなく維持目的で治療を続ける，もしくは症状緩和中心の治療を受けることになる場合もあるが，ここでは手術や化学放射線治療を受けて，いったんはがんに対する積極的治療が終了した経過観察中の場合を考える。

　治療が終了することで，患者や患者を支える家族および周りの人たちは安堵するとともに，不確かさもあわせて感じていることが多い。次の定期検査の結果を聞く前に「再発しているのではないか？」とおびえたり，ささいな体の不調をがんの再発と結びつけやすい時期である。不安を患者自身が否認している場合もある。本人がそういった不安や恐れを口にすることを怖れているだけでなく，周囲もどのように対応したらよいのかが分からないことが多い。そのた

158　第Ⅱ部　心理臨床場面における描画療法の実際

め，再発するかもしれないという事実とそれに対する感情を表出する機会が本人から奪われがちなのが現状である。言葉を用いない描画療法では，そういった感情を表しやすい場合があり，線の質や形体，色などの表現を通して探索していくことが可能となる。

　一定期間のあいだ再発転移がなければ，手術や抗がん剤治療を受けた医療機関との関わりがなくなることが多い。そうなると病院やスタッフから見捨てられた感覚やこれまでの生活に戻れるかといった不安が高まりやすい。少し前の時期から，家族も患者を「普通」と見なすことが徐々に増え，患者は，以前とは違って無理がきかないことを周りに分かってもらえない歯がゆさやさびしさを感じることもある。そして再発転移への不安を抱えつつも，「がんと診断される前とは違う形での健康な自己像」をこの時期の前後から模索することになる。この時期の描画療法のなかでは，その人のなかでのシンボルが表れ，それが形を変えて豊かに表現されていく場合もある。

4-3.　再発転移とそれに対する治療の時期

　がんの再発転移の宣告は，がんと診断されたときよりも強い衝撃や苦悩を伴うことが多い。この時期に心理的に適応していくためには，これまでの人生で行ってきたことや関係性がいかに自分にとって意味があったのかを振り返り，人生の質の部分に目を向けていくことが求められる。

　Aの事例は，再発転移に対する抗がん剤治療を続けている時期に描画療法を行った。がんが再発して治癒が望めない状況となり，「不安，どうしよう」と繰り返しAから訴えられても，関係性によっては周囲は返答に窮する。Aが抱えられない不安を語る場が通院している病院にて定期的に与えられたことは，Aにとって新たな安心感につながった。そして安心して不安を表出できる場で描画療法を行うことによって，次第に人生はいつか終わりを迎えることについて考えられるように変化した。A自身が得意な，物事をきっちり行うことが折り紙作品に活かされており，これまでの対処行動様式が他のことにも役立つことを改めて確認する機会となった。そして夫や娘に支えられ，娘を育んいることがAにとっての生きる意味であり，治療を続ける最も大きな動機づけとなっていた。

4-4. 症状緩和中心の時期

　がんに対する積極的な治療の選択肢があっても，治療を行わない決断を下す人もいるが，これ以上積極的な治療を行うことが逆に寿命を縮めることになりかねないと主治医から説明されるときもある。積極的治療を続けていた時期から今後の見通しまでを情報として知っており，自分にもいつか訪れることとして漠然と考えていた場合でも衝撃は大きい。がんの増大を抑える目的の治療から症状緩和が中心の治療へと方向性が変わることは，大きな変化の時期となる。再発転移した時期からの延長で，この時期に改めてがんという病気が自己にもたらしたことは何なのかを考え，自分がこれまでの人生で選択してきたことの意味や意義についての振り返りを自発的に行う人もいる。この過程を言葉で行う人もいれば，さまざまなものがひとつのイメージにまとまる形など，描画療法で豊かに表現する人もいる。

4-5. まとめ

　がんを含めた身体疾患をもつクライエントの場合，治療の副作用で一時的に，もしくは中長期間，身体的水準が病前とは異なることを念頭に関わらなくてはならない。つまり，身体という大切な器にどの程度揺らぎがあり，それが続く期間や変化を治療者が予測したうえでの介入が求められる。とりわけ終末期になると身体面への配慮が必須となる。場合によっては身体面の悪化に伴い，意識水準も大きく変動する。そのときの身体症状や精神症状に合わせて関わりを工夫する必要がある。

　がん領域だけではないが，病気の進行に伴い，人はこれまでと同じように身体が動かなくなり，具体的な次元では生活が制限されたと感じることが多い。座ることができなくても，手が動きにくくても，たとえば今の気持ちや気分を色に例えてもらい，治療者が手を添えることで画材を用いて表すことも可能である。また，あらかじめ切り抜いてあるコラージュイメージのなかから患者に選んでもらい，代理で仮置きして貼ることもできる。

　本項ではサバイバーと呼ばれる時期については触れておらず，大きく４つの段階を紹介した。これらの異なった段階での心理的な課題や特徴について知っておくことは，描画療法をどのように活用するかを考えるうえで役立つ。

　また，がんという疾患の特徴だけでなく，診断や治療が引き金となって，本人がもともと抱えている心理的課題や弱さが前面に出る場合も多い。がんに罹

患し，心身ともに厳しい治療を受けた体験を通して，これまでには見受けられなかった妄想が出現したり，いわゆる精神病の診断がつく患者もなかにはいる。自我境界に問題がある水準という見立てがあれば，塗り絵や，すでに切り抜いてあるイメージを用いたコラージュ，型に粘土を押し入れて型を外すといった枠があるものを最初に導入することが考えられる。そして創作過程を観察し，どのような画材を患者が安心して安全に使えるかを見極めていくことが求められる。

　一方いわゆる神経症圏で，非常に固い場合は，まずは本人が安心して取り組むことができる画材から始めていく。次第に患者の防衛をゆるめ，感情の表出を促進していけるように，ETC の枠組みも参考にしながらその時用いている画材より少し fluid なものを試し，取り入れていけそうかを検討していく。

　どの病期や治療段階にあっても，患者本人のこれまでの歴史や信条，心理面での特徴を把握しようと努めるなかで，病や治療がどのような影響をその時点で及ぼして人生を織りなしているのかという視点をつねに大切にもっていることが，がん患者との関わりでは求められる。

5. おわりに

　がんをはじめ身体疾患をもつ患者と，病院臨床で心理療法を行う臨床心理士は，近年増加している。本章では，技法のひとつとしての描画療法が，がん患者にどのように役立つかについて検討した。がんに罹患することにより，人生で手放さなければならないことや，新たに折り合いをつけていかなければならないことが生じるなか，人は自身の生き方を見直し，再構成していくことが求められる。描画療法により創造性が引き出され，感情や理解がアートの形で具体化されたものを治療者とともに深めていくことにより，自身の新たな側面への気づきや意味づけが生まれやすい。医療現場でも画材を選び，創作し，作品にしていく描画療法のプロセスがもつ力を活かして，患者の心理的回復を援助していくことの意義は大きい。

第8章

認知症の描画療法

緒方　泉

1.　集団回想描画法の概要と意義

1-1.　認知症の状態とは？

　「これ，私描いていないけどね。同じ年だね。同じ名前だね。誰が描いたのかね」「この蔵は2階なのよ。1階にはお米を入れて，2階にはお正月などに使う食器が置いてあったよ」「この横は納屋で，前は牛を置いていたよ。農機具もあった」「不思議ね。誰が描いたのかね。私は描いていないよ」「年まで同じよね」

　手押し車（シルバーカー）にもたれながら展覧会を見学するA（今回紹介する集団回想描画法を用いた芸術教室の参加者）は，パタッと歩を止め，展示された絵を凝視して矢継ぎ早に言葉を発した。さらに，展示室を1周回って，また同じ絵の前で立ち止まり，「私は描いていないよ」「同じ名前よね」「この石のところで顔を洗ったの」「ここが畑で，ここが田んぼ」「大きな木があるのよ」「周りには何もなくてポツンと1軒あったの」「私の家によく似ているね。誰が描いたのかね」と話す。それを聞いていた同行者は「Aさん，あなたが描いたのよ。忘れたの」と言うが，Aは「そうかな。私は描いていないわよ。でも同じ名前よね。誰が描いたのかね」と，自分の名札を手に取り，しきりに首をかしげながら作品に見入っていた。

　人に教えられても描いたことを思い出せない，これは認知症に見られる典型的な「見当識障害」にあたる。しかし，自分が描いたかどうかの記憶がなくても，自分の家をうつす絵を見ることから回想が始まり，当時の情景が自身のなかに再現されると，新たな物語りがあふれてくる。何ともいえない心地よい表情になっていくAを傍らで見ていると，「あなたが描いたのよ」と言わない

162　　第Ⅱ部　心理臨床場面における描画療法の実際

でもいいのではないかとさえ思うのである。

　ところで日常の私たちは，脳の働きでいろいろと記憶したり，考えたり，周囲を理解したり，コミュニケーションしたりしている。しかし，認知症の状態になると，脳の機能が低下することで記憶障害や見当識障害，理解・判断力の低下などの認知機能障害が認められるようになって，日常生活に支障をきたすようになる。その状態は軽度・中度・重度に分けられるがAの場合，日常生活では介助不要であるため軽度の認知症の状態といえる。

　わが国の認知症高齢者の数は，2025年には約700万人，65歳以上の高齢者の約5人に1人に達すると推測されている（厚生労働省, 2015, p. 1）。これは2025年問題といわれ，これまでの高齢化への進展のスピードに加え，高齢化率の高さが先進諸国のなかでも，わが国が突出した状況になることへの危惧が含まれる。こうした2025年問題に向け，国は新オレンジプランを策定し（2015年），「できる限り住み慣れた地域のよい環境で自分らしく暮らし続けることができる社会の実現」をめざそうとしている。

　今回，認知症の描画療法のひとつとなる集団回想描画法を紹介することで，限られた時間を生きる認知症高齢者が「自分らしく暮らす」ための一助としたいと考える。

1-2.　老人ホームでの出来事

　集団回想描画法の考案は，大学近くにある老人ホームからの「芸術教室」開催依頼が契機となった。

　大学に来訪した老人ホームの職員は，「現在，陶芸や体操などの趣味のサークルがあります。若い頃，趣味で絵を描いていた人もいるので，芸術学部の学生さんと一緒に絵を描くと喜ばれるでしょう。なかには認知症の方もいます。最近ふさぎ込みがちなので，気分転換になるといいのですが……。お願いできませんか」と語った。

　最初に選んだ「芸術教室」のプログラムは，花瓶に挿した花を描く「静物画」だった。花屋で買った花を見ながら，同行した芸術学部の学生と一緒に，水彩絵の具やクレヨンで描く，つまり写生をした。

　何回か進めるうちに，参加者のいろいろな様子が分かってきた。

　⑴　固定してきた参加者の平均年齢は70歳（当時）を超えること

- (2) 入居者は必ずしも地元出身だけでなく，他県から終の住処としてこの老人ホームを選んでいること
- (3) 車いすで参加する人は途中で退室するケースが多いこと
- (4) プログラム進行中に急に歌ったり，同じことを繰り返ししゃべったりする人がいること
- (5) 最初から最後まで黙って，絵筆を持とうとしない人がいること
- (6) 席はお話グループとそれ以外のグループに分かれてしまうこと
- (7) 元気な入居者は参加しなくなっていくこと

さらに，ある回では気になるいくつかの出来事に遭遇した。

- (1) お話グループの人が「いやね，あんなふうになりたくないわね」と急に歌い出した参加者を見て，小声で隣の人に話した。
- (2) 参加しても，車いすに座ったまま，ボーッと過ごす人がいた。
- (3) また，5回ほど経過して急に参加しなくなった人がいたので，ホームの職員に理由を聞くと，「先月お亡くなりました」と淡々と言われた。

こうした状況から「芸術教室」の構造，つまり自立する人と要介護の人，またリレーションできる人と認知症状態のためリレーションがとりにくい人がいることに直面し，筆者は自問自答を繰り返した。

- (1) 「芸術教室」は参加者の意味のある時間になっているのだろうか。
- (2) もっと一人一人に寄りそう時間をつくる必要があるのだろうか。
- (3) 限られた時間を生きる参加者に何ができるのだろうか。
- (4) 認知症高齢者は表現活動ができないのだろうか。
- (5) 認知症高齢者が発症すると，どんな記憶が残るのだろうか。

認知症というと，「治療なし」「助けなし」「望みなし」または「身体を残した死」といわれることがある。

特に老人ホームに入居する認知症高齢者は，家族と別れ，死までの限られた時間をひとりで「さびしさ」「不安」「恐怖」を抱えながら生きるケースが多いという。

ところが老人ホームの対応は，食事，入浴，排泄，リハビリ，くつろぎと休息というように，基本的なニーズを満たすことになりがちである。それは認知症高齢者が「自分らしく生きる」ということよりも，「いかに生かすか」がケアの目標になるためである。しかし，こうしたケアは認知症高齢者の「生きるエネルギー」，つまり主体性を奪い，「身体を残した死」というような無感情で，受動的状態に追い込んでいくこともある。

　芸術教室を重ねるなかで，「できていたことができなくなる」という「さびしさ」「不安」「恐怖」を抱える認知症高齢者だからこそ，「できないことを探す」ことより「小さなことでもできることを探し，それを共有する」ことを通して，有効な関わりが生まれるのではないかと考えるようになった。

　「自分でありたい」「できることはしたい」「共にいたい」「なぐさめられたい」「役に立ちたい」などは人間の根源に関わる心理的ニーズであり，認知症高齢者の心理的ニーズでもある。

　そこで，限られた時間を生きる高齢者に提供するプログラムを「意味のある時間」「一人一人に寄りそう時間」にしていくために，「高齢者のなつかしい事柄」をテーマにした福岡市にある博多町家ふるさと館（以下，ふるさと館）の「高齢者絵画展」に注目し，作品研究を始めた。

1-3.　高齢者絵画と感覚刺激の関係

　ふるさと館は毎年「なつかしい暮らし」をテーマに「高齢者絵画展」を開催している。出品者は50歳代から90歳代までと幅広く，また水彩，油彩，水墨，クレヨン，貼り絵など約100点が集まる（2007年度調査）。出品作品の内容を分析すると，①遊び，②風景・光景，③仕事・手伝い，④季節・行事，と大きく４つに分類され，それぞれには家族，食べ物などが付加されることもある。具体的に見ると，①遊びはお手玉，あやとり，ままごと，まりつき，ベイゴマ，ドジョウ取り，おたまじゃくし取り，紙芝居，人形芝居，瓦当遊び，川遊びなど，②風景・光景は商店街，蔵，味噌小屋，二頭馬車，木炭バス，ちんちん電車など，③仕事・手伝いは縄ない，ぞうりづくり，田植え，運搬，大掃除，夜なべ，お灸，洗濯など，④季節・行事は正月，傘焼き，秋刀魚，潮干狩り，蚊帳，祝鯛などがあった。

　出品作品のうち「我が家のお正月風景」（87歳，男性）には「元日は家の者，店の人たちとおぞうになどをたべます。そして正月を祝います。私もお正月は

「ツルポッポ」のお膳に座るのが楽しみのひとつでした。今でも心のなかに楽しい思い出として残っています。母がつくってくれた博多ぞうにの味は私がそのまま受け継いでいます」という説明書きが添えられていた（長谷川, 2015, p.20）。

　作品を見ると，8畳ほどの座敷右側には初日の出が描かれた正月用の屏風が立てかけられ，奥には鏡餅が据えられている。酒店をいとなむ作者の家族や従業員など11人が着物姿で一堂に会して，作者と思しき少年と姉か妹の2人は，座敷の土間際に肩をすぼめ，かしこまって正坐する後ろ姿が見られる。また，それぞれの前には正月料理がのる「ツルポッポ」という銘々膳が用意され，大き目の椀に入った雑煮を食べている。さらに土間には一斗樽やビール瓶が整然と並べられ，樽の上にも鏡餅が置かれている。柱時計は午前10時20分をさし，鴨居には2枚の賞状が飾ってある。

　日ごろ商売が忙しく家族や従業員が一堂に会する機会がないなか，正月は唯一大人たちと一緒に賑やかな食事ができたのだろう。また，大人たちに交じり，銘々膳が用意され，肩をすぼめ，かしこまりながらも一人前に扱われた作者の喜びが，後ろ姿からも窺える。

　母がつくった博多雑煮（焼きアゴ〔とび魚〕でだしをとったすまし汁に，茹でた丸餅，具にブリを入れるのが特徴的である）は，作者の視覚，味覚，触覚，嗅覚に，そして正月という特別な時間に，大人たちと一緒に博多雑煮を食べながら会話したことは，作者の視覚，聴覚にしっかりと残る生活体験になったと推測される。

　こうした高齢者の絵画と作品説明から，出品した高齢者一人一人が「なつかしい暮らし」をテーマに回想を進めると，五感にまつわる体験過程に触れることができ，それを丁寧に描画していくと，作品として視覚化されたものを通して，その味やその音までもが克明に蘇ってくる様子が見られる。つまり，彼らの長い人生で蓄積されてきた多様な手続き記憶，意味記憶，エピソード記憶などが，「なつかしい」という感覚刺激により，フィードバックしていると考えられる（緒方, 2005）。佐藤（2015, p.65）は認知症などで「「語れない」人の「語り・ナラティブ」をどうするかが，高齢者医療では問題になる」と述べている。改めて，黒川（2005, p.97）の「重度の痴呆患者に対して回想法グループを施行する際は，非言語的アプローチが重要であり，五感にはたらきかける感覚刺激が有効である」という指摘に注目したい。

言語能力が低下した認知症高齢者を考えた場合，自身の手続き記憶などを視覚化していける描画は，「語れない人」の自己表出，自己開放として有効であるといえる。また，それに関わる援助者にとっては，言語的コミュニケーションのとりにくい認知症高齢者の内的世界を垣間見る有効な方法になるとも考えられる。

2. 導入の方法

2-1. 集団回想描画法の基本的な考え方

　今回紹介する集団回想描画法は，限られた時間を生きる認知症高齢者が，自分らしく生きるための援助法である。

　集団回想描画法は高齢者の絵画作品分析に始まり，これまでの回想法，描画法，音楽療法，PCA（Person-Centered Approach：人間中心療法）グループ法の研究成果を踏まえ，また，それぞれの要素を統合し，さらには認知症高齢者のニーズを大切にしながら，新たな統合的心理的援助プログラムとして考案するに至った（緒方, 2011）。

　「表現とは，描画に何が描かれているかということよりも，描画がどのように描かれているかということと関係がある」とバウムテストを創案したコッホ（Koch, 1957/ 邦訳 p.41）は述べている。

　表現の結果＝作品はもちろん，そのプロセス＝制作活動に注目することに意味があり，プロセスから参加者それぞれの「今，そして来し方」を知る機会が得られる。

　考案した集団回想描画法は四季折々の果物，野菜を五感で楽しみ，そこに生まれるなつかしい事柄を回想することから始める。参加者は回想を描画という方法で視覚化し，さらにその描画を他の参加者と共有しながら語りを広げていく。

　グループワークには芸術を志す大学生も参加する。参加者の回想，そして描画を手助けする役割を孫のような大学生が担う。

　回想をゆっくり聴き，それを描き視覚化していくと，参加者の生きてきた道，来し方についての記憶の糸がつむがれ，かすかなまとまりが物語りとなっていく。それぞれの物語りは日々老いと向き合う参加者，そして介護者，大学生相互に，何かほのぼのした温もりを吹き込んでいくように感じられる。

第8章　認知症の描画療法　　*167*

表現活動は，身体性，欲求，感情，知性，言語，非言語，自己理解，他者理解，生活観，そしてそれらの発達などがさまざまに動員されるという，きわめて人間的な行為である。どのような小さな表現活動であれ，自己の世界を創り出すことになる。まさに生きている証しを得る表現活動のひとつに集団回想描画法があるといえる。

2-2.　プログラムの流れ
　集団回想描画法は以下の3段階8つの流れで構成される。

　　(1)　導入：出会い，眺め，歌い，回想する
　　　①四季の自然風物を眺め，触れる。
　　　②四季の歌の歌詞を音読し，歌う。
　　　③四季を感じて回想を深める。
　　　④一人一人が四季を語り，それをボードに書き出し視覚化する。

　　(2)　展開：制作活動
　　　⑤四季の風物や回想された物語りを描いたり，形にしたりする。

　　(3)　ふりかえり：コーヒーブレイク，鑑賞会
　　　⑥参加者ができあがった作品を眺める，情動の再体験をする。
　　　⑦回想された物語りを共有しながら，その輪を広げる。
　　　⑧自分の作品を大切に保管する。

2-3.　実施にあたっての準備や体制
　これまでの事例を踏まえ，実施にあたっての準備などを以下に示す。

（1）　参加者とその決定

　各回10人程度。老人ホーム側は寝たきりになった入居者にまず声をかけたが，開設にあたり，入居者全員（自立生活ができる方も）へ案内チラシを配布した。開設当初は「芸術教室」という名前から自立生活ができる方も参加していたが，次第に寝たきりの方々が中心となり，5回目くらいからメンバーが固定していった。

168　第Ⅱ部　心理臨床場面における描画療法の実際

（2） 認知症の状態によるグループ編成

メンバーはおおむね次の 3 グループに分類する。

第 1 グループ：短期記憶がやや困難，長期記憶は正常，言語正常な軽度認知
　　症の人・物忘れが増えて来たことを自覚できている軽度認知障害（MCI ＝
　　Mild Cognitive Impairment）の人が合同するグループ
第 2 グループ：短期記憶がほぼ困難，長期記憶はやや困難，限定された言語
　　で短いセンテンスを主に用いるグループ（中度認知症）
第 3 グループ：短期記憶，長期記憶ともほぼ困難，ほとんど言語表現が困難
　　なグループ（重度認知症）

（3） 施行期間・頻度

毎月 1 回，曜日固定。

（4） 実施時間

昼食終了後の13：30～16：00の 2 時間半程度。

（5） 実施体制

　各回の構成メンバー（以下，援助者という）は，老人ホーム職員 1 ～ 2 名（看
護師，ヘルパー），ファシリテーター（以下，F とする）の筆者，コ・ファシリ
テーター（以下，CF とする）の美術館学芸員，そして芸術学部学生など 5 名程
度。おおむね，参加者 2 名に援助者 1 名程度の体制とする。それぞれの役割は
プログラムの全体進行を F が，導入のレクリエーションを老人ホーム職員（看
護師）が，それ以後の自然風物の提示，それに関わる回想の傾聴，描画制作か
ら講評会までは CF と大学生らが主体に行う。

（6） 実施会場

　基本的に各回同じ会場とし，この時間のみ参加者以外の出入りがないクロー
ズド・スタイルとする。

（7） 各グループの配置

　画用紙や道具を置いても作業面積が確保できるようにするため，長机2～3台（180cm × 50cm）を短辺でつなげて細長い作業台をつくり，その周りにイスを並べる。車いすの人はイスを外して場所を確保。作業進度を考慮して，参加者はおおむね先述の3つのグループに分け，それぞれに大学生らの援助者を配置する。

（8） 用意するもの

[五感刺激を促すもの]

　①季節の自然風物。毎回，四季折々の草花，木の実，セミの抜け殻，おたまじゃくし，たにしなどを学生が大学周辺の野山で採集し，他に露地栽培の果物・野菜（泥つき）などを用意。季節感が出にくいスーパーマーケットのパック商品は基本的に使用しない。②四季折々の唱歌の歌詞カード，市販される唱歌のCD，CDプレーヤー。開始当初は模造紙の歌詞を大きく書いて貼り出したが，それでも視力が落ちている参加者には見にくいことが分かったため，その後は一人一人に渡す歌詞カードを用意し，CDプレーヤーで聞きながら歌う。文字の大きさはおおむね16ポイントを目安にする。

[描画に使用する紙：画用紙（八つ切りサイズ）]

　いくつかの画用紙のサイズを試みたが，小さいとはみだすことを気にしたり，大きいと描ききれないことを心配したりする声を考慮し，このサイズに落ち着いた。

[描画に使用するもの：描画表現材料]

　鉛筆（2B），マジック（12色），クレヨン（12色），ゲルマーカー（12色），水彩絵の具（24色），アクリル絵の具（24色），色紙，千代紙，着物のハギレ，絵筆（太・中・細の3種類），紙パレット，筆洗器，はさみ，のり，セロテープなど。

　材料や道具は身体的・認知的レベルに応じ，参加者が主体的に選べるように多彩なものを準備する。参加者のほとんどが幼少期にマジック，クレヨン，ゲルマーカー，水彩絵の具，アクリル絵の具を使用したことがなかったため，生活になじみのある色紙，千代紙，着物のハギレなども用意する。また参加者が実際に何回かいろいろな材料や道具を使い試しながら，なじみやすいものを見

170　　第Ⅱ部　心理臨床場面における描画療法の実際

つけられるようにした。

（9）　記録方法

各回，表現活動の様子，また集団内の言語内容や交流関係，参加度，使用画材などをデジタル写真，ビデオで記録。制作作品や学生などの事後評価アンケートや東大式観察評価スケール（黒川ら，1999, p.75）により各人の行動を記録する。

3.　基本的な進行方法

ここでは，基本的な進行方法を説明するにあたり，4月の芸術教室を事例に紹介したい。

3-1.　13：30　導入：出会い，眺め，歌い，回想する

（1）　出会い

参加者は三々五々教室に集まる。一人一人握手をして席に案内する。学生がそれぞれのグループにつく。

（2）　名札づけ

一人一人の名前を呼び様態を確認しながら，名札を配る。自分でつけられる人は自分で，難しい人は学生が援助する。

（3）　自然風物を五感で楽しんだ後，それを話題に情報を共有する

ある回は，かつお菜，たまねぎ，葉ごぼう，エンドウなどを用意したので，その調理方法が話題になった。

たとえば，たまねぎでは，参加者がそれを手に取ってみながら「ひげ根と茎がついているわね」「つやつやして瑞々しいわね」「スライスしてから水にさらして，お醤油と鰹節で食べるのよ」と話す。学生は「今も居酒屋でありますよね」と応える。「あら，そう。家でできるのにね」と会話がつながる。

また葉ごぼうでは，「ずいぶん痩せているわね。まだまだ若いのね」「これは茎を湯がいて煮込んで食べるのよ」と話すと，学生は「これも食べるんです

第8章　認知症の描画療法　*171*

か」と尋ねる。「そうよ，何でも食べなきゃ。食べるものがなかったんだから」と学生を諭すように語る。さらにエンドウでは，「ずいぶん中の豆が小さいのね」と鞘から豆を取り出しながら話す。「そうよ，グリーンピースとは違うでしょ」と隣の人が続ける。学生が「枝豆とは違うんですか」と尋ねると，「全然違うわよ。だってこっちはツルツルしているでしょ。枝豆は表面がザラザラしているじゃない」と話す。さらに学生は「そうですね。これはどうして食べますか」と尋ねると，「そうね，湯がいてお醤油で食べるわね」と応える。このように，四季の自然風物，今回は野菜であるが，参加者はそれを手に取り，なつかしそうに眺め，触ったりしてからそれにまつわる話題を回想する。それを学生が不思議そうに聴くと，そこでまた話題が深まっていく。ともに自然風物を見ることで，話題を交換しあう場面が生まれる。

（4）　四季の話題を黒板に書き出し，参加者に注目してもらう

そうすると，その話題から参加者は回想を深め，次の話題に続きやすくなる。新たな話題をまた黒板に書くと，次第に話題の連鎖反応が起こる。

Fは4月X日（木）と黒板に書いて，今日の教室の始まりを告げた。「さて，もうすぐ5月ですよね。5月というと，何か皆さん思い出しますか？」と聞くと，参加者は少しうーんと考え込む。

「こいのぼりかな」と第1グループの参加者が応える。他の参加者も「こいのぼり」という言葉に反応して，「そうそう」という感じでうなずく。Fは，他に何か出てこないかなと少し参加者の様子を観察する。

そうすると，参加者のイメージがどんどん広がっていく感じで，「新緑」「藤の花」「花菖蒲」と季節の植物名が出てくる。それらを黒板に書き出していく。そのとき，各言葉の間に矢印を入れ，回想が進んでいる感じを参加者にもってもらえるようにする。

「他に何かありますかね」とFが聞くと，「5月5日」「男の節句」という言葉が出てくる。さらに黒板に書き出す。

Fは「そうしたら，何か端午の節句での思い出はありませんか？」と尋ねる。「そうね，柏餅」「ちまきもあるわよ」と，参加者は口々にそれぞれの話題を語り出す。

Fが「何か食べ物ばかり出てきますね」と言うと，笑いが漏れる。

「柏餅はつくっていたわよね。大きな柏の葉を探しに山に行ったわね。かわ

りにがめの葉も使ったわね」と話す。このあたりまでは第一グループの方々の独壇場が続く。

　そんな話をしていると，第2グループのKが「ずんだもち」とボソリとつぶやく。Fはそれが何かよく分からなかったので，もう一度「ずんだもち，じんだもちですか」と確認する。そうすると，少し考えてふたたびKは「じんだもち」と言う。Fは「どんなお餅ですか？」と聞くと，「緑色」と返す。「どんな味ですかね？」とふたたび聞くと，「甘い」と言う。

　F自身，緑色，甘いということから，草もちのようなものを連想する。そのため，Fは「あんこが入っていますか？」と聞くが，Kはそうではないといった感じで，話のリズムが崩れて黙ってしまった。

　Fは参加者にも聞いてみる。第一グループの方々は知らないと言われるが，なかには「何か食べたような気がするけれど，おいしくなかったわ」と言う方もいる。

　ヘルパーが「何か聴いたことがあるよね。ちょっと待って」と部屋を出る。広辞苑を持って戻ってくると，早速「じんだもち」を探す。「あった，あった」と喜びの声を上げる。

　Fは「どんな意味ですか，教えてください」と言うと，ヘルパーは「枝豆やソラマメを茹でて潰し，砂糖，塩などで調理したもの。餅に絡めたりする」と読み上げる。

　「いいですね。すぐに調べてくれたから，すっきりしましたね」とFが言う。学生のひとりが「それ，私の田舎にもあります。今でも食べます」と話す。彼女は関西の出身である。それを聞いた東北出身のKは皆に理解してもらえたというような何か安心したような顔をした。

　Fは「食べ物のほかに何かありますか？」と聞くと，言葉のイメージゲームを楽しむ参加者は，「カブト，武者人形」という話題を続けた。

（5）　四季の唱歌を歌う，歌詞カードを一人一人に配る

　「カブト，武者人形」の話題が出てきたところで唱歌を歌うことにする。今回は「こいのぼり」と「せいくらべ」の歌詞カード（文字の大きさ：16ポイント）を持参した。

「こいのぼり」
やねよりたかい　こいのぼり
おおきいひごいは　おかあさん
ちいさいまごいは　こどもたち
おもしろそうに　およいでる

「せいくらべ」
柱のきずは　おととしの
五月五日の　背くらべ
粽たべたべ　兄さんが
計ってくれた　背のたけ
きのうくらべりゃ　何のこと
やっと羽織の　紐のたけ

　Fは歌詞を大きな声で音読する。ここでは歌詞のなかに出てくる語句で分かりにくいものを取り上げ，参加者に聞いてから歌うようにする。すぐに歌い出すのではなく，参加者に五月という季節感を回想し，味わってもらえるようにする。

　「せいくらべ」では「柱のきず」の歌詞について，Fが「家で背を計っていたのですか」と聞くと，「そうよ，子どもの成長を楽しみにして，毎年柱に印をつけたものよ」と応える。また「粽たべたべ」の歌詞では，「粽はどんなものですかね」と聞くと，「知らないの，餅米を笹の葉で包んだものよ」と答える，このように歌詞について話題として，参加者の回想を進めるとともに，言葉のキャッチボールを丁寧に行う。

3-2.　14：00　展開：制作活動

　導入で丁寧に時間をかけて四季の自然風物に触れ，それにまつわる回想を深めた後で，制作に入る。話題になったことが制作テーマになるので取り組みやすい。

　Fは「さあ今日は，さっき皆さんのお話に出てきたカブトをつくろうと思います」と言って，事前に準備制作していた和紙製のカブトを参加者に渡し，ゆっくりと見て，触ってもらう。「どうですか。この手触りは」と問いかける

174　第Ⅱ部　心理臨床場面における描画療法の実際

と「子どもの頃は新聞紙でつくっていたよね」などと声が返ってくる。

「今日は皆さんが好きな色のカブトがつくれるといいなと思って，何色かの色紙を持ってきました」と話しているうちに，CF は色紙を持って参加者を回り，一人一人に好きな色を選んでもらう。

「さて，カブトの折り方は覚えていますか？」と F が言うと，参加者はキョトンとされる。そのなかで，第2グループの A はすでにこうかねと F を見ながら折り始める。

「A さん，ちょっと待ってね。それでは今日は A さんに折り方を皆さんに教えてもらうようにしましょうか？」と言うと，A はニコッとする。

このように，芸術教室は参加者の「今，ここでの」状況を観察しながら，臨機応変に対応していく（もちろん，事前に各回のプログラム企画書はホームと確認する）。

A は手早く折り上げていくが，周りの参加者が「忘れたよね」と立ち往生している場面が間々あったため，F は「A さん，少し待ってね」と言いつつ，参加者には A の折り方を伝えながら，それぞれの折り方の手順を確認していく。

3-3. 15：30　ふりかえり：コーヒーブレイク，鑑賞会

コーヒータイムを設け，制作した作品の鑑賞会をする。その後作品と一緒に写真撮影をする。

コーヒータイムではコーヒー・お茶とお菓子を食べながら，参加者が制作した各人のカブトを鑑賞する。この時間は話す，歌う，制作するという緊張感の連続をほぐす意味をもつ。F が「こんなカブトができましたよ」と言って，各グループの参加者のカブトを持って，注目できるように差し出す。その後カブトをかむってもらい写真撮影を行う。

3-4. 16：00　教室終了

教室終了の挨拶を行い，一人一人と握手をして送り出す。

F は「それでは，この辺で今日の教室を終了します。また次回お会いするのを楽しみにしています。ありがとうございました」と挨拶する。参加者は一般居室，介護居室へ向かう。F をはじめ学生は，参加者と「また会いましょう」握手をして別れを惜しむ。参加者は作成したカブトをしっかりと持ったり，車いすのカゴにしまい込んだりしている。「自分の力でやれることがある」「まだ

まだやれる」というような自信が感じられる。
　先生役をしてくれたAは「ああ楽しかった。めったにないことだから」と帰りの廊下でにこやかに話す。体全体から「役にたてた」という満足感がみなぎっていた。
　このような基本的な進行方法による集団回想描画法であるが，以下では各グループの特徴的な事例を取り上げ，その読み解き方を説明していく。

4. 進め方

4-1. 集団回想描画法の読み解き方

（1）軽度認知障害（MCI）高齢者の事例

　Bは当時89歳の女性で，物忘れが気になり始めて，「認知症の祖母，母を介護したけれど大変でした。自分が認知症になっていくのが怖いわ」と言っていた。
　描画8-1は，大きな柿の木にのぼった弟が，下にいる姉（本人）に柿を放り投げている，まるでサルカニ合戦のような絵である。当時（昭和初期，1930年代），食糧難でおやつは柿など木の実が多かったと話していた。以下，完成までの経過を説明する。
　200X年10月のプログラムで，枝つきの柿を用意した。それを見たBは子どもの頃，庭にあった大きな柿の木にまつわる回想を始めた。
　学校から帰ると，Bは木の下から竹ざおで柿を落とそうとした。しかし，なかなか届かずイライラしていたようだ。そこに身が軽い弟がスルスルッと木によじ登ったので「私にもおいしい柿を投げて」と言った。ところが，弟は平然と木の上でおいしい柿をほおば

描画8-1　作品「大きな柿の木と弟の運動靴」

り，憎らしいことに緑色のまだ熟していない柿をBに投げつけてきたという。

こうした回想を話し，どっしりとした柿の木を描きながら「弟は戦死したのよね。もういないの」としんみりポツリと話した。その後，柿の木の根元に一足の靴を丁寧に描き始めた。「これ，靴だけど分かる。ボロボロの靴なのよ。弟はね，新しいのなんか買えなかったからね」と周りの参加者に何回も確認しながら描き続けた。描き終えたBは，弟への鎮魂をかなえたようにホッとした表情になった。それはまるで大きな柿の木を墓標に見立て，そこに弟の靴を供える供養塔を築いたようにさえ見えた。

（2） 中度認知症高齢者の事例

Cは当時88歳の女性で，感情表現が乏しく，ほとんど自分からしゃべることをせず，こわばった顔をしていた。また，夜間の徘徊や妄想が頻回するようになっていた。

200X年4月のプログラムで屋外スケッチを行った。3回目の参加になったCは，なかなか集団のなかにとけこめず，ひとりで草むしりを始めた。

「一緒にしませんか」と誘っても，「私は絵が描けない」の一点張りだった。しかし，部屋に戻ると「外は気持ちいいね。広いね」とポツリと話した。

老人ホームの職員から「Cさんは元気な頃，家庭菜園をされていて，たくさんのお花や野菜，果物を植えていたんですよ」という話があった。それを聞いて，筆者は久しぶりに外に出たCが草ボーボーの菜園を見て，何よりも草むしりを優先したことが理解できた。

Cは200X年6月，10月，11月の3回に分けてひとつの作品を完成させた。6月は用意したビワ，夏みかん，トマトを見て，色紙をちぎったり，ハサミで切ったりして形をつくり，貼りつけた。それらは画用紙の左下半分に小さくまとまっていた。そしてその題名を「夏乃くだもの」と自ら書き込んだ（描画8-2）。

10月，「秋の思い出はありますか」と聞くと，Cは「私は思い出などありません」と強い口調で話した。描画活動を中断して，Cの「何もない思

描画8-2　作品「夏乃くだもの」1

描画 8-3　作品「夏乃くだもの」2　　描画 8-4　作品「夏乃くだもの」3

い出」をもう少し詳しく聴いてみることにした。

　そうすると，「私は体が弱かった。だから外で遊ぶより部屋のなかで遊ぶことが多かった」「たくさんの姉がいて一番下だったので，何もかも姉たちがしてしまって，自分の好きなことはできなかった」「姉さんたちが好きなものを買って，自分はそのおさがりばかりだった」とポツリポツリながらも，「やりたくても満足いくまでできなかった自分」，そうした環境から「思い出などない」ということを話した。

　話し終えたCに6月の作品を見せると，もう少し加えたいようで，色紙を切ったりちぎったりして，スイカと柿を貼りつけた（描画8-3）。スイカは前回の「夏乃くだもの」の間に，柿は秋の果物と意識したのか，「夏乃くだもの」の外側に置いた。

　そして11月，彼女ははじめて絵筆を持って，画用紙右上の端に池を描き，その周りにコスモスを配置した。そして学生が折った鶴と金魚を貼りつけ，さらに自分で池のなかには金魚を描いて泳がせた（描画8-4）。学生が「完成ですか」と聞くと，「いいです」と応えた。左下半分から始まった作品は，右斜め上の池に向かって時間軸を動かし，そして成長を遂げていった。

　「何も思い出がない」と言って，これまでのあまり感情をあらわにしないこわばった表情がゆるむ一瞬を見ることができた。Cの理想とした家庭菜園が描画として完成できたようだった。その絵の完成は，空間象徴における人生の軌跡のようにゴールにたどり着いたかのようにも見えた。

（3）　重度認知症高齢者の事例

　Dは当時95歳の女性で，寝たきり状態になり，食事や排泄などに介助が必

要だった。

　Dは干潟のある海岸近くの田舎町に生まれ，生家は農業を営み，内職で着物の仕立てなどもしていた。参加当初は，無表情でボンヤリしていることが多く，こちらからの問いかけにもオウム返しで，なかなか会話が進まない状態だった。ところが，200X年7月，干潟近くに住む大学院生のEが語りかけると，以下のような会話が進んだ。

　「小さい頃から魚屋さんに行くと，トロ箱いっぱいにムツゴロウ，ワラスボ，ウミウシ，シャコ，カニなどが並んでいましたが，Dさんのところはどうでしたか」と聞くと，Dは「シャコがおいしいのよね」と話した。Eは「僕のほうでは「しゃっぱ」っていうんですよ」と言うと，Dもそうそうとうなずく。Eが「しゃっぱを描いてみましょうか」と言葉を続ける。すると，Dは黒色のゲルマーカーを自分で取ってシャコを描き始めた。

　Eがしきりに「どんな形かな」と話しかけると，それに合わせるように，また手が動き始め，甲殻類のシャコの体部分，伸びた脚，ヒゲなど，今まで見られなかった動きで自分からどんどん描きあげていった。線は少し震えているが，肉太に描いた。外郭線ができたところで，Eがパレットに水彩絵の具で色をつくった。「こんな色ですかね，こんな色かな」と問いかけると，うす赤肌色にまざった絵の具を見て，Dは絵筆につけて塗り始めた。サラサラとはいかないものの，シャコの体が生き生きとしてきた（描画8-5）。「何か描いていたら食べたくなった」とポツリと言い放った。

　参加後，3年が経過した10月。初回から継続参加していたDとの会話は，これまで以上に弾んだものになった。筆者は膝をついてゆっくりとDの言葉一言一言をすくいとるように聞き取った。

　　「牡蠣はどんなふうにして食べますか？」「焼いて酢醤油をかけます」
　　「それでは，シャコは？」「塩茹でします」
　　「茹でると色はどうなりますか？」「そうね，赤くなります」
　　「どこで取れるのですか？」「O浜よ」
　　「O浜には何がありますか？」「U仙岳，温泉があります」
　　「U仙岳には登りましたか？」「歩いて登っていましたよ」

　いつもは，こちらの言葉をオウム返しすることが多かったDだったが，こ

第8章　認知症の描画療法　　179

の回はしっかりと往復する滑らかな会話になった。Fが膝をつき，Dからこぼれる言葉を丁寧に受け止める姿勢をとると，何かそこに安心感が生まれて話してみたくなる雰囲気ができるのかもしれない。重度認知症の場合，オウム返しや攻撃的な言動が著しいなか，言語的コミュニケーションはとりにくいと諦めることなく，もう一度原点に返り一人一人の尊厳を尊重した関わりで臨むと，そこにまた新たな関係性が生まれることが分かる。

描画8-5　作品「しゃっぱ」

4-2. 集団回想描画法の12段階のプロセス

　高江洲（1998, p.65）は集団芸術療法の基本構造として「三項構造のなかで主体の存在の場の保証から，象徴的表現を経て，自己の内省と自覚へと歩む一連の過程」と述べ，そのプロセスを6段階，つまり，「Ⅰ段階　表現発露への誘導」「Ⅱ段階　集団のなかでの相互関与」「Ⅲ段階　二項対立を相克する表現主体」「Ⅳ段階　表現主体として認識と集団の場への展開」「Ⅴ段階　象徴表現の意味化による自己の回復」「Ⅵ段階　自由度の増大と社会的存在の保証」としている。

　また，黒川（2005, pp.93-94）は，認知症高齢者に対する回想法を，感覚刺激から情動安定までの7段階のプロセスに分けている。それは①感覚刺激の導入，②手続き記憶の想起，③意味記憶の想起，④エピソード記憶の想起，⑤情動の再体験，⑥グループ内の共有・受容，⑦今日の感情体験の醸成である。

　このような高江洲や黒川の研究成果を踏まえ，「集団回想描画法」を用いた今回の事例について，以下のような12段階に細分して読み解いてみたい。

（1）　二項化関係を再現する

　肉親と離れ，終の住処となる老人ホームで独居生活状態や寝たきりになった認知症高齢者が芸術教室に参加し，援助者と出会うことで，自己と他者（援助者）という二項化関係を再現することになる。日常から離れ，孤立感が強くなる自己に対して，援助者は手を握り，挨拶をするという「あたりまえの日常」

に回帰させることを心がける。

（２）　自然風物が五感を刺激する

各回四季折々の自然風物を用意すると，認知症高齢者の触覚（カツオ菜，葉ごぼう，エンドウなどの手触り），嗅覚（花，夏みかんなどの匂い），味覚（柿，じんだもち，シャコなどの味わい），視覚（雑草，スイカ，金魚などを見る），聴覚（四季の自然風物にまつわる唱歌を歌い，聴く）を刺激することになる。

（３）　なじみの唱歌が回想を刺激する

坂下（2008, p.78）は，「なじみの音楽」が高齢者の回想を誘発し，彼らとのコミュニケーションをより深めると示唆している。集団回想描画法でも導入時に，外界との接触がほとんどなくなった認知症高齢者と四季折々のなじみの唱歌を歌うと，彼らの「故郷のこと」「好きなもの」などの回想を刺激するきっかけとなった。

（４）　三項化関係の再現から内的体験が豊かになる

寝たきりで外界を感じえなくなったＤは日々孤立した状態でいた。しかし，同郷の大学院生Ｅと田舎のシャコについて語り回想し描画すると，自己と他者（援助者）と自然風物という三項化関係を取り戻し，現前にないものまでを含んだ内的体験が豊かになり，回想がより進みやすくなった。

（５）　自分らしい生活体験にまつわる手続き記憶が想起される

三項化関係を取り戻し，内的体験が豊かになってくると，「故郷のこと」「好きなもの」についての回想が進み，物語りのイメージが豊富になる。ＫやＤの事例では，情動の活性化が図られ，ずんだもち，山登り，温泉など「自分らしい」生活体験にまつわる手続き記憶までが想起されるようになった。援助者は個別性豊かな参加者の生活体験情報を得ることになる。

（６）　手続き記憶にまつわる回想が視覚化される

同郷の大学院生Ｅが「シャコ」ではなく「しゃっぱ」とＤのなじみ深い地元の言葉を言うと，「シャコ」という語感ではつかみえないなつかしい回想がＤに想起される。そして「しゃっぱを描いてみましょうか」という呼びかけ

第8章　認知症の描画療法　*181*

に震える手で形，そして色までもすいすいと描き込んでいく。視覚化されたうす赤肌色のしゃっぱを見て，Dは「何か描いていたら食べたくなった」と回想された物語りと描画がつながり，自分らしく生きている実感を得ることになる。

（7） 意味記憶が想起される

手続き記憶の想起に刺激され，Dの事例では，塩茹でされるとシャコの色が「赤くなります」と答えたり，描画されたシャコをうす赤肌色に塗ったりするような意味記憶への連動につながることもある。

（8） エピソード記憶の想起と「言葉の出口」の開放

手続き記憶，意味記憶が想起されると，それに伴うエピソード記憶が想起される。Dの事例では，牡蠣は「焼いて酢醤油をかけます」，シャコは「塩茹でします」，U仙岳は「歩いて登っていましたよ」という生活体験のコマがつながるようになり，日ごろは「語れない人」と見られがちなDにも新たな物語りが次々と表出され，「言葉の出口」の開放につながる。もちろん，黒川（2005, p.94）が指摘するように，場合によっては手続き記憶，意味記憶，エピソード記憶の順番が入れ替わることや省かれること，合わさることもある。

（9） それぞれの記憶の描画化，視覚化と新たな気づき

回想される物語りを話しながら描画化していくと，Cの事例では学生の援助を得ながら，色を塗る，色紙を貼るという相互行為，共同作業が進んでいく。描きたいものを描き，それが目の前に視覚化されていくなかで，新たな気づきとイメージの定着化が図られるとともに，わずかでもできることが見つかる喜びが生まれる。

（10） 昔から今とつながる自分に触れる

Bの事例では柿の木，そしてそれに登る弟を視覚化してみると，それまでの回想では気づかなかった戦死した弟，そしてボロボロの靴という新たな物語りが生まれた。こうして新たに回想された物語りにより，故郷や家族に対する情動がより深くなっていき，自己の連続性が感情とともに立ち現れたりする体験過程に触れやすくなる。しかし，「体験過程に触れることは，豊かな内的体験

を得られる一方で，それなりにエネルギーを要することでもあり，本人のその準備が不十分であれば無理な負担をかける」（市岡, 2000, p.557）ことになるので，配慮を要する。

(11)　グループ内の共感・受容が始まる

山中（1991, p. 7）は「そのときどきの心のなかの「内的真実」とか，「心的真実」が，いまの老人の心のなかで起こっているのだ，それを共有することができたら，それはそのときを生きたことになるだろう」と述べている。Bの事例では，柿の取り合いやボロボロの靴から回想される「ひもじい戦時中の生活」から派生した弟の戦死は，これまで言うに言われなかったBの「内的真実」であった。そうした物語りを共有したグループのなかでもそれぞれのそのときの情動が共感・受容され，他の参加者にも新たな回想が進む。三項化関係の輪が老人ホーム全体に少しずつ広がり，対人関係が豊かになっていく。

(12)　今ここでの情動の安定化につながる

参加者は束の間の時間であるかもしれないが，芸術教室に参加することで，生きてきた体験過程を回想し，語り描画しながら，今を生きている実感を再認識する。「終の住処」となる老人ホームで限られた時間を生きていくために，芸術教室という場所が，今を生き生きと「自分らしく」過ごし，できない自分ではなく何かができる自分に出会えるという心地よい充足感を得られる大切な居場所となっていく。

5.　その他の留意点，工夫

5-1.　物語りを記録すること

毎回の事例に伴う参加者の回想される物語りは，その関わりの数だけ蓄積されていくが，それを書き出していくのは毎回苦労する。

8年間にわたり同じ老人ホームで70回以上実施（現在は中断している）し，参加者は延べ300名以上に及んだ。実践のなかで新たな技法をつくることで大切にしたことは，毎回の活動を記録にしていくことだった。最終的に大きく軽度，中度，重度という3つの認知症高齢者の様態ごとに分類整理された事例を記録していく手法は「エピソード記述」によった。鯨岡は「エピソード記述

は，従来の「だれが○○をした，誰が△△を言った」というような事実や出来事の客観的な記録や報告ではありません。出来事の流れを示しながら，そこで自分の心がこのように揺さぶられた，相手の心がこのように動いたのが分かったというような，接面における自分や相手の心の動きがエピソードの核心部分です」と述べている（鯨岡, 2013, p.21）。

これまでの記録は，どうしても「援助者は」「介護者は」という主語を書くことはあっても，その行為の主体者である「私」は影に回っていた。どちらかといえば，「目に見えること」が記録され，「目に見えないこと」は記録されないことが多く，記録は客観的に，事実のみを書くものであるという暗黙のルールがあった。しかし，エピソード記述は活動に関与する「私」が目と心を通じて観察しながら，思ったこと，感じたことが中心となる。したがって，書かれたエピソード記述を読むということは，主体者である「私」の関与のありようを見るということでもある。毎回記録を書くということは苦しいことだったが，何回もビデオや写真を見たり，学生，ホーム職員とのカンファレンスの記録を読んだりして，書き直しを続けていくと，ハッとさせられる新しい気づきがいくどとなく生まれてきた。

「他者が成長していくために私を必要とするというだけでなく，私も自分自身であるために，ケアの対象たるべき他者を必要としているのである」（Mayeroff, 1971／邦訳 p.69）という言葉を反芻すると，実際のところ，認知症高齢者と対面したとき，ともに成長とか発展を遂げられるような関係をつくりだせるのだろうかという疑問をもつこともあった。しかし，彼らの回想された物語りをエピソード記述により記録化したものから，「私」の「関与の仕方」そして「観察の仕方」を振り返るなかで，対面する認知症高齢者は大切なリサーチパートナーであり，共同研究者なのだ，つまり彼らは限られた時間をもつ「客体」ではなく，限られた時間を自分らしく生き抜く「主体」であるという思いに至った。

5-2. 存在を反芻し語りつぐこと

集団回想描画法でもそうであるが，高齢者を対象とした場合，参加者の死がその終結になることが多い。本事例で紹介した皆さんも骨折や病態の変化により参加を中断，その後数カ月してそれぞれ逝かれた。月に1度訪問して，その知らせを聞くたびに「ああ，逝ってしまったか」というさびしさと同時に，と

もに過ごした時間で起きた事柄がふっと通りすぎていく。

こわばった表情で黙々と行う草むしりから始まったCの表情と態度の変化は忘れられない。「描けません」という拒否的なこわばった表情。自身の「したいことができなかった」体験過程を淡々と語った表情。また学生の援助を借りながら，ちぎる，切る，貼る，塗るを続けていくと次第に「したいことができる」ようになっていく自分に出会えた満足げな表情。そして学生が「完成でいいですか」と聞くと「いいです」と応え，夏と秋の果物，そして池に泳ぐ金魚という理想の庭を完成させ，何か「やっとしたいことができた」というホッとして，思わずニコッと微笑んだ表情。そうしたそれぞれの場面での忘れえぬ表情が回想される。

村瀬（2003, p.193）は，「逝く人ができるだけ自分の来し方を肯定されるように，そして，その個人それぞれにふさわしく今これからの未来を見つめて静かな希望を抱かれるお手伝いがほんのわずかでもなし得たら，と考える」と述べている。またデンボロウ（Denborough, 2014/ 邦訳 p.265）は，「遺言がたいてい物理的財産と関連しているのに対し，第二遺言は「スピリチュアルな財産」と呼ぶべきもの」と述べている。

自分の記憶を他者に任せる方法のひとつとして，集団回想描画法があるといえる。Cをはじめとした芸術教室参加者の存在を語りつぐには，何度も同行した時間を反芻し，その時間の「生」との触れあいの感触を自分になじませていく作業が必要である。そして，それらを大切に抱えることなく，これまでの研究成果と比較し，社会に還元する記録としてまとめる努力を続ける，つまりお預かりした第二遺言を社会化する責を私たちはつねに背負っているといってよい。

第9章
合同描画療法
── 治療チームによる家族グループへの適用を中心に

石川 元

1. 個人の描画から特定集団による描画に至るスペクトラム

　個人による描画として，「『家族』という題で絵を描いてください」（Porot, 1952），「あなたの家族を描きなさい」（Corman, 1964）という教示で行われる「家族画」を例にとってみよう。家族画の場合，これまで個人のなかで形成されて来た〈家族へのイメージ〉がそこに漏れ出るとする，という前提のもとに利用する。治療者側からすれば，いわゆる深層心理と称するものを読み取るという，従来の作業に相当する。

　まずは描き手の説明を聞いたうえで，絵とその説明をこちらがどう理解するか，つまりその絵への「解釈」を診断や査定に役立てんとするわけである。精神分析の考え方なのだが，こころのあり方についての個人の特性を，一定の視点から類推するということになる。

　それに対して，特定集団による描画は段取りはまったく異なる。複数の家族成員が参加する「合同家族画」（Bing, 1970）を例にとってみよう。各家族成員が色の違うクレヨンを1本ずつ持って「何か好きな場面を描いてください」とか，「あなたがた家族の絵を描きなさい」という指示のもとで家族が皆で協力して制作した絵では，親子がどういう交流をしているか，すなわち家族間相互作用が，こちらの「解釈」を経ず，そのまま（「モノ」の一種である）絵，それ自体に表現される。

　家族全体の行動特性，個人個人がそれぞれ何を考えているかということよりも，集団が影響しあった結果，どういう行動として帰結するか，つまりそこに含まれる相互作用のあり方が（「解釈」段階を経ず）そのまま露呈するので，同時進行ですぐさま介入が可能だ。顕現した家族全体の動向は，現実にその場で

186　　第Ⅱ部　心理臨床場面における描画療法の実際

起きていることだけに，それに対してどう関わっていくべきかを，待ったなし
で投げかけてくるわけで，それへの応答が治療そのものとなるということであ
る。

なお，「家族画」から「合同家族画」への展開については，拙著の症例検討
（石川, 1982, 1986）と総説（石川, 1984a, b）を参照されたい。

2. 合同描画

現症を解釈する描画は20世紀中盤のように，心理テストとして多用されては
いない。一方，効果を目的とする心理療法の領域で，描画はいま高い人気にあ
る。描画のもつ表現としての曖昧さが，精緻を欠くという短所でもあり，柔軟
に援用できるという長所でもあるのだ。

複数で行うことが「合同」。「結合した」「共同の」という意味のコンジョイ
ントの訳である。

心理療法として使用する際に役立つよう，個人の「家族画」から「合同（家
族）画」までをスペクトラム化して簡潔にまとめてみた（表9-1）。この表で
いうC，Dが合同描画である。Cの場合はタイムラグが介在するが，Dは同
時進行。A〜Dに至るにつれ，言語より非言語の関与が増す。そのことを勘
案してさらに表を補うとしたら，Aのなか，もしくは前に「家族画を描くと
したらどのような絵を描きますか」という絵のない描画課題を入れるべきだろ
う。またDの一技法として，「話し合いながら」を「いっさい話し合わない

表9-1　家族画の技法と効果

技　　法	目的とする効果	
Ａ：患者あるいは家族に家族画を描かせ説明させる	個人のもつ家族観の言語化	家族画を描く方法を左列のように設定することによって，右列のような治療効果もあらわれる
Ｂ：患者と家族に家族画を別個に描かせ批評しあわせる	相互不理解部分の明確化	
Ｃ：患者と家族が別個に描いた家族画を，同席の場所で交換し，好きなように修正しあわせる	絵を媒介とした相互介入	
Ｄ：家族全員に１枚の家族画を話しあいながら共同制作させる	一過性の濃厚な人間関係の現出	

で」に替え，たとえば，過保護な母親と子どものペアに用いたりすると時に著しい効果がある。

　合同描画ではなく，さらに領域を広くとった合同面接だとB〜Dが含まれる。問題や症状がある子どもやそれを抱える家族と面接をするとき，通常，治療者は誰が患者で誰が付き添いだという前提で話を進める。2人に対して面接を行う際，母子別々に話を聴くというスタイルが「並行面接」である。2人一緒に（同じ場で）話を聴くというスタイルは「合同面接」，あるいは「同席面接」といい，治療者の意識としては，誰が患者で誰が付き添いかという境界があいまいになっている。

　「合同」であれば，その場でもし，子どもが母親に遠慮してフランクに話せないようなら，あるいは母親が子どもに自分の見立てを知られたくないようなら，あまり話は進まない，正確で詳細な内容が聴取されない可能性があるという考えから，かつて特に日本の心理療法では，「並行面接」を「合同面接」あるいは「同席面接」に優先する傾向があった。しかも「並行面接」では，親用の治療者と子ども用の治療者にそれぞれ別人をあて，ときどき治療者同士が情報交換をしあうというパターンがほとんどである。

　並行面接で親から治療者が得た情報と子どもからもうひとりの治療者が得た情報を加算すれば，「合同面接」あるいは「同席面接」で得られた情報と同じだろうか。まったく違うと思う。「子どもが母親に話せない，母親が子どもに知らせたくない」は，並行面接を行う理由にもなりえたが，それ自体，母子関係の現実，すなわち母子間の相互作用を表す重要な情報ではないのだろうか。それぞれ個別に話を聞いてたくさんの情報を集めたとしても，どのひとつも，母子2人の相互作用を見せてはくれない。相互作用を捉えようとするなら，2人がいる場で話を聞くのがふさわしい。そこで子どもが本当のことを母親に話せなくて口ごもっても，母親が治療者だけを前にしたときは示していた饒舌が消えても，それこそがこの母子の実態，相互作用なのである。

　心理療法での「並行面接」を当初から回りくどいと感じていた筆者は，「合同面接」を容易に取り入れることができた。

　「並行面接」は個人の家族画に相当する。別々の治療者が母親と子どもに絵を描いてもらい，それを説明させている光景を思い浮かべてほしい。あくまで子どももしくは母親個人が「自分の家族についてどう考えているか」を第三者が読み取る場なのである。家族の相互作用を引き出すためのものではない。し

かし，そこで得られた2枚の家族画を前に母親と子どもとの面接をもてば，一気に合同家族面接に変わる。さらに，言葉のよる交流だけでなく母親と子どもとが協力しあって一枚の家族画をつくる方向に進めば，そこは合同家族画の世界である。

　合同描画の典型であるDではとりあえず，家族を一堂に集める。「クレヨンの好きな色を1本ずつ選んで，皆で話し合いながら絵を描いてください」と指示する。皆で話し合い，水先案内を任された家族のひとりがまず何かを描く。たとえば，人間が緑色で描かれることもありうるわけだが，誰がどの部分を描いたかを残すひとつのマーカーとして色を使っているので，そのことは黙認する。各家族成員の担当部分がよく分散して，しかも全体がまとまっていて，内容にひとつの方向性がある場合，相互作用の健全さが推測される。

　複数の人間間の相互作用というものは，個々人の思惑を集めることでは把握できない。各個人がそれぞれに描いた絵だけでは家族の相互作用は浮き彫りにならない。このように，「合同家族画」の場合は，個人の深層心理という架空の世界ではなく，集団の相互作用という現実が当意即妙に現出する。個人で描いた絵に比べて，集団そのものの動きが捉えられ，家族というものは個人個人の単なる集まりではないということをよく見て取ることができるだろう。

3.　合同描画の実際

3-1.　症例の背景

　ある時期，筆者は講演の場で，参加者に「家族」をつくってもらう，合同描画をよくデモンストレーションしていた。同じロールプレイでも，すでに存在している症例をモデルに各人が演じる場合のシミュレーションでもある。そのなかで，筆者の最も印象に残っているひとつを，今回は「合同描画の実際」の典型例としてあげることとする。記憶として深く焼き付いている理由は，このシミュレーションが，その翌日行われる学会（講演を行った組織とは無関係で筆者も主催者のひとり）でコメントを頼まれていた，全国から公募した家族療法が難航した症例（筆者自身はまったく関わっていない）だったからだ。その症例の概要は，3日前に速達で届いていた。一般公開を前提にプライバシーの保護に配慮し，治療者が誰であるかまで分からない形にしてあった。準備不足のなかでの悪知恵といおうか，虫のいい話「一石二鳥」，「今回の聴衆が明日の症例

第9章　合同描画療法　*189*

検討向きのよいアドバイスを教えてくれそうだ」と期待したのだ。症例については，以下の内容が記載されており，それだけが筆者の，この症例について有する情報のすべてであった。

3-2. 症例の概要

　高校2年の女子。不登校。中学生の弟がいる。父親は企業の部長クラスで，帰宅は遅い。来談までの経緯だが，不登校を扱うことに定評のある治療者から紹介されてきた。地理的な理由のためだった。それ以前に，地元の精神科外来を2度訪れたが，抗不安薬を投与され登校を促さないで見守るよう指示された。薬は眠くなると思って服用しなかった。両親が不登校専門の合宿研修施設へ患者を入れようとしていた矢先，この治療を紹介された。

　患者の母親から連絡を受け，治療者は患者と母親の面接を計画した。母親が前の治療者への不満を語ったので，治療者は自分も同じ路線で治療を進めることを明言し，薬もその医師に従い処方した。初回の母子面接で，まず家族にとって問題は何かと問うと，母親は「私自身のせいかもしれないが」と前置きして，患者が登校しないことを挙げた。患者のほうは，特にないと主張した。

　高校は進学校で，両親は患者が入学したとき喜んだ。しかし，患者はこの学校の暗いイメージが嫌だと始終言っていた。不登校は高校2年に突然起こった。登校の時間になると腹痛を訴えた。1学期は10日間休み，2学期は，すでに20日も連続して登校していない。担任の指図で級友が登校を誘いに来て，クラブ活動には参加することもあった。しかし，患者は一貫して，「とにかく今は（学校へ）行きたくない」と主張した。結局，第1回目の面接の終わりに母親には毎朝「学校へ行ってほしい」と言いながら起こすように，患者には「行きたくない」と反抗する演技をするようにという症状処方（prescribing the symptom）を課題として与えた。

　第2回目は，患者との個人面接の形をとった。患者は極端に声が小さく，態度は硬かった。そこで，治療者は大きめのショートケーキを用意し，「これはあるお姉さんがつくったが，食べないか」と誘うと，患者はうれしそうに食べ始めた。治療者は内心「成功」と感じた。患者に「家族の問題は？」と問うと「ない」と答え，両親が留年させてくれれば，次の年から登校すると述べた。治療者は患者の発言を信用できると考え，安堵した。前回の課題について報告を求めると，患者は最初は面白がってやっていたが，だんだん学校へ行かなく

てはいけないと思うようになり，また友達に会いたい気持ちがしていると述べた。治療者は，いっそう患者に信頼感を抱くのだった。患者は学校に行くことを考えると，胸がドキドキするが，それは勉強のことではない，と主張し黙り込んだ。治療者がどんな大人になりたいか尋ねると，患者は「気持ちの大きな物事にこだわらない人間になって，遠いところでひっそりと暮らしたい」と答えた。

　第3回目は，その4日後，祖父を除く一家4人が，父親の運転でやって来た。家族にとって問題は何かと問うと，患者を含めて全員が，患者が登校しないことをあげた。そこで治療者は，患者の問題を焦点に話を進め，結局，「「学校へ行かないこと」が原因で起きている患者のもやもや」を家族全員で協力して取り除くという処方を課題にして面接を終了した。

　第4回目は，両親のみ参加。両親が患者に登校を促すと患者は「家出」を持ち出し，両親がおびえるという力関係の悪循環が語られた。両親の間では，子どもの指導に関して母親が主導権を握っている印象を受けたので，治療者は父親にヘゲモニーをもたせようとして，父親から患者に家で次のように言うよう告げた。「いま先生（治療者）にしかられた。お前を育てるうえでお父さんたち本位であった。お前が新年度から学校へ行くことを信じているが，考えてみればすでに義務教育を終えているんだった。お前のためと思ってきたが本当はお父さんたちの見栄だった。高校を出て大学へ入ってくれればと思っていた。新年度まで後2カ月あるしお前のやりたいようにやってみろ。アルバイトでも何でもやってみろ。そしてそのまま勤めてもかまわないから」。

　第5回目は両親が課題を遂行できなかったと報告。その代わり，母親が患者の前で「お前のおかげで家がめちゃくちゃだ！」と芝居をしたとのこと。すると患者は自分の部屋にスプレーを振りまき，階段へバターを塗りたくり，手首を自傷した。それを聞いて治療者は母親の努力は買うが，父親が主導権をとるという課題を母親が無下にしたと判断し，もう一度前回と同じ課題を徹底するよう指示してこの回を終えた。

　第6回目には両親が来て，前の晩，課題を遂行したと報告。患者は「よく分かった」と反応したとのことだった。治療者は両親の協力ぶりを讃え，しかし「うまくいきすぎている。もっとゆっくり」と今後2カ月は静かに様子を観察して待つように促した。

　第7回目の内容は聴衆には伏せておいた。その部分を除いて，症例について

の情報量は，聴衆と筆者とで同等になったわけである。

3-3. 症例を演じる

　聴衆はそれぞれ熱心に参加していた。ふだんの講演会と違って年齢層もバラエティに富んでいる。会場から，それぞれの年齢に近い，勇気ある4人の人たちが続々と集まってくる。治療者役も応募することにした。実直そうな，それでいて好奇心が旺盛そうな若い男性が「どうも自分によく似た治療者のようだから」と名乗り出る。

石川：イスの座り方も重要です。4人で話し合って決めてください。
母親：お父さん，どこへ座りたいですか？
石川：症例に忠実に母親主導型が発揮されていますね（会場笑）。
母親：あなた，仕事のことばかり考えていないで早くしてちょうだいな。
石川：母親が父親を促し，父親が座ったのを確認して母親も腰をかけました。弟は知らぬ間に座っています（会場笑）。最後に患者が空いた席に向かいました。では，4人家族の面々は，となりの人を見たり話し合ったりしないで，それぞれ「私の家族」という題で絵を描いてください（4人に1箱ずつクレヨンを渡す）。絵ができあがるまでの間，会場のほうや治療者役の人からこの家族にお聞きしておきたいことがあれば質問してください。もちろんもとの症例に関する情報は限られているわけですが，もうこの模擬家族は一人歩きを始めているのですから，皆さんの質問がこの家族のさらなる具体像をつくりあげていくはずです。
治療者：おじいさんは？
石川：お父さんどうですか？
父親：今日は家族全員とのことでしたが，もう年だから連れてきませんでした。
治療者：どなたがそれを決定されましたか？
父親：家内です。
母親：私は，家族は4人と思っています。お父さん違いますか？（会場笑）
父親：うん，まあまあね。
治療者：おばあさんはいつ頃亡くなったんですか？
父親：3年前，がんで。

192　　第Ⅱ部　心理臨床場面における描画療法の実際

治療者：お嬢さんとおばあさんの関係は？

父親：娘はおばあちゃん子でした。おばあちゃんもこの子をかわいがった。またおばあちゃんは家内に子育てに関してよく文句を言うことがありました。自分ひとりでこの子を育てたんだという感じで。

治療者：（患者に）あなたの記憶では，どんなおばあちゃん？

患者：はい。やさしいおばあちゃんでした。

治療者：（母親に）おばあちゃんとお母さんの間で確執があったとのことですが，お母さんどうですか？

母親：ございません。お父さんは家のなかのことはあまりよく分かっていないと思います（会場笑）。確執があったんだろうと観念的な捉え方をしているんじゃないですか。

父親：そう言われれば僕もよく分かりません。実際どうだったか。……日曜しか見てないもんだから。

治療者：（弟に）お父さんは毎日帰りが遅いということですが，その辺のところはどうですか。

弟　：父のことはよく分からないが，母には悩みがあったようです。

治療者：たとえばどんなですか？

弟　：ときどき母は愚痴をこぼしていた。

治療者：誰に？

弟　：子どもにです。

治療者：あなた（弟）と姉さんとどちらが相手になることが多い？

弟　：姉さんが多い。

　　　（描画活動が始まる）

石川：（会場に）皆熱心に取り組んでおられます。お父さんはずいぶん力を込めて描いています。イライラしておられるようにも見えます（会場笑）。

治療者：（弟に）お母さんが愚痴をこぼすと姉さんはどう対応していますか？

弟　：泣き出してしまうこともある。

石川：会場からもう質問はないですか？

会場：小中学校の頃，患者はどんな子どもだったんですか？

母親：いずれにせよ育てやすい子どもでした。

会場：弟と姉の関係は？

弟　：僕は無関心です（会場笑）。

第9章　合同描画療法　　*193*

石川：お父さんだけまだ描いておられますね（会場笑）。絵がお好きですか？

父親：あまり得意ではないですね。

治療者：娘さんが学校へ行かなくなってからお父さんの帰宅は早くなりましたか？

石川：いい質問ですね。お母さんどうですか？

母親：多少はね。

父親：気にはしているんですが，仕事に行ってしまうとついつい……。

治療者：今日こちらへ来られるのにも，仕事の都合をつけるのが大変だったんでしょう？

父親：はい。なんとか手を打ってやりくりしました。人に任せてきたわけですが，そこまでもっていくのが大変といえば大変でした。

石川：今日ここへ来ることは奥さんからかなり強力に言われたのですか？

父親：最近は特に愚痴ばかりで，今日出てこなければ下手すると離婚になりかねないという危機感はありました。離婚したら，会社でのメンツも立ちませんし。

治療者：家族4人でそろって出かけるのはふだんどうですか？

父親：まあめったにないですね。去年あったかなあ。中華料理を食べに行ったかなあ。子どもたちも自分の友達と行くし，私もそこまで付き合ってはいられないですよ。

3-4. 得られた「家族」画と合同家族画

絵ができあがったので，それぞれに家族成員像の同定と描いた順番の2点を盛り込んだうえで説明してもらう。

(1) **父親の家族画（描画9-1）**：一番右が母親。左に向かって，弟，長女（患者），自分。長女―弟―母親―自分の順に描いた。意識に上っていたので真っ先に長女を選んだ。自分自身はほとんど気に留めず，最後に余ったスペースに入れた。

(2) **弟の家族画（描画9-2）**：向かって右側が父親，右に自分，長女，母親。父親―母親―自分―長女の順に描いた。長女の輪郭はもっと大きくしようと思ったが，なんとなく描きづらくて小さくなってしまった。

194　第Ⅱ部　心理臨床場面における描画療法の実際

描画9-1

描画9-2

描画9-3

描画9-4

(描画9-1〜9-4：各家族成員役による個人家族画)

- (3) **長女（患者）の家族画**（描画9-3）：左が母親，右に自分，弟，父親。母親—父親—弟—自分の順で描いた。
- (4) **母親の家族画**（描画9-4）：右からひとり置いて，父親，弟，長女，自分。一番右の「お化け」のようなのは，おじいさんのようなおばあさんのような。父親—弟—長女—自分—「お化け」の順で描いた。

　個人の描画では，描いている場面を観察するのが理想だが，治療構造上それが不可能な場合でも，描き終わった時点で最低，前記の2点を聴取しておくことを強調して，時間も限られているので次のセッションに進むことにした。

石川：各人話し合って，1箱のクレヨンのなかから1本ずつ好きな色を選んでもらいます。取り方にもいろいろあるでしょう。きょうだいで奪うように取ったり，母親が決めて皆に配ったり……。どうぞ。……あっ，母親

が手を伸ばし赤色を，続いて弟が緑色を，患者は迷っていましたが黄色を取りました。最後に父親が青色です。それでは1枚の画用紙に，あなたがた家族が何かしているところを描いてください。4人が出てくる場面を共同制作するわけです。誰がどの人物を描いてもいい。寄ってたかって描いても，順に回して描いてもいい。またリンゴなら赤とかミカンなら黄色とか色にとらわれることはありません。違った色を選んでもらったのは，後で誰がどこを描いたのか一目で分かるようにするためです。お母さんがお父さんに何か要請しています。どうもこのお母さんは自分ではやらないで人を動かそうとするところがあるようです（会場笑）。

母親：お父さん，どうしましょう？

父親：皆の意見を聞いてからにしたら。

母親：太郎ちゃんは……絵描くの上手じゃなかったの？……お父さんだって，さっきとっても上手に描いていたじゃない。

父親：描いたことがないんで，何を描いたらいいのか？　子どもたちのほうが上手いんじゃないの。いいよ，子どもたちの言うとおりにするから。……早くやってよ。任したよ。

弟　：皆でご飯食べているところで……。

母親：ウン。いいよそれで。（父親に）いいでしょう？……太郎ちゃんやって。

弟　：（テーブルの輪郭を描き終わり）これが僕だよ。

父親：皆それぞれ自分を描こうか？

弟　：ウン。

父親：じゃあそうすることにしようか……。

弟　：テレビはここかな？（「てれび」と書き入れる）……。

父親：（窓の部分を描き）青色が見える。落ち着くんだよねえ。

母親：いいんじゃない明るくって。

父親：流しはこの辺につくるかな。

母親：あら太郎ちゃん，それゴキブリ？　家にゴキブリはいないわよ（会場笑）。

石川：登校しない子どもがいてもゴキブリはいないという口ぶりです（会場笑）……お父さん以外は黙々と描き，もう完成してしまいました。それ

では，誰でも結構ですからこの絵に説明を加えてください。どんな場面
で，どれが誰か？

母親：お父さんしたら。

父親：お母さんから先にやって。こういうの苦手だから。

母親：これは太郎のアイデアで，皆で食事をしているところなんです。一番右
　　　の上が父親，その下が花子。左に太郎がいて，私は皆に食べさせるもの
　　　をキッチンのほうから運んできている。窓は2つあって右側から木が見
　　　えている。最初，太郎が木を描いたら，お父さんが空を描いた。左側
　　　は，太郎ちゃんが海を描いてほしいと言って，お父さんが海を描いてく
　　　れた。太郎ちゃんはお船を描いた。……お父さん，何かつけ加えること
　　　でも？

父親：白いところが，ちょっと目立っています。

石川：（会場に）余白が気になるそうです。やはり仕事中毒ですね（会場笑）。

弟　：皆にお皿を描いてあげたけど大きさが不揃いで。特にお父さんのが小さ
　　　くてかわいそうだと思った。猫（患者のイスの下）もいるので，猫の皿
　　　もつくった。

石川：ゴキブリについては？

母親：私はお掃除一生懸命やるからゴキブリなんて見たことないわ。太郎，ど
　　　こで見たの？　嘘じゃない？

弟　：いくらきれいにしたってゴキブリはいるんだよ。

母親：そうなの？……ところで太郎ちゃんはいつも食事しながらテレビ見てい
　　　る。花子は猫と遊んでいる。お父さんはそっぽを向いて食べているし，
　　　私がせっかく一生懸命ごはんつくっているのにつまんないわ。

弟　：僕は一生懸命テレビ見ているのに，食べろ食べろと言われるからつまん
　　　ない。

母親：お父さん，なんとか言ってくださいな。食事時はテレビ見るなとか。

父親：僕はねえ，お前のこさえたものはおいしいと思っている。面倒くさいか
　　　らいちいち言わないだけなんだよ。

母親：面倒くさいなんて失礼な。私が窓の外へ行きたいと思っているのに外へ
　　　も出してくれないで，そんな言い方はないわ。どうして？

父親：……

石川：まあまあ，話はそのくらいにしてこちらを見てください。黒板の上の4

第9章　合同描画療法　　197

枚は，皆さんがひとりずつ描いた家族画です（描画9-1～9-4）。下に
合同家族画（**描画9-7**）を貼りましょう。さあ，これからおひとりずつ
上と下を比較して感じたことを言ってみてください。

父親：家族画での長女の自分の絵が小さい。合同家族画での長女の描いた長女
自身も目立たなすぎる。共通している。

石川：自分だけで描いても，皆で描いても小さく描くという指摘でした。他に
は？

父親：どの絵を見ても母親だけ向きが違ったり，形が変だったり，他から外れ
たところにあったり。

母親：それは誤解よ。だって皆の食事を一生懸命運んだり，皆がどうしたのか
なと心配して見ているところなのに……。

石川：横道にそれますが，お父さんは家でゴキブリを見たことがありますか？

父親：あまり関心がないですよねえ（会場笑）。

石川：弟さんは見たことありますね？

弟　：はい。

石川：（患者に）姉さんは，見たことありますか？

母親：……（話しかけようとして，石川に制止される）

患者：……分かりません。

石川：お母さんだけ見ている向きが違って，ゴキブリを見ていないのかなあと
ふと思ったから質問してみたのです。人物画の公式では，横顔（母親の
家族画の母親自身の像に見られる）は「逃避」のシンボルです。お母さん
は懸命にやっててもどこかで逃れているのかもしれません。（患者に）
あなたはどう思いますか？

患者：（小声で）上の絵で，お母さんの姿は私のでも弟のでも大きく赤い色で
描かれている。下の絵でも自身が描いたお母さんは赤い。

石川：色については，お母さんの赤というのはそのお人柄がよく分かる気がし
ます（会場笑）。お父さんの背は秩序を好むとか，弟の緑色はどっちつ
かずの色彩だという解釈もあるんでしょうが，私が重視したいのは，お
母さんと患者が同系の，しかも患者のほうがより薄い目立たない色彩を
選んだことです。

母親：私にも言わせてください。この共同制作のなかで，お父さんが力を込め
て叩きつけるように描いた部分は，流しの所と右窓の空でした。ところ

描画 9-5 （父親の担当部分）

描画 9-6 （弟の担当部分）

描画 9-7　最初の合同家族画

描画 9-8 （患者の担当部分）

描画 9-9 （母親の担当部分）

(描画 9-5, 6, 8, 9：描画 9-7 の各家族成員役による担当部分を，本章作成にあたり分解したもの)

が人物を描く場合は，ヒトを描くんじゃなくモノを描くような感じでした。

石川：「赤」い血の通ったお母さんとしては，空白をモノで埋めようとするお父さんのそういうところが許せないんですね。

母親：……それともうひとつ，弟も姉も，上の絵でも下の絵でも彼ら自身の存在感というか，それが感じられないですね。

石川：会場から何かありませんでしょうか？

指定討論者（ある高名な精神科医）：家族画でなくイメージ分析の経験なんですが，同じようなことがあるものだとびっくりしました。リラックスさせ家族のイメージを出してもらったとき，ちょうど下の絵のようにスペースが空いているような場合は，家族がバラバラでお互いの感情の中核に触れあっていないというケースが多いように思います。また，家族のなかで存在の薄い人物は，横や後ろを向いていたり，手足がなかったりといった形で登場します。以上参考までに。

石川：大変勉強になりました。……他の方は？

会場：できあがった絵を見て分析する，あるいは絵に描くこと自体が治療なので側で，ただ見守っているべきだというユング派の教育をずっと受けてきたせいか，新鮮な気持ちで拝聴いたしております。誰から描くかという順番が，どうしてか分からないがとても重要な気がしてきました。そこで気づいたことですが……。

石川：ちょっと待ってください。（会場に）このなかで，患者や家族に家族画を描いてもらった経験のある方，挙手を願います。（会場の３分の２以上の人たちが手をあげる）ずいぶんいらっしゃるんですね。では，次にその人たちのうちで，家族画のなかの人物の描かれた順を観察したり，質問したりして書きとめておられる方？（前記の１／３にも満たない人たちが挙手）分かりました。続けてください。

会場：この家族のなかで，上の絵（描画9-1～9-4）では自分を最初に描いた人はだれもいなかったんですが，下の絵（描画9-7）を描く過程では，お父さんをはじめとして，皆自分自身を描いています。その辺が２つの種類の家族画での重要な違いではないかと考えたのですが。

石川：単なる方法論の違いだけかどうか，当事者たちに確かめてみましょう。どうですか？

母親：私の場合は，下の絵ではお父さんに従ったというよりも，自分の好きな
色で自分を描きたかったのだと思います。（弟に）太郎や，どうしてお
前は（描画9-7），一番好きなお母さんを最初に描かないで自分を描い
たの？

弟　：成り行きさ。机は描きたいと思ったけれど，とりたてて自分を描きたい
とも思わなかった。

父親：私は自分の選んだ色ですからやっぱり家族を描くより自分を描いたほう
がピッタシくると思って自分を描きました。

石川：（患者に）あなたは？

患者：どちらかというと，父や母より弟の気持ちに近いと思います。

石川：皆含みのある発言でした。その他の方は？（会場の数人挙手）ここでコー
ヒーブレイクにしようと思いますので，申し訳ありませんが後お一方だ
け？

会場：今のイスの座り方なんですが，向かって左から父親─弟─患者─母親の
順ですね。そして，絵もそれを反映して，両親が子ども2人をはさむよ
うな形になっています。

石川：素晴らしいご指摘です。今日は，診断ではなく治療の話にもっていきた
いので，後半ではそのことを取り上げてみようと私も考えておりまし
た。

　ブレイク中，80余人の聴衆のうち主に後部の席の人たちが，壇上の絵を見に
来られた。2～5人ずつ熱心に討論されている。その光景を目にし，筆者はこ
の家族が模擬であることがなんの意味ももたなくなってきていることに気づ
き，武者震いを禁じえなかった。臨床の場と同じ一発勝負なのである。筆者流
での合同描画の価値は，今日の，この残された短い時間内での介入により模擬
家族をいかに変化させるかを，聴衆に認めさせることができるか否かにかかっ
ているのだ。

3-5. 家族パターンへの介入
　後半が始まる。

石川：家族の方たちは，ここでちょっと立ち上がってください。……そして，

お母さんとお父さんは真ん中へ入ってください。弟さんはお母さんの隣へ座ってもらいます。……クレヨンは先ほどと同じ色を用いてください。会場にも聞こえるよう，もう少し大きな声で，話し合いながら，ふたたび家族画を共同制作してください。

（席替えの具体案を黒板に記す）

父親—弟—患者—母親
 ↓
患者—父親—母親—弟

母親：お父さん，どんな絵を描きたいですか？
父親：今，何も頭に浮かばないけど，子どもたちのほうが得意じゃない。
母親：さっきは子どもたちがしたから，今度はお父さんいかが？
父親：家族4人そろって，何やってるのかなあ。さっき，中華料理を4人で食べに行ったと言ったじゃない。またご飯じゃいや？
母親：食べることばかりじゃない。
弟　：家族4人一緒にいると何やる？
母親：私は4人で一緒のことをしているところが描きたいけど。
父親：困ったなあそう言われても，何してたっけなあ。
母親：中華料理食べにいったのは？
父親：他に何かないかなあ。
母親：じゃあ花子や太郎が小さい頃のことは？
父親：そうだねえ。
母親：あの頃，お父さんわりと早く帰ってきてくれた。
父親：カメラを持ってどこかへ遊びに行ったりもしたねえ。
母親：そうよ。（患者と弟に）小さいときのことを話さない。
弟　：小さい頃ねえ。4人で一緒に山登りしたことあったなあ。
母親：太郎思い出したって。花子は覚えていない，山登りは？
患者：ウン，行った。
母親：お父さんどう，山登り？
父親：ハイキング行ったんじゃん。鎌倉へ4人で行った。覚えてる？
患者：ウン。

父親：そんなところでどうかなあ。

弟　：それにしよう。

父親：そうしようか。銭洗い弁天とか。……子どもたちが先に描くとついてい
　　　きやすいんだがなあ。

母親：お父さん，会社では有能でしょう？

父親：仕事とこれは別だよ。

母親：いいわよう。銭洗い弁天描いてよう。

父親：じゃあ部分部分描いてまとめていくか。……ごちゃごちゃしていたねえ
　　　あそこ。

弟　：お金入れる池があって。

父親：その池を描こうや。……池がこうあって。

弟　：お金。

父親：お金用の升みたいなものがあったっけ？

弟　：ざるみたいなのが……。

父親：水は透明で，流れていることにしよう。

弟　：あの池のなかで泳ぎたいと思ったっけなあ。

母親：あら，太郎ちゃん泳ぎたいと思ったの？

弟　：うん，キラキラしたお金いっぱいあるし，涼しそうだし……じゃあ泳い
　　　でいるところ描こう。……トンボみたいな形になってしまった。

母親：花子ちゃんどこがいい？

患者：花子はお父さんのとなりがいい。……お父さんに横に描いてもらう。

母親：花子ちゃんもねえ，あの頃は自分でドンドンやっていたわよ。

患者：でもお父さん描いて。

父親：俺が？

患者：うん，お父さん描いたら私も。お父さんと手をつないでいるように……

父親：じゃあしっかりつなげようか。

母親：あら，お父さんはあのとき，私と手をつないでいたわよ（会場笑）。

石川：何年前のことでしたっけ？

母親：（父親に）何年前かしら？

父親：そうねえ，花子が小5のときだったなあ。7年前か。

弟　：これじゃあまださびしいから，何か。……あそこ洞穴みたいになってい
　　　る。僕が池のなかでおぼれそう。

第9章　合同描画療法　203

母親：大丈夫よ，おぼれそうになったら，お母さんすぐ助けにいく。

弟　：助けてもらうより金もらって死ねたらいい。

母親：おかしい子。……花もあったわね。

父親：そうねえ。人がいっぱい来てたよね。それとこの辺に鳥居のようなもの
　　　があったよねえ。（患者に）お前も思い出したこと描いてごらん。

患者：お父さんにもらったハンドバックを持ってるの。

父親：それから。

患者：それだけ。

父親：そうか。じゃあ，また思い出したらね。

母親：木がたくさんあったでしょう？

弟　：どうやって木を描きゃいいんだ。1本1本描くか。大きくウワッとやる
　　　か。

父親：もっと賑やかに描きなよ。

弟　：賑やかにガバチョ。

母親：あの日は夕焼けになったでしょう。

父親：そうねえ。

母親：どう？

父親：夕焼けには雲があるんだよなあ。

石川：「雲」の絵は不安のシンボルです（会場笑）。

母親：花子ちゃんもっと描きな。

父親：まだ何かあったろう？

母親：なんだか父さん，さびしいからもう少し描きましょう。

父親：そうだねえ。

弟　：小山があったり，石畳があったり。

母親：この頃は花子ちゃん，すごく元気だったのよ。だからもっと何か描い
　　　て。

患者：花が咲いていた。

父親：小さい花が咲いていたねえ。

患者：そんなにたくさんなかったよ。

父親：道があったんだよなあ。3方向に通じていたんだよなあ。

母親：葉っぱが欲しいけど。

弟　：ああいいよ。

母親：チョウチョ？

弟　：チョウチョのつもりだったけど。

母親：じゃあ赤トンボにしようか。

父親：うまい。

母親：お父さんがほめてくださったからいっぱい描こう（と計4匹に増やす）。

（絵全体ができあがる：描画9-12）

父親：こんなもんでどうだ？

弟　：もういいんじゃない。

石川：もういいですか？……じゃあどなたからでもいいですから説明してください。

母親：花子が小学校5年生のとき，お父さん今ほど仕事が忙しくなかったので，日曜日になるとときどき出かけた。このときは太郎が池で泳ぎたいと言ったのを覚えている。花子は父親の買ってくれたハンドバックを持っていった。当時，お父さんは，私には今より親切でかわいがってくれた。夕焼けに赤トンボ，お花もきれいに咲いていたわねえ。

石川：その他つけ加えることは？

父親：それで十分と思います。（子ども2人に）なあ……。

3-6.　座席配置の効果

石川：4人での共同制作を前後2回行いました。慣れの差は差し引いて，両者の差について，どなたでもいいですから？

母親：父さんと隣同士で座ったのは久しぶりで，となりに父さんが座るとなぜか気分が違ってよく相談できた。

父親：前の絵は止まっている絵，今度の絵は動いている絵，トンボも動いているし，僕も息子も動いている。

患者：後の絵は楽しそうで，家族らしい感じになっている。特に私は父と手をつないでいて手足を元気に動かしている。

弟　：前の絵は，僕が情景を指定して机を拡大したりして，真ん中に緑色（弟が選んだ色）が多いが，今度の絵でも父と僕とで場所を設定して真ん中は緑がたくさんあるので少しでしゃばりすぎたかなあと思う。

母親：でしゃばり過ぎだなんてお母さんは全然，感じないけど。

第9章　合同描画療法　　*205*

描画9-10 (父親の担当部分)

描画9-11 (弟の担当部分)

描画9-12 席替え後の合同家族画

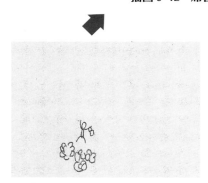
描画9-13 (患者の担当部分)

描画9-14 (母親の担当部分)

(描画9-10, 11, 13, 14：描画9-12の各家族成員役による担当部分を，本稿作成にあたり分解したもの)

父親：（弟に）お前がやってくれたから描きやすかった。

石川：会場からどうですか？　2つの絵（描画9-7，描画9-12）の差について。

会場：前の絵に比べて，後のは楽しそうな絵になっている。また人の大きさが全体に同じく小さくなっている。平等になった感じがします。

会場：絵にまとまりが出てきた点で変化があるけれど，前後とも線が細いところは変わりません。

会場：後の絵では，家族が同じことをしているし，制作中の会話も自然で協力的です。

会場：場所が部屋の中と外ということで違う。前の絵は窓の外側に自然がある。後の絵は自然のなかに人間がいて動きがあります。

会場：前の絵では，自分のことをそれぞれで考えている。個人の世界で考えている。後の絵は家族のこころが通じあっている感じだ。

会場：前の絵は窓もテーブルも角ばっているが，後の絵は丸い図柄が出てきた。

石川：参考までに四角や直線といった要素の多い絵は描き方を教え込まれた子どもに，丸の多い絵は創造性の豊かな子どもに見られるという児童画研究があります。

会場：座る位置を変えるに伴って，ほとんど同じように絵のなかに家族の位置が変わっています。

会場：前の絵は現在，後の絵は7年前の場面という時間のずれを感じます。

会場：前の絵は生活臭さがあり，楽しくもなく日常的，後の絵は日常とは離れた楽しさのあるレベルです。

石川：最後に次第に寡黙になっていった治療者役の方いかがでしょうか？（会場笑）

治療者：お母さんの使った色の占める割合が減ってきて，患者の使った色の比率は増えています。

石川：お母さんそのことについてはどうですか？

母親：花子がピンクのお花を描きだして私が手伝おうとしたら「もう描いちゃいや」と小声で言ったんです。

石川：無口な患者が，母親の隣でなくなったらものが言えたんですね。父親―母親のつながりは？

治療者：前の場合は弟が進行役だったんですが，後の場合は父親―母親の連合

第9章　合同描画療法　　*207*

ができたというか。……それに母親主導だったのが父親主導に移行していったという印象もあります。

石川：患者が母親にものが言えるようになったことを含めて，家族全員がひとつのことに取り組んでいこうという方向にパターンが変わったので，とにかく何か強いインパクトがこの家族にあったはずです。しかし，慣れの他に家族に加えられた操作は座席の位置を変えたことだけでした。……さて事実はといえば，この「家族」が，座席を変えて座りなおしたことと，その前後で異なった2枚の合同家族画が得られたことだけです。この2つをもし因果関係で結ぶとしたら，その説明は事実ではなく解釈にすぎません。しかしその解釈によって「家族」がなんらかのインパクトを受けた場合，それは治療と呼べるのです。もちろんこれらの一連の試みが治療のレベルに達するとしたら，おそらくそれは言葉では表現できないものが事態を変化させているに違いないのですが，それをこの場でうまく取り出すことはできないでしょう。ですから聴衆の皆さんから，この「家族」に座席と合同家族画の関係をいかに解釈したら治療のレベルに達するのか，アドバイスをいただきたいと思います。

会場：最初の，子どもを囲んで親が両わきにいるのは一見よさそうに見えたんですが，2番目のように父母が隣同士になったら話し合いも和やかなものに変わりました。それが，2番目の共同制作に現れていて，トンボの前2匹は父母で後2匹は子どもたちかなあと思いました。席が変わったことで，父母を中心にしたよい家庭の形が見えているような感じがしたのですが。

会場：2番目の絵で母親の赤トンボ，娘のピンクの花に象徴されるように，2人の性格は対照的だと思います。赤色が物語る母親の欲求不満のプレッシャーをもろに受けて，患者が症状を出したのではないでしょうか。母親から患者への影響力が強いので，子どもが登校しないことだけでなく，家庭における母親自身の問題に目を向けねばならないのです。このことはとりもなおさず家族全体の問題として扱うということです。前の絵のように母親だけが治療に精を出すのでなく，後の絵を描いたときのように4人がそれぞれ互いに尊重しながら自己主張できることが望ましいのです。どうすればそうなるのかのヒントが座席配列にあるはずです。親は親，子は子という配列がよいのではないでしょうか。

石川：おふたりの意見を総合すると，座席の変化が教えたことは一言でいえば
　　　この家族のなかに世代間境界をつくることが必要ということでしょう。
　　　つまり，登校しないことの解決を急ぐより夫婦がもう少し密着したほう
　　　がいいということになります。登校しないという事態は，バラバラに
　　　なっていた夫婦を久々に話し合うように仕向けるために必然的に起こっ
　　　たのかもしれない。……ここで実際の症例に話を戻してみたいと思いま
　　　す。先ほどは伏せておいたのですが，この治療における処方の効果とい
　　　うか治療者と家族の関わりの結末について分かっていることをここで披
　　　露したいと思います。母親と患者を切り離して父親を強くしようという
　　　処方は，結局「失敗」に終わりました。患者は新学期から学校へ行かず
　　　治療もドロップアウトしたそうです。一応家族療法の目的が再登校，つ
　　　まり当初の症状を消失させることだったわけですから「失敗」というこ
　　　とになります。……さて皆さん，ボクは明日のシンポジウムで，この症
　　　例の実際の治療者に向けてアドバイスしなければならないのですが，こ
　　　れらの絵を提示しながら「次の面接まで子どもの問題をうっちゃってお
　　　いて夫婦でベタベタしてごらんなさい，あるいはそうした演技をしてみ
　　　たら」という課題を処方として採用すれば，治療は成功していたかもし
　　　れない，と伝えておきましょう。

　　壇上の家族と治療者を見やると，5人はなぜか一様にうなずいている。なか
でも治療者の動作が一番目立つ。その後，会場から主催者のひとりが挙手。

主催者：症例に対しての予測という展開になったが，絵画というメディアがど
　　　う活用されていくかに興味を集中して見ていました。最後に，症例を離
　　　れることになるのかもしれませんが，せっかく壇上に上がって絵を描い
　　　た方たちに，実際どんな感じがしていたか聞いてみたいと思います。
石川：ボクもそれを聞きたくなりました。どなたからでも結構です。
父親：絵は描いたことがないので戸惑ってしまいました。他の3人をチラチラ
　　　見ながら，落ち着かないという感じでした。
弟　：はじめのうちは変な絵しか描けないからタメだなあと思っていました
　　　が，だんだんリラックスしてくると，ドロッとした世界がグッと出てき
　　　たようです。

患者：4人で描いた2枚の違いですが，お母さんの隣のときは大変こわばって
　　　いました。しかしお父さんの隣へ行ったら，とっても温かい気持ちに
　　　なって何か思い出したり，お花を咲かせたりするようなふうに情緒が動
　　　いたのが自分でも不思議で，印象深い感じがしました。

母親：私自身はこの症例の場合のように専業主婦ではなく心理臨床家なのです
　　　が，とても不思議だったのは，最初は明らかに演じていました。このお
　　　母さんになりきろうと一生懸命つくっていました。しかし，特に座席を
　　　変わった頃から，なぜか分かりませんが私のなかの女性性・母性性が引
　　　き出されていく感じがしました。ロールプレイとして役割を演じている
　　　だけでなく，私個人が出てくる衝撃的な体験をさせていただきました。

石川：先ほどの話を蒸し返すようですが，お母さんの役の先生，今後もまっ
　　　「赤」な情熱を，お子さんでなくお仕事のほうに注いでいただきたいと
　　　思います。今日は，皆さんどうもありがとうございました（会場拍手）。

　講義が終わり，後片づけをしている筆者に何人かの聴衆が話しかけてきた。
評判は上々のようだ。しかし，筆者はまた，奇妙な錯覚に陥った。ワーク
ショップがうまくいったのか，それとも治療がうまくいったのか。

　その後，設けられた懇親会の場で，治療者役を務めてくれた青年心理臨床家
が筆者のとなりに座った。まだ「錯覚」のなかにあった筆者は，彼に「あなた
が今回のロールプレイでの治療者役なのか，症例を提供した治療者なのかよく
分からなくなってきた」と打ち明ける。すると，治療者役が驚いたように筆者
の目を見て，次のような感想を述べ始めた。

　　　「実は自分にも同じようなことが起きたのです。……席変えして2枚の絵
　　を描かせることで，こんなうまくいくとは思ってもみませんでした。だか
　　ら最初，意外！という感じでした。ロールプレイの場合，舞台でグループ
　　ができて，それぞれ個性を発揮しつつ役割をこなそうとする暗黙の連帯の
　　ようなものが生じてくるのですが，そのとき，そこで演じられるのは本物
　　の体験だ，つまりリアリティそのものではないかと考えてしまったのです。
　　患者役が母親役に「もう描いちゃいや」と言ったくだりは特に印象に残っ
　　ていて，計算したうえではなく，あの雰囲気のなかでとっさに出たのでしょ
　　う。同じようなことが治療場面でも起きそうだ，と思います」

210　　第Ⅱ部　心理臨床場面における描画療法の実際

4. おわりに──合同描画による治療は可能か

　これが合同描画の世界だ。個人の描画だけしか経験のない向きには，両者における仕掛けのあまりにも大きな格差に吃驚されたことであろう。このシミュレーションで，筆者にもひとつ気づいたことがある。前述のように，単なるショーなのだろうか，そこで起きていることは実際の治療とは違うのだろうかと自問自答してみた結果である。同じだと思った。

　架空の家族に実際に演技させることは，現実の家族を演技させることにもつながるわけで，いずれの話でも，当事者集団が虚構に容易にだまされる素直さをもちあわせていることが要点となる。これは実際の治療での場合は家族が治療者に「乗せられる」（ジョイニングという）ことにあたるし，ロールプレイの場合，実在の家族を他のヒトたちが演技することによって，観客がトリックにかけられることにもあてはまる。治療とは，虚構の世界に真実らしいものを造ることといえるのではないか。

　この家族の絵がこう変わったことは，座席がこう替わったことによるから，いまの人間関係をこう変えればいいという大見得きった決めつけをするのに，合同描画は格好の舞台装置だということも強調しておきたい。

　ご承知のように，実際は席替えしなくとも絵は変わる。よほどの家族でないかぎり，個人のステレオタイプのように同じ絵は描けない。時間のズレがあるし，慣れも絡み，選んだ主題や時期設定（過去のこととか現在のこととか）も違ってくるからだ。

　それを，いかにも席を替えたことが効果を発揮したように見せてしまう。席が替わったことが絵を変えた主因だ，という飛躍をはかる。その過程で席を替えることは，視覚上，あたかも家族構造の変化であるかのようにトリックを用いる。そもそも，一回の面接で家族は変わるわけがない。その点，絵を用いたトリックだと意外に簡単に受け入れられるものだ。言葉だと理屈とか言葉尻を捉えられて一直線には行かないが，ビジュアルなものだとヒトはだまされやすいということもあるのだろう。

　しかし，かくいう筆者も，もちろんそれだけが治療だとは考えていない。トリックは，自然のもつ治療力の促進をはかる触媒のひとつにすぎないと大真面目に信じているのである。

心理療法としての描画の最も大きな特徴は，患者さんとのやりとりをモノに還元できるというということである。描画でなくてもよい。描画以外にも，集団特に家族を対象にした治療には「モノ」の利用を筆者は重用する。臨床での症例については，描画にも一部を割いている筆者の近著『親があっても子が育つ——描画などモノから見える家族』（石川, 2018）に詳しい。

最後に「合同描画」の要について，改めて強調しておこう。描画は通常は個人が対象である。対象が個人である場合，制約やルールが治療者の自我にとってスーパーエゴのようにつきまとう。「制約やルール」の最も「しがらみ」に近い姿は，拝聴・受容・共感であろう。個人描画に関わる治療者の姿勢をひとことで表すなら「思案」であろう。合同描画はそれらを大きく越えてしまう。治療者の姿勢をひとことで表すなら「演出」であろう。拝聴・受容・共感から自由になり，よりいっそうの行動力と柔軟性が必要である。そのため，「合同」の実践は，施設によってまた価値観によるさまざまな制約を避けられないだろうが，理想としては治療者も複数，また二室制（診療室とマジックミラーのある部屋のペア）で対応したほうがベターだ。それぞれの意見が異なるほうがよい。先ほどの例でいえば，拝聴・受容・共感の呪縛から逃れきれない A 治療者と当初からそれらを無視している B 治療者のコンビが核になるのがベストであろう。

「合同」は，特定集団，特に家族が包み隠さず葛藤を露呈させ，家族のもつ自然治癒力が最も発揮される場だという信念もまた，治療者に要求される。治療者個人の感情や転移に脚を引っ張られることも少ない。個人を対象にするのではなく，家族などの集団のシステムを問題とする場合は，合同画が適切であると筆者は考えている。

文　献

序　章

Case, C. & Dalley, T. (1992). *The handbook of art therapy*. London: Routledge. 岡昌之監訳 (1997). 芸術療法ハンドブック. 誠信書房.

Garfield, S. L. (1980). *Psychotherapy : An eclectic approach*. New York: John Wiley and Sons. 高橋雅春・高橋依子 (訳)(1985). 心理療法──統合的アプローチ. ナカニシヤ出版.

Kramer, E. (1958). *Art therapy in children's community*. Springfield, IL: Charles C. Thomas.

Kramer, E. (1971). *Art as therapy with children*. New York: Schocken. Books.

Kris. E. (1953). *Psychoanalysis exploration in art*. London: Allen and Unwin.

Rubin, J. A. (1987). *Approaches to art therapy: Theory and technique*. Levittown, PA: Brunner/Mazel. 徳田良仁 (監訳)(2001). 芸術療法の理論と技法. 誠信書房.

高橋依子 (1990). 米国東部のアートセラピープログラム. 臨床描画研究, Ⅴ, 180-189.

高橋依子 (1993). 第9章　絵と"こころ". 仲谷洋平・藤本浩一 (編著). 美と造形の心理学. 北大路書房, pp. 170-182.

高橋依子 (1999). 人間関係の発達と描画療法. 臨床描画研究, ⅩⅣ, 104-110.

高橋依子 (2000). 学校で描画を用いるために. 臨床描画研究, ⅩⅤ, 99-105.

第1章

馬場禮子 (1999). 精神分析的心理療法の実践. 岩崎学術出版社.

藤澤美佳 (2014). 生きづらさの自己表現──アートによってよみがえる「生」. 晃洋書房.

飯森眞喜雄 (1998). 芸術療法における言葉. 徳田良仁ほか (監修). 芸術療法1 理論編. 岩崎学術出版社, pp.67-78.

伊集院清一（2009）．絵画療法の精神療法としての治療可能性．日本芸術療法学会誌，**40**，7 -23.

乾吉佑（2009）．思春期・青年期の精神分析的アプローチ．遠見書房.

北山修（2009）．覆いをとること・つくること．岩崎学術出版社.

北山修（2013）．評価の分かれるところに．誠信書房.

前田重治（2014）．新図解　精神分析的面接入門．誠信書房.

Moore, B. E. & Fine, B. D. (1990). *Psychoanalytic terms and concepts.* New Haven, CT: American Psychoanalytic Association, Yale University Press. 福島章（監訳）(1995)．アメリカ精神分析学会　精神分析事典．新曜社.

Naumburg, M. (1966). *Dynamically oriented art therapy: Its principles and practices.* New York: Grune & Stratton. 中井久夫（監訳），内藤あかね（訳）(1995)．力動指向的芸術療法．金剛出版.

田中富士夫（1996）．新版　臨床心理学概説．北樹出版.

寺沢英理子・伊集院清一（1994）．いわゆる「知覚」の観点からみたロールシャッハ・テスト，ワルテッグテスト，誘発線法の比較検討の試み．日本芸術療法学会誌，**25**，75-83.

寺沢英理子・伊集院清一（1995）．ワルテッグテストと誘発線法――芸術療法における新しい試み．日本芸術療法学会誌，**26**，75-87.

寺沢英理子・伊集院清一（1996）．ワルテッグテストと「並列型誘発線法」を用いた再構成法による治療の試み．日本芸術療法学会誌，**27**，54-62.

寺沢英理子（2010）．絵画療法の実践――事例を通してみる橋渡し機能．遠見書房.

吉野啓子（2001）．絵画療法――精神分裂病の絵画療法．臨床精神医学，増刊号，47-51.

第2章

Altman, J. (2009). Margaret Naumburg. Jewish Women: A Comprehensive Historical Encyclopedia. Jewish Women's Archive. https://jwa.org/encyclopedia/article/naumburg-margaret (May 1, 2018)

Cane, F. (1951, rev ed. 1983). *The artist in each of us.* Craftsbury Common, WT: Art Therapy Publications.

Cane, K. D., Frank, T., Kniazzeh, C. R., Robinson, M. C., Rubin, J. A., & Ulman, E. (1983). Roots of art therapy: Margaret Naumburg (1890–1983) and Florence Cane (1882–1952), a family portrait. *American Journal of*

Art Therapy, **22**, 111–123.

伊東留美（2016）．アートセラピーの贈り物――感性をはぐくむ美術の力．学事出版．

レオナルド・ダ・ヴィンチ（著），杉浦明平（訳）(1954)．レオナルド・ダ・ヴィンチの手記（上）．岩波書店．

中井久夫（1984 [1971]）．精神分裂病者の精神療法における描画の使用――とくに技法の開発によって得られた知見について．中井久夫著作集　1巻――精神医学の経験　分裂病．岩崎学術出版社．

Naumburg, M. (1966). *Dynamically oriented art therapy: Its principles and practices*. New York: Grune & Stratton. 中井久夫（監訳），内藤あかね（訳）(1995)．力動指向的芸術療法．金剛出版．

University of Pennsylvania (2000). Margaret Naumburg papers. http://dla.library.upenn.edu/dla/ead/ead.html?id=EAD_upenn_rbml_MsColl294 (May 1, 2018)

第3章

Freud, A. (1922-1935). *The writings of Anna Freud. Vol I.: Introduction to psychoanalysis lectures for child analysts and teachers*. New York: International Universities Press. 牧田清志・黒丸正四郎（監修），岩村由美子・中沢たえ子（訳）(1981)．アンナ・フロイト著作集1．岩崎学術出版社．

Freud, S. (1909). Analysis of a phobia in a five-year old boy. In *S.E. 10*. London: The Hogarth Press. 総田純二（訳）(2008)．ある五歳男児の恐怖症の分析．新宮一成・鷲田清一・道籏泰三・高田珠樹・須藤訓任（編集委員）．フロイト全集10．岩波書店．

Freud, S. (1926). Inhibitions, symptoms and anxiety. In *S.E. 18*. London: The Hogarth Press. 大宮勘一郎・加藤敏（訳）(2010)．制止，症状，不安．新宮一成・鷲田清一・道籏泰三・高田珠樹・須藤訓任（編集委員）．フロイト全集19．岩波書店．

木部則雄（2012）．ウィニコットと自閉症――『子どもの治療相談面接』の「症例ボブ」より．こどもの精神分析Ⅱ．岩崎学術出版社．

木部則雄（2017）．子どもの精神分析／精神医学――現代の子どもの治療相談．精神分析研究，**62**，21-31．

Klein, M. (1932). *The writings of Melanie Klein. Vol. 2.: The psycho-analysis of children*. London: Hogarth Press. 衣笠隆幸（訳）(1997). 児童の精神分析. メラニー・クライン著作集 2. 誠信書房.

Klein, M. (1945). The Oedipus complex in the light of early anxieties. In *The writings of Melanie Klein, Vol. 1*. London: Hogarth Press. 牛島定信（訳）(1983). 早期不安に照らしてみたエディプス・コンプレックス. 西園昌久・牛島定信（編訳）. メラニー・クライン著作集 3. 誠信書房.

Klein, M. (1946). Note on some schizoid mechanism. In *The writings of Melanie Klein, Vol. III*. London: Hogarth Press. 狩野力八郎・渡辺明子・相田信夫（訳）(1985). 分裂的機制についての覚書. 小此木啓吾・岩崎徹也（編訳）. メラニー・クライン著作集 4. 誠信書房.

Klein, M. (1961). *The writings of Melanie Klein. Vol. IV.: Narrative of child analysis*. London: Hogarth Press. 山上千鶴子（訳）(1987, 1988). メラニー・クライン著作集 6, 7. 誠信書房.

Meltzer, D., Bremner, J., Hoxter, S., Weddel, I., & Wittenberg, I. (1975). *Explorations in Autism*. London: Clunie Press. 賀来博光・西見奈子・平井正三（訳）(2014) 自閉症世界の探求——精神分析的研究より. 金剛出版.

Rustin, M., Rhode, M., Dubinsky, A., & Dubinsky, H. (eds.) (1997). *Psychotic state in children*. London: Duckworth. 木部則雄（監訳）(2017). 発達障害・被虐待児のこころの世界——精神分析による包括的理解. 岩崎学術出版社.

Winnicott, D. W. (1971). *Consultations in child psychiatry*. London: Hogarth Press. 橋本雅雄・大矢泰士（監訳）(2011). 新版 子どもの治療相談面接. 岩崎学術出版社.

第 4 章

Freud, S. (1900). *Gesammelte Werke. Bd. II, III.: Die Traumdeutung*. Fischer Verlag. 新宮一成（訳）(2007, 2011). 新宮一成・鷲田清一・道籏泰三・高田珠樹・須藤訓任（編集委員）. フロイト全集 4, 5. 岩波書店.

Klein, M. (1926). The psychological principles of early analysis. In *The writings of Melanie Klein. Vol. I*. New York: Free Press. 長尾博（訳）(1983). 早期分析の心理学的原則. 西園昌久・牛島定信（編訳）. メラニー・クライン著作集 1. 誠信書房, pp. 151-163.

Klein, M. (1961). *The writings of Melanie Klein. Vol. IV.: Narrative of a child analysis*. New York: Free Press. 山上千鶴子（訳）(1987, 1988). メラ

ニー・クライン著作集 6 , 7 . 誠信書房.

Lacan, J. (1964). *Le séminaire, livre XI: Les quatre concepts fondamentaux de la psychanalyse.* Paris: Seuil. 小出浩之・新宮一成・鈴木國文・小川豊昭（訳）(2000). 精神分析の四基本概念. 岩波書店.

Lacan, J. (1965). *Le séminaire, libre XII: Problèms cruciaux pour la psychanalyse.* inédit. Paris: Seuil.

Lacan, J. (1966). *Écrits.* Paris: Seuil.

Lacan, J. (2001). *Autres écrits.* Paris: Seuil.

Makise, H. (2013). Clinical practice with a child's drawings from Kleinian and Lacanian perspectives. *British Journal of Psychotherapy*, **29**, 358-372.

牧瀬英幹（2015）. 精神分析と描画――「誕生」と「死」をめぐる無意識の構造をとらえる. 誠信書房.

牧瀬英幹（2017）. 如何にして我々は「不可能なもの」と向き合っていくことができるのか――ある統合失調症の事例の検討を通して. I. R. S. ジャック・ラカン研究, **15**, 102-117.

パスカル, B.（著）, 由木康（訳）(1990). パンセ. 白水社.

新宮一成（1988）. 夢と構造. 弘文堂.

Winnicott, D. W. (1971). *Therapeutic consultations in child psychiatry.* New York: Basic Books. 橋本雅雄・大矢泰士（監訳）(2011). 子どもの治療相談面接. 岩崎学術出版社.

第5章

（欧文文献については読者のために邦訳をあげておくが, ここに記した版が底本とはかぎらない）

Franz, M.-L.v. (1981). Introduction. In B. Hannah. *Encounters with the soul: Active imagination as developed by C. G. Jung.* Santa Monica, CA: Sigo Press. pp. 1 - 2 . 老松克博・角野善宏（訳）(2000). アクティヴ・イマジネーションの世界――内なるたましいとの出逢い. 創元社.

Jung, C. G. (1916). Die transzendente Funktion. In *Gesammelte Werke von C. G. Jung (GW)*. Bd. 8 . Solothurn/Düsseldorf: Walter-Verlag, 1967. 松代洋一（訳）(1985). 超越機能. 創造する無意識. 朝日出版社, pp. 75-136.

Jung, C. G. (1946). Die Psychologie der Übertragung. In *GW 16*. Solothurn/Düsseldorf: Walter-Verlag, 1958. 林道義・磯上恵子（訳）(1994). 転移の心理

学. みすず書房.

Jung, C. G. (1955/1956). Mysterium coniunctionis. In *GW 14*. Solothurn/Düsseldorf: Walter Verlag, 1968. 池田紘一（訳）(1995/2000). 結合の神秘Ⅰ／Ⅱ. 人文書院.

Jung, C. G. (1997). Douglas, C. (Ed.). *Visions: Notes of the seminar given in 1930-1934 by C. G. Jung.* Princeton, NJ: Princeton University Press. 氏原寛・老松克博（監訳），角野善宏・川戸圓・宮野素子・山下雅也（訳）(2009). ヴィジョン・セミナー. 創元社.

Jung, C. G. (2010). Shamdasani, S. (hrsg. u. eingel.). *Das rote Buch*. Liber Novus: Patmos. 河合俊雄（監訳），田中康裕・高月玲子・猪俣剛（訳）(2010). 赤の書. 創元社.

Jung, C. G. & Wilhelm, R. (1929). *Das Geheimniss der Goldenen Blüte, ein chinesische Lebenbuch.* Solothurn/Düsseldorf: Walter-Verlag. 湯浅泰雄・定方昭夫（訳）(1980). 黄金の華の秘密. 人文書院.

老松克博（2004）. 無意識と出会う（アクティヴ・イマジネーションの理論と実践①）. トランスビュー.

折口信夫（1975 [1929]）. 古代研究（民俗学篇1）. 中央公論社（中公文庫）.

第6章

市来百合子（2012）. アートセラピーにおける素材の臨床心理学的研究. 甲子園大学博士論文.

Ichik, Y. & Hinz, L.D. (2015). Exploring media properties and the expressive therapies continuum Survey of art therapists. American Art therapy association's 46th Annual conference, Minneapolis, MN. USA.

市来百合子・生田周二・上田光枝（2009）. 保健室におけるアートセラピー的手法の導入に関わる開発的研究——アートブック作成に向けての検討（第1報）. 奈良教育大学教育実践センター紀要, 18, 241-246.

市来百合子・生田周二・上田光枝（2010）. 保健室におけるアートセラピー的手法の導入に関する開発的研究（第2報）——保健室登校支援のためのアートブック導入の意義と内容の検討. 奈良教育大学教育実践センター紀要, 19, 19-26.

市来百合子・上田光枝・堂上禎子・大久保千恵（2011）. 保健室におけるアートセラピー的手法の導入に関する開発的研究（第3報）——ワークシート作成過程と試用に関する報告. 奈良教育大学教育実践センター紀要, 20, 241-246.

石隈利紀（1999）．学校心理学——教師・スクールカウンセラー・保護者のチームによる心理教育的援助サービス．誠信書房．

Kellogg, J. (1993). *Mandala: Path of beauty* (7th ed.). Belleair, FL: ATMA, Inc.

Knill, P.J. (2005). Foundation for a theory of practice. In P. J. Knill, E. G. Levine, & S.K. Levine. *Principles and practice of expressive arts therapy: Towards a therapeutic aethetics*. London: Jessica Kingsley Publishers, pp. 75-170.

Lusebrink, V. B. (1990). *Imagery and visual expression in therapy*. New York: Plenum Press.

渡邊聡（2004）．「治療構造論」と学校臨床．千葉大学教育学部研究紀要, **52**, 141-147.

吉川理恵（2011）．小学校におけるアートセラピーを生かした多面的支援の試み．奈良教育大学大学院・教育臨床特別支援教育専修修士論文．

第 7 章

Ando, M., Kira, H., Hayashida, S., & Ito, S. (2016). Effectiveness of the mindfulness art therapy short version for Japanese patients with advanced cancer. *Art Therapy*, **33**, 35-40.

Ando, M., Imamura, Y., Kira, H., Nagasaka, T. (2013). Feasibility and efficacy of art therapy for Japanese cancer patients: A pilot study. *The Arts in Psychotherapy*, **40**, 130-133.

Beedell, J. & Liebmann, M. (2015). Short-term art therapy group for people with cancer. In M. Liebmann & S. Weston (Eds.). *Art therapy with physical conditions*. London and Philadelphia: Jessica Kingsley Publishers, pp.56-79.

Hinz, L. (2009). *The expressive therapies continuum: A framework for using art therapy*. New York: Routledge, Taylor, and Francis Group.

市来百合子（2014）．ETC 理論から見た描画法における「素材」と創作過程——考案者の表現空間に対する意図の検討から．奈良教育大学紀要, **63**, 171-179.

Kagin, S. & Lusebrink, V. (1978). The expressive therapies continuum. *Art Therapy*, **5**, 171-180.

Puetz, T.W., Morley, C.A., & Herring, M.P. (2013). Effects of creative arts therapies on psychological symptoms and quality of life in patients with cancer. *JAMA Internal Medicine*, **173**, 960-969.

Wood, M. (2015). Art therapy, cancer and the recalibration of identity. In M. Liebmann & S. Weston (Eds.). *Art Therapy with Physical Conditions*. London and Philadelphia: Jessica Kingsley Publishers, pp. 97-112.

Wood, M. (2015). The contribution of art therapy to palliative medicine. In N.I. Cherny. M.T. Fallon, S. Kaasa, R.K. Portenoy, & D.C. Currow (Eds.). *Oxford textbook of palliative medicine*(5th ed.). Oxford: OXFORD, pp. 210-215.

第8章

Denborough, D. (2014). *Retelling the stories of our lives: Everyday narrative therapy to draw inspiration and transform experience*. New York: W. W. Norton. 小森康永・奥野光（訳）(2016)．ふだん使いのナラティヴ・セラピー. 北大路書房.

長谷川法世（2015）．博多町家思い出図画集.「博多町家」ふるさと館.

市岡陽子（2000）．体験過程理論に基づく高齢者心理の研究．心理臨床学研究, **17**, 550-559.

Koch, K. (1957). *Der Baumtest: Der Baumzeichenversuch als psychodiagnostisches Hilfsmittel*. 3 Aufl. Bern: H. Huber. 岸本寛史・中島ナオミ・宮崎忠男（訳）(2010)．バウムテスト第3版――心理的見立ての補助手段としてのバウム画研究. 誠信書房.

厚生労働省（2015）．認知症施策推進総合戦略（新オレンジプラン）――認知症高齢者等にやさしい地域づくりに向けて（概要）.

鯨岡峻（2013）．なぜ, エピソード記述なのか――接面の心理学のために. 東京大学出版会.

黒川由起子（2005）．回想法――高齢者の心理療法. 誠信書房.

黒川由起子・松田修・丸山香・斎藤正彦（1999）．回想法グループマニュアル. ワールドプランニング.

Mayeroff, M. (1971). *On Caring*. New York: Harper & Row. 山田真・向野宣之（訳）(1987)．ケアの本質――生きることの意味. ゆみる出版.

村瀬嘉代子（2003）．統合的心理療法の考え方――心理療法の基礎となるもの. 金剛出版.

緒方泉（2005）．生活体験を語り描く高齢者たち．日本生活体験学習学会誌，**5**，21-29.

緒方泉（2011）．集団回想描画法入門——認知症高齢者のケアとアートの可能性．あいり出版.

坂下正幸（2008）．なじみの音楽が認知症高齢者に及ぼす改善効果——ナラティブを考慮した介入について．立命館人間科学研究，**16**, 69-79.

佐藤伸彦（2015）．ナラティブホームの物語——終末期医療をささえる地域包括ケアのしかけ．医学書院.

高江洲義英（1998）．集団精神療法と芸術療法．徳田良仁・大森健一・飯森眞喜雄・中井久夫・山中康裕（編）．芸術療法1 理論編．岩崎学術出版社，pp. 56-66.

山中康裕（1991）．老いのソウロロギー．有斐閣.

第9章

Bing, E. (1970). The conjoint family drawing. *Family Process*, **9**, 173-193.

Corman, L. (1964). *The family drawing test in medical-pedagogical practice*. Paris: P.U.F..

石川元（1982）．家族描画の治療的効果——思春期症例を中心に精神神経学雑誌，**84**, 680-705.

石川元（1984a）．家族研究における2つの流れ——家族画テストと家族絵画療法-1-．精神医学，**26**, 452-463.

石川元（1984b）．家族研究における2つの流れ——家族画テストと家族絵画療法-2-．精神医学，**26**, 560-577.

石川元（1986）．家族画（FDT，DAF）と合同動的家族画．臨床描画研究，**1**, 105-129.

石川元（2018）．親があっても子が育つ——描画などモノから見える家族．福村出版.

Porot, M. (1952). Le dessin de la famille. Exploration par le dessin de la situation affective de le enfant dans sa famille. *Pédiatrie*, **3**, 359-381.

索　引

A to Z

alternative world experience　116

Dynamically-oriented Art Therapy → 『力動指向的芸術療法』　34, 37, 40, 41, 47

ETC（Expressive Therapies Continuum）　139, 152～154, 161

PDI（Post Drawing Interrogation）　142

ア行

『赤の書』　113

アクティヴ・イマジネーション　3, 8, 101, 102, 104, 113

アクティヴな態度　102, 103, 107, 111

アセスメント　iii, 8, 18, 25, 48, 50, 76, 77, 119, 141

遊び（プレイも見よ）　71, 72, 87, 88, 103, 116, 126

アニムス　107～109, 112

　　──の意見　107

意識　37, 38, 42, 45, 52, 76, 98～102, 105, 109, 113, 116, 160, 188, 194

イメージ・表象機能のもつ自己治癒性　15

ウィニコット（Winnicott, D. W.）　3, 8, 14, 50～52, 77, 80, 82

エディプス　3, 54, 64, 67, 68, 77, 88, 89, 108

　　──コンプレクス　8, 54, 57, 67, 77

エピソード記述　183, 184

円枠描画法　133～136

大文字の他者（〈他者〉）　88, 90, 92, 93, 95, 96

折り紙　iv, 9, 117, 138, 139, 146～150, 152～159

カ行

開発的カウンセリング　132

拡充　100, 109

画材　39, 40, 44, 47, 127, 138, 139, 141, 146, 148～150, 152～154, 157, 160, 161, 171

家族画　186～189, 194, 195, 198, 200, 202

「語れない」人　166

がん　7, 9, 144～147, 149～151, 154, 155, 157～161

緩和ケア　9, 144, 145, 155, 156

傷ついた治療者　108, 109

北山修　*13, 14, 20*

逆転移　*107, 108*

境界例　*57, 78*

区切り　*79, 80, 90〜94*

クライエントの心〔としての作品〕　*23*

クライン（Klein, M.）　*3, 8, 50, 54〜57, 65, 67〜69, 77, 78, 87, 88*

クラインの壺　*95, 96*

ケイン（Cane, F.）　*2, 34〜37*

結合　*107, 109, 110*

検閲の回避　*15*

元型　*4, 98, 100, 107〜110*

言語化の促進　*22, 23*

合同家族画　*186, 187, 189, 194, 198, 199, 206, 208*

合同面接　*188*

個人的無意識　*3, 4, 98*

個性化　*99, 107, 109, 113*

コッホ（Koch, K.）　*167*

コラージュ　*9, 119, 121, 125, 127, 129, 146, 147, 149, 150, 152〜154, 157, 160, 161*

コンプレックス　*98〜100, 105, 109*

サ行

再構成法　*23, 25, 29*

サリヴァン（Sullivan, H. S.）　*52*

自我　*4, 55, 57, 98〜104, 107, 109〜111, 113, 117, 161, 212*

視覚法　*101*

自己実現　*101*

自発的（spontaneous）　*15, 38, 40, 41, 43, 46*

　——絵画表現　*38*

　——表現　*38*

自閉症（自閉スペクトラム症／自閉症スペクトラム障害）　*8, 55〜58, 69, 70, 72, 73, 75〜77*

集合的無意識　*3, 4, 98*

自由描画法　*8, 50, 52*

自由連想（法）　*2, 4, 13, 15, 37, 80*

症状処方　*190*

初回面接　*3, 51, 53, 59, 77*

初期夢　*105*

新宮一成　*88, 94*

神経症　*4, 7, 8, 54, 57, 58, 67, 76, 78, 80, 103, 161*

心的次元論　*55, 69, 76*

スクィグル　*3, 8, 14, 50〜52, 54, 77, 80, 82, 138*

スクリブル法　*2, 8, 32, 34, 37〜42, 44〜49*

スクールカウンセラー　*9, 117〜120, 122, 125, 126, 130, 137, 143*

精神病（統合失調症も見よ）　*34, 42, 43, 54〜58, 78, 80, 96, 103, 161*

精神分析　*iii, v, 2, 3, 6, 8, 13〜15, 17, 18, 20, 33, 34, 37, 50, 51, 54, 65, 68, 69, 76, 78〜80, 87, 94, 95, 186*

――的心理療法　*3, 8, 12, 13, 15～20, 23, 25, 54*

折衝　*101～103, 110, 112, 113*

〔描画療法における〕セラピストの機能　*20*

　　手間の提供　*20*

　　見守りの目　*20, 21*

全体性　*99, 101, 107, 109*

タ行

退行の促進　*18, 19*

対象a　*79, 80, 92, 93, 96*

第二遺言　*185*

対立　*99, 102, 109, 110*

〈他者〉（大文字の他者）　*88, 90, 92, 93, 95, 96*

魂の導者　*107*

超越機能　*102*

超自我　*67, 68*

治療構造　*13, 16, 18, 19, 24, 51, 116, 117, 195*

　　空間の確保　*18*

　　時間的構造／時間枠　*18, 19, 39*

定型化　*100, 101*

転移　*13, 19, 20, 87, 88, 95, 107, 108, 212*

投影　*2, 37～39, 41, 42, 46, 48, 107*

　　――同一化　*55～57*

統合失調症（精神病も見よ）　*41～43, 55～58*

同席面接　*188*

トポロジー　*94～97*

ナ行

ナウムブルグ（Naumburg, M.）　*2, 3, 8, 14, 15, 19, 32～34, 37, 38, 40, 41, 48, 49*

中井久夫　*32, 34, 39, 42*

なぐりがき法（スクリブル法も見よ）　*32, 39*

二室制　*212*

2025年問題　*163*

ハ行

パスカル（Pascal, B.）　*94, 95*

パッシヴな態度　*103*

発達障害　*54, 56, 78, 133*

馬場禮子　*12*

ビック（Bick, E.）　*55, 57*

描画の治癒効果　*15*

描画療法の導入条件　*16*

描画連想法　*iii, 8, 79～82, 87, 88, 90, 92, 94, 96, 97*

プシコポンポス　*107, 108*

布置　*105*

附着同一化　*55, 57*

不登校　*43, 124～126, 130, 190*

プレイ（遊びも見よ）　*3, 50, 54, 72, 76, 77*

フロイト，アンナ（Freud, A.）　*8, 14, 3, 50*

フロイト，ジークムント（Freud, S.）　*iii, v, 2～4, 15, 33, 57, 67, 68, 77, 87, 89, 90*

並行面接　*188*

並列型誘発線法　*23, 25, 29*
保健室登校　*118, 120, 125, 126,
　129〜131*
保護者面接　*123, 124*
補償　*99, 100*

マ行

マンダラ　*109, 156*
見られる目　*21*
無意識　*2〜4, 6, 8, 34, 36〜38, 41,
　45, 48, 50, 52, 56, 61, 62, 65, 68,
　76, 87, 88, 90, 98〜103, 105,
　108〜110, 112, 113, 134*
メルツァー（Meltzer, D.）　*8,
　55〜69, 76, 78*
目的　*98, 99, 107*
喪の作業　*106*

ヤ行

夜驚（症）　*58〜61, 64, 68*
夢　*4, 42, 50, 51, 64, 69, 80, 87,
　88, 99, 100, 104〜106, 108〜
　113*
　——分析　*112*

『夢解釈』　*87*
ユング（Jung, C. G.）　*v, 3, 4,
　8, 9, 34, 98〜103, 105, 107,
　109, 112, 113, 133, 200*
幼児の性理論　*89, 90*

ラ行

ラカン（Lacan, J.）　*iii, 3, 8, 79,
　90, 92〜96*
ラスティン（Rustin, M.）　*57*
理解　*98, 100〜102, 104, 105, 109,
　111*
『力動指向的芸術療法』　*34, 37,
　40, 41, 47*
リチャード（症例）　*50, 87*
錬金術　*113*
老賢者　*111*
ロジャース（Rogers, C.）　*4,
　5*
ロールプレイ　*189, 210, 211*
論理的時間　*90〜92*

ワ行

ワルテッグ誘発線法　*23, 25, 29*

執筆者紹介

【序　章】
高橋依子（たかはし　よりこ）
1974年　京都大学大学院文学研究科心理学専攻博士課程修了
現　　在　大阪樟蔭女子大学大学院人間科学研究科教授

【第1章】
寺沢英理子（てらさわ　えりこ）
1988年　新潟大学大学院教育学研究科修士課程修了
現　　在　広島国際大学大学院心理科学研究科教授

【第2章】
内藤あかね（ないとう　あかね）
1993年　The George Washington University, School of Arts and Sci-
　　　　ences, Art Therapy Program 修士課程修了
現　　在　兵庫県立ひょうごこころの医療センター臨床心理士，
　　　　甲南大学文学部非常勤講師

【第3章】
木部則雄（きべ　のりお）
1983年　京都府立医科大学医学部卒業
現　　在　白百合女子大学人間総合学部発達心理学科教授

【第4章】
牧瀬英幹（まきせ　ひでもと）
2010年　京都大学大学院人間・環境学研究科博士後期課程修了
現　　在　中部大学生命健康科学部准教授

【第5章】
老松克博（おいまつ　かつひろ）
1984年　鳥取大学医学部医学科卒業
現　　在　大阪大学大学院人間科学研究科教授

今井晥弌（いまい　かんいち）
1973年　同志社大学大学院文学研究科修士課程修了
現　　在　鈴鹿医療科学大学保健衛生学部医療福祉学科教授

【第6章】
市来百合子（いちき　ゆりこ）
2012年　甲子園大学大学院人間文化学科博士後期課程修了
現　　在　奈良教育大学次世代教員養成センター教授

【第7章】
金井菜穂子（かない　なおこ）
2003年　The George Washington University, School of Arts and Sciences, Post Master Certificate Course of Art Therapy 修了
現　　在　市立芦屋病院緩和ケア内科臨床心理士

【第8章】
緒方 泉（おがた　いずみ）
2007年　九州産業大学大学院国際文化研究科博士後期課程修了
現　　在　九州産業大学地域共創学部地域づくり学科教授

【第9章】
石川 元（いしかわ　げん）
1976年　東京慈恵会医科大学卒業
現　　在　香川大学医学部名誉教授，
　　　　　大西精神衛生研究所附属大西病院で子ども外来を主宰

編者紹介

高橋依子（たかはし　よりこ）

1969年　京都大学文学部哲学科心理学専攻卒業

1974年　京都大学大学院文学研究科心理学専攻博士課程修了

現　在　大阪樟蔭女子大学名誉教授，文学博士，日本描画テスト・描画療法学会学会長

主　著　『臨床心理検査バッテリーの実際』遠見書房 2015年（共編著），『描画テスト』北大路書房 2011年（単著），『ロールシャッハ・テストによるパーソナリティの理解』金剛出版 2009年（単著），『臨床心理学序説』ナカニシヤ出版 1993年（共著），『樹木画テスト』文教書院 1986年（共著），『幼児の心理療法』新曜社 1982年（共著），他多数

牧瀬英幹（まきせ　ひでもと）

2010年　京都大学大学院人間・環境学研究科博士後期課程修了，博士（人間・環境学）

現　在　中部大学生命健康科学部准教授

主　著　『リハビリテーションのための臨床心理学』南江堂 2021年（単著），『HANDS——手の精神史』左右社 2020年（共訳），『発達障害の時代とラカン派精神分析——〈開かれ〉としての自閉をめぐって』晃洋書房 2017年（共編著），『精神分析と描画——「誕生」と「死」をめぐる無意識の構造をとらえる』誠信書房 2015年（単著）

びょう が りょうほうにゅうもん
描画療法入門

| 2018 年 8 月 25 日 | 第 1 刷発行 |
| 2022 年 3 月 25 日 | 第 2 刷発行 |

編　者	高　橋　依　子
	牧　瀬　英　幹
発 行 者	柴　田　敏　樹
印 刷 者	藤　森　英　夫

発行所　株式会社　**誠 信 書 房**

〒112-0012 東京都文京区大塚 3-20-6
電話 03（3946）5666
http://www.seishinshobo.co.jp/

ⒸYoriko Takahashi & Hidemoto Makise, 2018　　印刷／製本：亜細亜印刷㈱
検印省略　落丁・乱丁本はお取り替えいたします
ISBN978-4-414-41647-3 C3011　Printed in Japan

JCOPY ＜（社）出版者著作権管理機構 委託出版物＞

本書の無断複写は著作権法上での例外を除き禁じられています。複写される場合は、そ
のつど事前に、（社）出版者著作権管理機構（電話 03-5244-5088, FAX03-5244-5089,
e-mail: info@jcopy.or.jp）の許諾を得てください。

精神分析と描画
「誕生」と「死」をめぐる無意識の構造をとらえる

牧瀬英幹 著

病理と創造の核心にある，自分の「誕生」と「死」をめぐる問い。これを引き受けたとき，自己が再構成され，新たな生が紡がれていく。

主要目次
- 序　章　病理そして描画との関係における「誕生」と「死」の問い
- 第1章　子どもにおける「誕生」と「死」の問い（1）──「描画連想法」の導入
- 第2章　子どもにおける「誕生」と「死」の問い（2）──「描画連想法」の実践
- 第3章　集団における「死」の経験と再生
- 第4章　躁うつ病における「生」と「死」の問い
- 第5章　統合失調症における「死」と創造性
- 第6章　描画・夢・症状──主体と言語との関係に注目して
- 第7章　「絵解き」の技と喪の病理
- 第8章　「死」と創造性
- 終　章　「誕生」と「死」の問いがひらく地平へ

A5判上製　定価（本体3200円＋税）

学校でできるアート・アズ・セラピー
心をはぐくむ「ものづくり」

栗本美百合 著

スクールカウンセラーや養護教諭が，今日から活かせるアートセラピーの楽しいアイディアを，豊富なイラストや写真とともに多数紹介。

主要目次
- 序　章　アートセラピーとアート・アズ・セラピー、そして「ものづくり」
- 第Ⅰ部　ものづくりのもたらすもの──安心してものづくりの場を提供するために
- 第1章　居場所づくり
- 第2章　素材について
- 第3章　ものづくりのプロセス
- 第4章　身体感覚へのアプローチ
- 第5章　日常性と非日常性について
- 第Ⅱ部　相談室・保健室でできるものづくりメニュー
- 第6章　簡単な素材や日常の動作でできるものづくり
- 第7章　絵画の苦手意識を少なくするものづくり

B5判並製　定価（本体1900円＋税）